类案检索实用指南

刘树德 孙海波 主编

A PRACTICAL
GUIDE TO SEARCHING
SIMILAR CASES

图书在版编目(CIP)数据

类案检索实用指南 / 刘树德，孙海波主编. —北京：北京大学出版社，2021.7
ISBN 978-7-301-32299-4

Ⅰ. ①类… Ⅱ. ①刘… ②孙… Ⅲ. ①案例—检索方法—指南 Ⅳ. ①D910.5-62

中国版本图书馆 CIP 数据核字(2021)第 131911 号

书　　　名	类案检索实用指南 LEI'AN JIANSUO SHIYONG ZHINAN
著作责任者	刘树德　孙海波　主编
策划编辑	陆建华
责任编辑	陆建华　费悦
标准书号	ISBN 978-7-301-32299-4
出版发行	北京大学出版社
地　　　址	北京市海淀区成府路 205 号　100871
网　　　址	http://www.pup.cn　http://www.yandayuanzhao.com
电子信箱	yandayuanzhao@163.com
新浪微博	@北京大学出版社　@北大出版社燕大元照法律图书
电　　　话	邮购部 010-62752015　发行部 010-62750672　编辑部 010-62117788
印　刷　者	天津中印联印务有限公司
经　销　者	新华书店
	730 毫米×980 毫米　16 开本　20 印张　320 千字 2021 年 7 月第 1 版　2021 年 7 月第 1 次印刷
定　　　价	69.00 元

未经许可，不得以任何方式复制或抄袭本书之部分或全部内容。
版权所有，侵权必究
举报电话：010-62752024　电子信箱：fd@pup.pku.edu.cn
图书如有印装质量问题，请与出版部联系，电话：010-62756370

作者简介及分工
ABOUT THE AUTHOR

刘树德（序言）

又名邵新，最高人民法院审管办副主任、审判员，法学博士，兼任中国人民大学、北京师范大学、中南财经政法大学等院校研究员、教授、硕士或者博士研究生导师。先后在最高人民法院刑一庭、刑二庭、研究室、司改办和审管办从事刑事审判、司法调研、司法改革和审判管理工作，参与案例指导、裁判文书说理和类案检索等制度设计和文件起草。出版专著《宪政维度的刑法思考》《实践刑法学》《政治刑法学》《司法改革：热问题与冷思考》《无理不成"书"——裁判文书说理23讲》等三十余部，在《法学研究》《中国法学》等刊物发表论文一百三十余篇。

孙海波（第一、三、十一章）

法学博士，中国政法大学钱端升青年学者，比较法学研究院副教授、硕士生导师。曾为最高人民法院法律研修学者、南加州大学访问学者，出版《裁判对法律的背离与回归：疑难案件的裁判方法新论》《疑难案件与司法推理》，在《中国法学》《法学家》《清华法学》等刊物发表论文四十余篇，并译有《法哲学》《法官如何裁判》《使人成为有德之人》等著作多部。

高 尚（第七章）

法学博士，中国政法大学法学院副教授、硕士生导师，中国应用法学研究所博士后。曾为慕尼黑大学访问学者，著有《德国判例使用方法研究》，在《法律科学》《环球法律评论》等刊物发表论文十余篇，并译有《德国法中的先例》。

赵英男（第四、五、八章）

法学博士，中国政法大学比较法学研究院师资博士后。曾为美国圣路易斯华盛顿大学人文访问学者，曾担任《北大法律评论》主编，在《法制与社会发展》《法律适用》等刊物发表论文十余篇，另参译《正义的要素》《大宪章的历史导读》等著作数部。

孙跃（第六、九章）

法学博士，山东工商学院法学院讲师，山东瀛伟律师事务所律师。研究方向为法律方法论和司法理论，在《法学家》《法制与社会发展》等刊物发表论文十余篇。

雷槟硕（第二、十章）

华东师范大学法学院讲师，研究方向为判例法与司法裁判理论。在《法制与社会发展》《华东政法大学学报》《法学杂志》等刊物发表论文十余篇，并译有《孩子为什么遵守规则：法律社会化与合法性发展》。

序言
法律适用统一视域的类案检索及运用

随着越来越多的裁判文书被集中在中国裁判文书网公开,人们比以往任何时候都能更便利地比较案件的裁判结果,法律适用不统一的现象进一步加剧,而且日益受到实务界和理论界的高度关注。此点可由最高人民法院近年来制发的若干司法性文件得到印证:

一是在一些改革性文件中对完善法律统一适用机制提出要求,例如:(1)2015年2月4日《最高人民法院关于全面深化人民法院改革的意见——人民法院第四个五年改革纲要(2014—2018)》提出,"23.完善法律统一适用机制。完善最高人民法院的审判指导方式,加强司法解释等审判指导方式的规范性、及时性、针对性和有效性。改革和完善指导性案例的筛选、评估和发布机制。健全完善确保人民法院统一适用法律的工作机制"。(2)2019年2月27日《最高人民法院关于深化人民法院司法体制综合配套改革的意见——人民法院第五个五年改革纲要(2019—2023)》提出,"26.完善统一法律适用机制。加强和规范司法解释工作,健全司法解释的调研、立项、起草、论证、审核、发布、清理和废止机制,完善归口管理和报备审查机制。完善案例指导制度,健全案例报送、筛选、发布、评估和应用机制。建立高级人民法院审判指导文件和参考性案例的备案机制。健全主审法官会议与合议庭评议、赔偿委员会、审判委员会讨论案件的工作衔接机制。完善类案和新类型案件强制检索报告工作机制。"(3)2020年7月31日《最高人民法院关于深化司法责任制综合配套改革的实施意见》提出,"9.完善统一法律适用机制。进一步完善关联案件和类案检索机制、专业法官会议机制和审判委员会制度，确保各项机制有机衔接、形成合力。通过类案检索初步过滤、专业法官会议研究咨询、审判委员会讨论决定，有效解决审判组织内部、不同审判组织以及院庭长与审判组织之间的分歧，促进法律适用标准统一。承办法官应当按照相关文件要求，对于应当类案检索的案件，在合议庭评议、专业法官会议讨论和审理报告中说明情况，或制作专门的类案检索报告。各级人民法院可以根据案件类型、所涉事项，视情召开跨团队、跨庭室的专业法官会议。上级人民法院为推动法律统一适用，可以就类型化案件组织辖区法院召开跨审级、跨地域的专业法官会议。对于依法应当提交审判委员会讨论决定、但不存在内部分歧的案件，可以不提交专业法官会议讨论。各级人民法院应当建立务实管用的法律适用分歧解决机制，探索建立当事人和其他诉讼参与人反映法律适用不一致问题的渠道，配套完善监测、反馈和公开机制。各高级人民法院应当进一步规范办案指导文件、参考性案例发布程序，及时向最高人民法院备案，杜绝不同地区办案标准的不合理差异"。

二是专门出台有关法律统一适用方面的文件，即：（1）2019年10月11日《最高人民法院关于建立法律适用分歧解决机制的实施办法》（以下简称《分歧解决实施办法》）；（2）2020年7月15日《最高人民法院关于统一法律适用加强类案检索的指导意见（试行）》（以下简称《类案检索意见》）；（3）2020年9月14日《最高人民法院关于完善统一法律适用标准工作机制的意见》（以下简称《统一法律适用意见》）。

这无疑属于改革推进过程中出现或者突显的问题，自然需要继续通过改革思维和办法来加以破解。此处主要立足于法律统一适用的视域，重点结合《类案检索意见》对类案检索及运用相关问题进行分析。①

一、类案的界定及判断标准

类案同判既是法律统一适用的内在要求，也是人们衡量司法公正的重要标准。但是，对于类案的判断标准，当前理论界和实务界还存在一定的争议，个别观点甚至以"世界上不存在两片相同的叶子""人不能两次踏进同一条河流"为由否认类案的存在。实际上，类案在司法实践中大量而广泛地存在，这些案件虽然在具体情节上千差万

---

① 本文有关《类案检索意见》主要内容的介绍系刘树德与胡继先同志合作完成，以《关于类案检索制度相关问题的若干思考》为题刊载于《法律适用》2020年第18期。

别,但总是在法律适用过程中的基本事实、争议焦点、法律适用问题等方面存在相似之处。《类案检索意见》将这些案件称为类案,既是着眼于一种相互参酌的裁判方法之考虑,又是服务于法律统一适用的整体目标之所需。

对于类案的界定及判断标准,目前国内理论界和实务界提出七种观点:一是类似案例,指与待决案件具有类似因素的案例,包括案件事实相类似、法律关系相类似、案件的争议点相类似、案件所争议的法律问题相类似①;二是对类似案件的判断有四种途径,即案件争议焦点的比较、案情的比较、关键事实的比较以及是否属于狭义的指导性案例②;三是"同样案件",指在定性分析中确定待决案件的事实与指导性案例的事实在整体性质上是否涉及相同的法律问题,以及在定量分析上看两个案件的具体情节是否可以视为相同③;四是案件相似性比对,主要从案件事实构成和所涉法律关系入手④;五是判例的三个重要元素为要点事实、裁判规则、结论,一般以要点事实来识别同类案件⑤;六是案件类似,指比对先例与待决案件诉讼争点所陈述的事实特征,并加以相同或相似性判断,而不是笼统地认定全案事实类似⑥;七是类似案件的判断,既有事实问题,又有法律问题,既不是单纯的事实比较,也不是单纯从定义、概念出发进行类比的逻辑作业,而是更多地从案件和法律的意义,从法律拟规范的生活事实的本质中得出⑦。

上述观点虽然对类案的判断标准认识不一,但多数认为案件事实、案件争点、法律问题是判断是否构成类案的重要因素。《类案检索意见》在综合考虑国内外各种观点的基础上,采用了相对客观的定义方式:一是围绕案件的主要特征,将案件基本事实、争议焦点和法律适用问题等方面是否具有相似性作为类案的判断标准;二是考虑类案的可参考性和检索的现实性,将类案范围限定于"已经人民法院裁判生效的案件",将正在审理中的案件排除在外。

---

① 参见王利明:《成文法传统中的创新——怎么看案例指导制度》,载《人民法院报》2012年2月20日。
② 参见张骐:《再论类似案件的判断与指导性案例的使用——以当代中国法官对指导性案例的使用经验为契口》,载《法制与社会发展》2015年第5期。
③ 参见张志铭:《中国法院案例指导制度价值功能之认知》,载《学习与探索》2012年第3期。
④ 参见孟祥磊、徐平:《论类比推理在案例指导制度中的适用》,载《法律适用》2015年第8期。
⑤ 参见北京市第三中级人民法院课题组:《中级法院司法裁判中判例遵循工作实施办法》(建议稿),载《法律适用》2018年第8期。
⑥ 参见冯文生:《审判案例指导中的"参照"问题研究》,载《清华法学》2011年第3期。
⑦ 参见〔德〕亚图·考夫曼:《类推与事物本质——兼论类型理论》,吴从周译,学林文化事业有限公司1999年版,第91页。

二、类案强制检索的具体情形

近年来,"类案不同判"的现象在民商事、行政、刑事审判中时有发生,如对"知假买假"行为的不同法律认定、对"许霆案"等类案的不同处理、对借名买房中房屋产权的不同归属等。这些案件高度相似却得到不同处理,受到社会的广泛关注,进而使司法的公正性备受质疑。实际上,所谓"类案不同判"或"类案异判",只是民众对裁判不公的一个形象说法,实质是法律适用不统一的问题。为解决这一问题,最高人民法院除了加强司法解释和案例指导工作外,近年来日益重视发挥类案检索的作用。2015年《最高人民法院关于完善人民法院司法责任制的若干意见》(以下简称《司法责任制的若干意见》)提出,"通过类案参考、案例评析等方式统一裁判尺度"。此后,最高人民法院先后出台的《最高人民法院关于落实司法责任制完善审判监督管理机制的意见(试行)》(以下简称《审判监督管理机制的意见》)、《最高人民法院司法责任制实施意见(试行)》(以下简称《司法责任制试行意见》)、《最高人民法院关于深化人民法院司法体制综合配套改革的意见——人民法院第五个五年改革纲要(2019—2023)》等规范性文件,进一步对创建类案检索机制提出工作要求。

我国是成文法国家,判例虽不具有正式的法源地位,但对于法官审理案件具有重要的指导或参考价值。因此,类案检索对案件裁判而言具有很重要的意义:一方面,类案检索是一种辅助法官作出司法判断的重要裁判方法。一般而言,对于大多数案件,法官完全可以依照法律和自身的审判经验作出正确的判决;但对于一些重大、疑难、复杂案件,法律适用问题存在争议的案件或者新类型案件等,法官自身可能难以作出正确裁断,有必要通过类案检索,进而参照或参考在先案例作出妥当判决,以提高司法裁判的确定性和可预测性。另一方面,类案检索有助于统一法律适用,促进司法公正。与判例法相比,成文法既具有很多优点,也具有自身的模糊性、不周延性和滞后性等缺点。受此影响,不同法官在司法过程中可能对同一法律产生不同理解和认识,从而导致法律适用不统一。类案检索制度在坚持我国成文法体系的前提下,借鉴英美法系及大陆法系其他国家判例制度的优点,旨在充分发挥类案的指导或参考作用,规范和限制法官的自由裁量权,使法官在类案检索的基础上作出更加慎重妥当的裁判,促进法律的统一适用和司法的公平公正。基于此,《类案检索意见》结合人民法院工作实际,规定了类案强制检索的四种情形,即拟提交专业(主审)法官会议或者审判委员会讨论的;缺乏明确裁判规则或者尚未形成统一裁判规则的;院长、庭长根据审判监督管理权限要求进行类案检索的;其他需要进行类案检索的。

三、类案检索的平台及信息化建设

近年来,随着司法工作与互联网、大数据技术的融合发展,法律法规、裁判文书、法律观点、审判案例等法律检索平台不断涌现。目前,可供类案检索的平台既有官方平台,又有非官方平台。官方平台主要包括最高人民法院建设的中国裁判文书网以及地方人民法院创建的检索平台,如北京市高级人民法院建立的"睿法官系统"、重庆市高级人民法院建立的"类案智能专审平台"、贵州省高级人民法院建立的"类案裁判标准数据库"、安徽省高级人民法院建立的"类案指引项目"、广西壮族自治区高级人民法院办案系统嵌入的"刑事案件智能研判系统""法律资源服务系统""法智罗盘操作系统"等。非官方平台有北大法宝、Alpha 案例库、Openlaw、威科先行法律信息库等。

类案检索的过程就是对法律适用问题进行研究的过程。为方便法官进行类案检索,《类案检索意见》明确了类案检索的平台,即中国裁判文书网、审判案例数据库等平台。中国裁判文书网是最高人民法院主导的全国法院裁判文书统一公布平台[①],初步具备案由、案号、法院名称、法院层级、法律依据等多个信息项及关键词检索,已成为法官、律师、当事人、学者及社会各界检索案件的重要平台。审判案例数据库是各地方人民法院正在积极探索建立的检索平台,实践中业已成为法官进行类案检索的重要工具。此外,从文义解释角度看,《类案检索意见》规定的检索平台不仅包括官方主导的检索平台,也包括非官方创建的各种平台。当然,在类案检索中需要注意在非官方平台检索到的类案的真实性、准确性。

"工欲善其事,必先利其器"。目前,中国裁判文书网仅具有初步的检索功能,尚不具备精准检索及智能推送功能,审判案例数据库也尚在探索之中,检索的便捷化、智能化有待提升。因此,开展类案检索工作的首要任务是积极推进检索平台及信息化建设。一方面,各级人民法院要加强技术研发和应用培训,提升类案推送的智能化、精准化水平,各高级人民法院要建立审判案例数据库,为建设全国统一、权威的审判案例数据库奠定基础;另一方面,各级人民法院还要注意类案检索情况的归纳整理,将类案检

---

① 中国裁判文书网自 2013 年创建以来,截至 2021 年 3 月 26 日,共公布全国四级法院裁判文书 1.17 亿篇,已成为世界最大的裁判文书数据库,访问量达 585.9 亿人次。

索报告或类案裁判规则上传检索平台,进一步丰富和完善检索平台的内容,实现类案检索的便捷化、系统化。

四、类案检索的范围及顺序

为确保类案检索工作取得实效,避免检索过泛、过滥,《类案检索意见》规定了类案检索的范围。

一是最高人民法院发布的指导性案例。2018年修订的《人民法院组织法》明确了指导性案例的法律地位;《最高人民法院关于案例指导工作的规定》(以下简称《案例指导工作规定》)及《〈最高人民法院关于案例指导工作的规定〉实施细则》(以下简称《案例指导实施细则》)明确赋予了指导性案例拘束力,要求对于最高人民法院发布的指导性案例,各级人民法院审判类似案例时应当参照。因此,指导性案例对法官审理案件具有明显的拘束力。

二是最高人民法院发布的典型案例及裁判生效的案件,本省(自治区、直辖市)高级人民法院发布的参考性案例及裁判生效的案件。多年来,最高人民法院十分重视案例指导工作,除公布指导性案例以外,还编辑了以下案例类书刊:《最高人民法院公报》《人民法院案例选》《人民司法·案例》《中国审判案例要览》以及有关业务庭编辑的其他典型案例书籍。这些案例对全国法院的审判工作发挥了重要的指导作用。为做好案例指导工作,近年来各高级人民法院还编有参考性案例,这些案例一般经各高级人民法院审判委员会讨论通过,并公开对外发布,对本辖区审判工作也发挥着一定的指导作用。

三是上一级人民法院及本院裁判生效的案件。此种案件代表了上一级人民法院及本院对类似案件的裁判意见,受审级制度及本院(专业)主审法官会议制度、审判委员会制度等因素的影响,一般会成为法官裁判案件的参考依据。

实际上,我国司法实践中遵循判例的习惯一直客观存在,遵循上级人民法院的判例是保证法律统一适用和司法权威的必要条件,其作用及约束力自然而然地产生于司法的结构和过程中。①

一般情况下,类案检索可在以上范围内进行检索,但也不限于以上检索范围,比如

---

① 参见欧阳明程:《从案例到判例之路——从判例制度的视角看我国案例指导制度之局限》,载《山东审判》2012年第5期。

在本省(自治区、直辖市)高级人民法院发布的参考性案例及裁判生效的案件中没有检索到类案的,也可以从外省(自治区、直辖市)高级人民法院发布的参考性案例及裁判生效的案件中进行检索;在上一级人民法院及本院裁判生效的案件中没有检索到类案的,也可以在其他先进地区法院裁判生效的案件中进行检索。

除检索的案件或案例范围外,《类案检索意见》还规定了检索的时间范围及检索顺序,明确"除指导性案例以外,优先检索近三年的案例或者案件;已经在前一顺位中检索到类案的,可以不再进行检索"。这一规定主要是基于两方面考虑:一方面,随着社会生活的快速发展,立法观念、司法理念在不断更新,一些远期案例或者案件的裁判观点可能因法律法规、司法解释的修改而失去参考价值,优先检索近期生效的类案可能更有助于对待决案件的审理。另一方面,类案检索的目的主要是帮助法官办案,不能给法官带来过多工作负担,因此有必要明确类案检索的顺序,适当压缩检索的范围。当然,这一规定属于倡导性规定,只要有助于公正高效地办理案件,必要时法官除检索近期的类案之外,也可以检索远期的类案;在前一顺位中检索到类案的,也可以继续在后顺位中检索。

五、类案的判断

类案的判断是类案检索的一个关键环节,也是检索结果运用的基础和前提。实践中,法官可能会检索到大量案件,这些案件与待决案件是否构成类案,则需要进行认真判断。从比较法的角度看,在判例法国家,法官主要运用类比推理的方法,通过比对案件的相似性来决定是否援用判例;而我国以成文法为主,法官主要运用演绎推理的方法,遵循"法律规范—案件事实—裁判结论"的三段论模式适用法律,而不习惯运用类比推理的方法裁判案件。《类案检索意见》在充分考虑我国司法实际的前提下,适当借鉴判例法国家的相关做法,以列举的方式明确了类案比较的多个维度,即案件基本事实、争议焦点、法律适用问题等,为案件相似性识别和比对提供了比较的基点,为类案的判断提供了基本指引。

类案的判断不只有一个方向、一个维度,而是需要从多个方向、多个维度进行比较。首先,需要将检索到的案件与待决案件的基本事实进行相似性识别和比对,这是判断是否构成类案的基本比对点。① 案件事实有法律事实和非法律事实之区别,基本事实主要是能够引起法律关系产生、变更和消灭的法律事实,包括主体、行为、客体、事件、因果关系、主观过错等。实践中,法官需要对案件的法律事实,尤其是对裁判结论有直接影响的主要事实进行比较,以判断案件事实是否具有相似性。如果案件的基本事实相似,再对争议焦点进行比较。有学者认为,"案件的争议点是连接待决案件与指导性案例等的桥梁或中间项"②。争议焦点是当事人之间形成纠纷的关键,是案件的核心问题,也是案件相似性识别和比对的核心点。法官在类案判断中,需要重点对案件的争议焦点进行比对。其次,分析比较两案的法律适用问题是否具有相似性。法律适用问题是案件裁判中需要重点考量的问题,也是影响裁判结论的关键问题。法律适用问题及其解决一般会在裁判文书说理中充分体现,类案检索中需要对法律适用问题进行认真比对,并对裁判观点予以分析,以作为判断类案的重要依据。

类案判断是一个类比推理的过程。长期以来,我国法官的思维是演绎式的,习惯于"大前提—小前提—结论"的演绎推理,运用类比推理的方法较少。由于类比推理是一个"从特殊到特殊"的推理,因此相较于演绎推理"从一般到特殊"的推理,前者在逻辑上面临的问题更多,其可证成性需要克服逻辑上的困难。③ 在缺乏系统比较训练和相关能力的背景下,我国法官普遍对案例识别的技术与方法相对陌生,对案件事实分析的框架、法律推理的起点等问题缺乏具体认知。④ 因此,我国法官需要在实践中不断积累案例识别经验、不断增强类比推理能力,认真学习借鉴判例法国家的判例区别和援引技术,为类案的识别判断及参考借鉴奠定坚实基础。

六、类案检索报告

类案检索报告既是类案检索结果及运用的重要表现形式,也是类案检索机制发挥作用的重要载体。2017年7月,最高人民法院发布《司法责任制试行意见》,明确要求本院承办法官在审理案件时对相关类案进行检索并制作类案检索报告,为合议庭、主审法官会议、审判委员会研究讨论案件提供必要参考。2019年2月,最高人民法院发

---

① 在判例法国家,案件事实上的相似性也是先例与待决案件之间相似性的一个重要判断标准。
② 参见张骐:《再论类似案件的判断与指导性案例的使用——以当代中国法官对指导性案例的使用经验为契口》,载《法制与社会发展》2015年第5期。
③ 参见高尚:《司法类案的判断标准及其运用》,载《法律科学》2020年第1期。
④ 参见孙光宁等:《指导性案例如何参照:历史经验与现实应用》,知识产权出版社2020年版,第12页。

布《最高人民法院关于深化人民法院司法体制综合配套改革的意见——人民法院第五个五年改革纲要(2019—2023)》，进一步提出完善类案强制检索报告工作机制。在此基础上，《类案检索意见》结合审判工作实际，对类案检索报告的制作、内容及应用等作出进一步规定。

一是类案检索报告的制作。近年来全国法院案件数量不断增加，法官办案压力加大，人案矛盾突出。考虑这一审判工作实际，《类案检索意见》没有对制作类案检索报告作统一、强制的要求，而是明确类案检索情况既可以口头说明，也可以专门制作书面的类案检索报告，并随案归档备查。但无论哪种形式，都要力求客观、全面、准确。

二是类案检索报告的内容。《类案检索意见》对类案检索报告的内容进行了详细的规定，要求检索报告应当包括检索主体、时间、平台、方法、结果，并对类案裁判要点以及待决案件争议焦点进行提炼，旨在真实反映类案检索的过程和结果。对此，一些地方人民法院制作了类案检索报告的模板，进一步明确了检索报告所应包括的内容。

三是类案检索报告的应用。一方面，承办法官在合议庭评议、专业(主审)法官会议讨论中需要报告类案检索情况，并对是否参照或者参考类案等结果运用情况予以分析说明。这对案件的公正裁判、促进类案同判和法律的统一适用将起到非常重要的作用，否则，类案检索将失去其意义。另一方面，各级人民法院应当定期归纳整理类案检索报告，通过一定形式在本院或者辖区法院予以公开，供法官办案参考；同时，要将整理好的类案检索报告上传本院或者上级人民法院的检索平台，不断丰富审判案例数据库等检索平台的内容，方便法官更加高效地进行类案检索。

七、诉讼参与人提交类案与法官回应

近年来，随着司法工作与信息技术的融合发展，类案检索已成为现实。司法实践中，一些案件当事人、律师及其他诉讼参与人在诉讼中进行类案检索，并向法院提交检索的案件或者检索报告，以支持自己的诉请或抗辩。从实践效果上看，诉讼参与人提交类案，既有利于当事人对案件裁判结果有一个合理的预期，又能对法官公正裁判起到一定的监督和促进作用。《类案检索意见》结合这一实际，对诉讼参与人提交类案及法官回应方式等作了两个方面的规定。

一方面，明确公诉机关、案件当事人及其辩护人、诉讼代理人等可以提交类案，作为控(诉)辩理由。提交类案的时间，可以是立案到结案阶段的任一时间，既可以是庭审前,也可以是庭审中,还可以是庭审结束后案件裁判前。当事人在庭审前或庭审中提交案件或者检索报告的,应当允许庭审阶段对是否构成类案、能否作为案件裁判的参照或参考等问题进行辩论。提交类案的形式,既可以是一个或多个案件,也可以是类案检索报告,但一定要确保提交案件的真实性。

另一方面,明确人民法院的回应方式。一是公诉机关、案件当事人及其辩护人、诉讼代理人等提交指导性案例作为控(诉)辩理由的,人民法院应当在裁判文书说理中回应是否参照并说明理由。这一规定延续了《案例指导实施细则》的相关规定[1],与我国的案例指导制度相配套。二是提交其他类案作为控(诉)辩理由的,人民法院可以通过释明等方式予以回应。针对此种情况,法官既可以在裁判文书说理中回应,也可以在庭审中通过释明等方式回应。这一规定对诉讼参与人提交其他类案的回应方式作出比较灵活的规定,既充分考虑了当事人及其辩护人、诉讼代理人等诉讼参与人的诉求,又综合考虑了我国的法律制度、法院的工作实际等因素,以增强裁判的可接受性。

八、类案的定位

判例是英美法系国家的主要法律渊源,这一点是英美法系和大陆法系的明显区别。但是,随着两大法系的互相吸收和借鉴,近年来大陆法系国家日益重视判例在审判实践中的作用,并建立起自己的判例制度。比如,德国联邦宪法法院的判例具有法定的约束力,联邦所有宪法机关、州以及所有法院和机构都应当遵循;其他判例虽不具有正式的约束力,但在德国法中仍然扮演着主要角色。最高法院公布的大多数判决都会引用判例,如果一个法院偏离了自己的判例,则一般会注意到并且加以论证,下级法院通常遵循上级法院的判例。[2] 又如,法国的判例制度对行政法、劳动法、家庭法和继承法等法律的发展发挥了十分重要的作用。"法国法院尽管没有正式的遵循先例原理,但仍像其他国家一样,具有一种遵循先例的强烈倾向,特别是对高级法院的判决。下级法院对待法国最高法院判决的态度,实质上颇类似于普通法各国下级法院对待上

---

[1] 《案例指导实施细则》第11条第2款规定:"公诉机关、案件当事人及其辩护人、诉讼代理人引述指导性案例作为控(诉)辩理由的,案件承办人员应当在裁判理由中回应是否参照了该指导性案例并说明理由。"

[2] 参见〔德〕罗伯特·阿列克西、拉尔夫·德莱尔:《德国法中的判例》,高尚译,载《中国应用法学》2018年第2期。

级法院判决的态度。"①

制定法是我国基本的法律渊源,法官依照法律而非判例对案件作出裁判。但是,与多数成文法国家一样,在我国判例虽不具有法源性质,没有正式的拘束力,但事实上会对法官裁判案件存在一定的约束性和参考性。近年来,随着案例指导制度的建立和发展,案例对法院审判工作的作用越来越重要。《类案检索意见》在坚持我国现行法律制度体系框架的前提下,将我国的类案检索定位为成文法体系下的具体制度,以充分发挥类案在规范法官自由裁量权、促进法律统一适用等方面的重要作用。一是基于指导性案例的现实地位,规定检索到的类案为指导性案例的,人民法院应当参照其作出裁判,但与新的法律、行政法规、司法解释相冲突或者为新的指导性案例所取代的除外。二是考虑其他类案的参考借鉴价值,明确检索到其他类案的,人民法院可以其作为作出裁判的参考。当然,检索到的类案是否可以作为裁判的参考,还需要合议庭或者独任法官斟酌类案的案情、审级、裁判要点、裁判时间等因素,作出综合判断。

需要进一步研究的问题是,如果法院没有参照检索到的指导性案例或者参考其他类案作出裁判,应当如何处理,法院是否应当承担责任,《类案检索意见》没有对此作出明确规定。但是,日本的判例制度已有相应规定。日本《裁判所构成法》第49条规定,"下级法院必须遵循上级法院的判例"。为了确保这一法律得以贯彻落实,日本将违反判例作为上诉的绝对理由,并规定最高法院要在一定程度上受自己在先判决的约束,从而赋予上级法院及最高法院在先判例实际约束力。这一制度值得我们参考借鉴。

九、类案裁判冲突的处理

类案裁判产生冲突,主要有两种情形:一是在先类案的裁判尺度之间存在冲突;二是待决案件拟作出的裁判结果与在先类案裁判尺度存在冲突。在类案检索中发现类案裁判冲突时如何处理,这是困扰人民法院的一个难题。

对于在先类案的裁判尺度之间存在冲突的,实际上是在先类案的法律适用不一致,这涉及法律适用分歧解决的问题。2019年10月28日正式施行的《分歧解决实施办法》,对解决最高人民法院生效裁判之间业已存在的法律适用分歧问题提出了解决

---

① 〔德〕K.茨威格特、H.克茨:《比较法总论》,潘汉典等译,法律出版社2004年版,第382页。

办法,为各高级人民法院解决法律适用分歧问题提供了很好的示范指导作用。与此相适应,《类案检索意见》设置了一个引致条款,规定检索到的类案存在法律适用不一致的,人民法院可以综合法院层级、裁判时间、是否经审判委员会讨论等因素,依照《分歧解决实施办法》等规定,通过法律适用分歧解决机制予以解决。

对于上述第二种情形,《司法责任制试行意见》第40条已有规定[①],主要内容是:(1)在办理新类型案件中,拟作出的裁判结果将形成新的裁判尺度的,应当提交专业法官会议讨论,由院、庭长决定或建议提交审判委员会讨论;(2)拟作出的裁判结果将改变本院同类生效案件裁判尺度的,应当报请庭长召集专业法官会议研究,就相关法律适用问题进行梳理后,呈报院长提交审判委员会讨论;(3)发现本院同类生效案件裁判尺度存在重大差异的,报请庭长研究后通报审判管理办公室,由审判管理办公室配合相关审判业务庭室对法律适用问题进行梳理后,呈报院长提交审判委员会讨论。这一规定对待决案件拟作出的裁判结果与在先类案裁判尺度存在冲突的处理程序、处理方法等予以明确,在实践中取得了良好的效果。一些地方人民法院对此也作了尝试和探索,如2020年8月,湖南省高级人民法院印发的《关于规范法官裁量权行使保障裁判尺度统一的实施意见(试行)》第12条[②]对此作了相关规定。这些制度、机制的建立,将有助于类案裁判冲突的解决,在更大程度上促进法律适用的统一。

结语

立足于我国成文法传统和现行立法——司法体制的安排,建立具有中国特色的案例指导制度对于推进国家治理体系和治理能力现代化、建设社会主义法治国家是非常必要的。为了确保案例指导制度的真正落地生根、切实发挥其在社会主义法治体系中的应有作用,除认真落实好《类案检索意见》的规定外,还有必要建立健全裁判文书说理

---

① 《最高人民法院司法责任制实施意见(试行)》系针对最高人民法院本院的规定,而不是针对地方各级人民法院的规范性文件。

② 《湖南省高级人民法院关于规范法官裁量权行使保障裁判尺度统一的实施意见(试行)》第12条规定:"经检索类案,对待决案件按照以下程序办理:(一)拟作出的裁判结果与检索到的类案裁判尺度一致,且案件不属于监督案件的,承办法官、合议庭作出说明后即可按规定制作、签署裁判文书,承办法官、合议庭也可以对意见分歧较大的案件提请专业(主审)法官会议讨论;(二)拟作出的裁判结果与检索到的类案裁判尺度一致,但案件属于监督案件的,承办法官、合议庭作出说明后按规定将案件报请院、庭长监督;(三)拟作出的裁判结果与检索到的类案裁判尺度存在重大差异的,应当将案件报请院、庭长监督,由院、庭长提交专业(主审)法官会议讨论;(四)在审理新类型案件中,拟作出的裁判结果将形成新的裁判尺度的,应当将案件报请院、庭长监督,由院、庭长提交专业(主审)法官会议讨论。"

等相关配套机制。比如,从便于裁判文书说理和健全案例指导制度的角度出发提出有必要对现行裁判文书样式进行调整的建言无疑是值得实务界考虑借鉴的①,对此在本书第十一章有详细的讨论。

刘树德
2021 年 3 月 26 日

---

① 参见李红海:《案例指导制度的未来与司法治理能力》,载《中外法学》2018 年第 2 期。

目　录

第一章　两大法系判例制度的比较 ················· 001
  第一节　英美法系法律渊源中的判例 ············· 002
  第二节　大陆法系判例制度发展概况 ············· 011
  第三节　两大法系法律思维方法比较 ············· 016
  第四节　本章小结 ························· 022

第二章　两大法系案例检索和适用的比较 ············ 023
  第一节　英美法系中的案例检索与区分技术 ········ 024
  第二节　大陆法系中的案例检索与运用
     ——以德国为例 ····················· 031
  第三节　中国案例指导制度语境中的类案 ·········· 036
  第四节　本章小结 ························· 042

第三章　检索类案的前提和情形 ················· 043
  第一节　类案检索的目的 ···················· 044
  第二节　类案检索的前提 ···················· 046
  第三节　类案检索的情形 ···················· 054
  第四节　本章小结 ························· 059

第四章　类案检索的范围 ······················· 061
  第一节　我国案例体系的结构 ················· 062
  第二节　确定检索范围的基本原则 ·············· 066
  第三节　需要额外注意的事项举例 ·············· 073

第四节　本章小结 ·· 077

第五章　类案检索的方法 ·· 079
　　第一节　类案检索的三大方向 ·· 080
　　第二节　类案检索的五大思路 ·· 083
　　第三节　类案检索方法的书面表达 ···································· 094
　　第四节　类案检索的实操演练 ·· 095
　　第五节　本章小结 ·· 098

第六章　类案检索中案例数据库平台的使用 ···························· 099
　　第一节　概述 ·· 100
　　第二节　类案检索中案例数据库平台的使用方法 ······················· 103
　　第三节　本章小结 ·· 125

第七章　类案的判断标准与判断方法 ·································· 127
　　第一节　确定比较点 ·· 129
　　第二节　类案的判断标准 ·· 132
　　第三节　类案的判断方法 ·· 136
　　第四节　类案判断的实例分析 ·· 140
　　第五节　本章小结 ·· 146

第八章　类案检索报告的制作 ·· 149
　　第一节　类案检索报告的基本要素 ···································· 150
　　第二节　类案检索报告的形式要求 ···································· 154
　　第三节　类案检索报告的实质要求 ···································· 158
　　第四节　类案检索报告撰写示范 ······································ 161
　　第五节　本章小结 ·· 169

第九章　当事人、律师或公诉机关检索和使用类案 …………………… 171

第一节　概述 ………………………………………………… 172
第二节　当事人、律师或公诉机关检索类案的方法 ……… 174
第三节　当事人、律师或公诉机关使用类案的方法 ……… 184
第四节　本章小结 …………………………………………… 190

第十章　类案法律适用分歧的协调 …………………………… 193

第一节　引言 ………………………………………………… 194
第二节　类案法律适用分歧解决工作组织体系 …………… 195
第三节　类案法律适用分歧解决程序 ……………………… 198
第四节　类案法律适用分歧协调的标准 …………………… 205
第五节　本章小结 …………………………………………… 213

第十一章　类案的参照与说理 …………………………………… 215

第一节　类案的参照 ………………………………………… 216
第二节　裁判要点的性质与裁判规则的提炼 ……………… 220
第三节　法官背离类案的说理论证 ………………………… 224
第四节　本章小结 …………………………………………… 233

附录一　类案检索相关规范性法律文件 ………………………… 235

最高人民法院关于案例指导工作的规定 …………………… 235
《最高人民法院关于案例指导工作的规定》实施细则 …… 236
最高人民法院关于统一法律适用加强类案检索的指导意见（试行） ……………………………………………… 238
最高人民法院关于完善统一法律适用标准工作机制的意见 ………………………………………………………… 240
广西壮族自治区高级人民法院类案与关联案件检索若干规定（试行） …………………………………………… 246

北京市高级人民法院关于规范民事案件自由裁量权
　　行使保障裁判尺度统一的工作意见(试行) ………… 248
青海省高级人民法院关于提请审判委员会讨论案件
　　实行类案及关联案件强制检索的规定(试行) ………… 255
天津法院关于开展关联案件和类案检索工作的指导
　　意见(试行) …………………………………………… 256
安徽省高级人民法院关于类案及关联案件检索的
　　规定(试行) …………………………………………… 261
浙江省高级人民法院关于类案和关联案件检索工作
　　指引(试行) …………………………………………… 264
江苏省高级人民法院关于建立类案强制检索报告
　　制度的规定(试行) …………………………………… 267
湖南省高级人民法院关于规范法官裁量权行使保障
　　裁判尺度统一的实施意见(试行) …………………… 270
江西省高级人民法院关于统一裁判尺度加强类案及
　　关联案件检索的实施意见(试行) …………………… 274

附录二　最高人民法院指导性案例目录
　　　　　(截至 2021 年 6 月 7 日) ……………………… 279

附录三　最高人民检察院指导性案例目录
　　　　　(截至 2021 年 6 月 7 日) ……………………… 287

附录四　案例与法宝引证码、二维码对照索引表 ……… 293

后　　记 ……………………………………………… 297

第一章
两大法系判例制度的比较

判例是一种法律渊源形式,在两大法系中都占据一定的位置,但法律地位有根本性的不同。

判例是英美法系和大陆法系中共通的法律制度,作为司法活动的重要产物,既是对过去审判经验的凝结,同时其所蕴含的规则和经验方法又能指导未来案件的处理。从比较法的视角来看,判例制度在两大法系中既有区别又有联系,即便在英美法系内部,英国法和美国法在遵循先例方面也有细微的差异。就法律渊源而言,两大法系的法律渊源的类别形式大同小异,都包括制定法和判例法,其根本区别在于这些不同类别的渊源在两大法系中的地位是不一样的。比如说,成文法在大陆法系国家占据着主导性的地位,判例充其量只是一种辅助性的法律渊源——当然,个别国家(比如德国)赋予部分判例以正式法律渊源之地位除外。而在英美法系国家,判例则属于正式且主要的法律渊源,制定法也是正式法律渊源的一个重要类别。从最近几十年的发展来看,两大法系在法律渊源方面有不断融合的趋势,这表现在大陆法系越来越注重判例的地位和作用;英美法系也开始加快成文立法的速度、增加成文立法的数量,甚至赋予成文法以更高的法律效力。

我国的案例指导制度也正是在这种背景之下建立起来的,它以成文法体系作为生长土壤,同时又在具体机制和方法上借鉴英美法中的一些资源,以至于被某些学者称为"中国式的普通法"(common law in China)[①]。为稳健地推进我国案例指导制度的发展,对两大法系判例的基本情况、法律渊源类别与法律思维就不得不察。有鉴于此,本章将分别概述英美法系和大陆法系的判例和法律渊源,在此基础上进一步揭示两大法系在法律思维方面的差异。

第一节　英美法系法律渊源中的判例

一、法律渊源的概念及种类

法律渊源是法学的基本概念范畴之一,对于法理论的研讨和司法实践的运行均具有十分重要的意义。与法律渊源紧密相关的另一个范畴是法律方法。法律方法是一门法律论证的学问,主要内容在于培养法律人根据法律渊源进行法律推理的思维,是法律人安身立命的重要技能。

---

① See Mark Jia, "Chinese Common Law? Guiding Cases and Judicial Reform", *129 Harvard Law Review*, 2213 (2016).

(一) 法律渊源的概念

法律渊源,也称法的渊源,还简称"法源"。其在英文中的表述是"Source of law",作为一个专门的法学术语,源自古罗马法的"Fontes juris",意为"法的来源"或"法的源泉"。学者们对法律渊源一词有不同的理解,甚至在他们之间也不无分歧。凯尔森就曾指出,法律渊源是一个含混、模糊的概念,为了获得明确的含义,提议应以"法的形式"这一表述取而代之。恩瑞科·帕特罗也提出,很少有法律术语能像法律渊源这样宽泛和模糊,究其原因在于"法律"和"渊源"这两个构成词通常被人们在不同的意义上使用,所以法律渊源也就常常会指向不同的含义。与此同时,罗马法中的"Fontes juris"包括了两层含义:第一层含义是,法律渊源概括出了古罗马的法官在司法裁判过程中可以将哪些规范作为其裁判规范和裁判理由的来源;第二层意思是,法律渊源既是对国家制定法的法律效力的肯定,也是对制定法以外的但又能成为法官纠纷解决依据的规范具有司法适用价值的认可。① 归纳起来,法律渊源的核心内容在于它构成了法律适用者借以形成裁判根据之来源。

对于本书所持有的上述观点,主要是从司法中心主义的立场界定的,对此有两点需要加以说明:

首先,由于出发点或切入视角的不同,学者们往往会形成"立法中心主义"和"司法中心主义"两种不同法律渊源观。前者将法律渊源看成立法机关制定法律所依据的材料,而后者把法律渊源看作司法机关裁判纠纷所依据的材料。② 对于法律渊源概念的整体把握须同时兼顾这两个视角,尽管如此,由于法律渊源主要是法律适用过程中的概念范畴,因此本书仍然将重点放在"司法中心主义"的视角之上。

其次,法律渊源与法律形式存在关联,但所指涉的并非同样一个事物。法律渊源是法律借以形成的源泉,是一个蕴含着"可能性"的概念,法律的渊源从本质上讲并不是法。法的形式是实在法的外在表现形式,采用这种形式表达自身的规范通常就已属于实在法的范畴,因此它更多的是一个"现实性"或"实然性"的概念。对此,有学者提出不宜用法的形式随意替换法律渊源的两点理由:"其一,在汉语中,渊源一词指根源、来源、源流的意思,将法和渊源连用,其涵义主要应指法的根源、来源、源流,这同法的表现形式不是一回事;其二,法的渊源一词在国外法学著述中包括多种涵义,其中只有

---

① 参见彭中礼:《法律渊源论》,方志出版社2014年版,第36—41页。
② 参见张文显主编:《法理学》(第五版),高等教育出版社2018年版,第87页。

法的形式渊源的涵义才相当于国内学界所说的法的形式的涵义。基于此类原因,讲到法的形式如果使用法的渊源这个概念,对中国读者来说,容易误解或生出歧义。对外国读者来说,也会用他们理解的法的渊源一词的涵义,理解我们特指的法的形式的涵义。"[1]基于这些原因,不宜混同使用这两个意思接近但性质不同的概念。

(二) 法律渊源的种类

在学理上对法律渊源可以作不同的分类,如按照是否具有直接的适用效力,可以将法律渊源分为正式渊源和非正式渊源,前者是指具有正式约束力并可直接加以适用的渊源,包括立法、委任立法、条约和先例;后者通常是指仅具有说服力而无法律拘束力的文件,包括正义之标准、理性与事物的性质、个别衡平、公共政策、道德和社会倾向、习惯等。[2] 也有一些学者将法律渊源分为直接法源与间接法源,前者包括法律、习惯和法理,后者包括判例和学说等。[3]

此外,从法律渊源的外在表现形式,还可以将其分为成文法源和不成文法源。所谓"成文法源",是指由有权专门机关制定、以成文形式表现的具有普遍约束力的规范性法律文件。成文法源有时也被称为"制定法",其形式包括宪法、法律、法规、规章、法令、条例等。"不成文法源"通常是指并不采纳成文或法典形式的规范性法律文件,在此意义上学者有时也使用"判例法"这个称谓。当然,我们也注意到,判例法有时候也会采取成文的形式,尤其是在英美法系国家中有进行判例编撰的传统;另外,"不成文法源"的范围要比"判例法"更广,除了判例法这种主要内容之外,还包括习惯、条约、法理、学说、公平正义、乡规民俗等。

通过以上论述,可以看到法律渊源的具体内容是多样化的,包括成文形式的与不成文形式的。就此而言,大陆法系与英美法系国家在法律渊源的具体类别和形式上并无实质性差异,其区别在于两大法系赋予各类法律渊源的权重有所不同。简单地说,在大陆法系国家,成文法源占据主要地位,但习惯、法理、学说、判例也慢慢开始发挥重要作用。英美法系国家中,判例虽然是主导的法律渊源形式,但成文法的数量也非常之大,并且成文法可以修改和废止判例法。这是两大法系在法律渊源方面相互趋

---

[1] 周旺生:《法的渊源与法的形式界分》,载《法制与社会发展》2005 年第 4 期。
[2] 参见〔美〕E. 博登海默:《法理学:法律哲学与法律方法》,邓正来译,中国政法大学出版社 1999 年版,第 413—483 页。
[3] 参见陈金钊主编:《法理学》,北京大学出版社 2002 年版,第 145 页。

同和融合的一个重要表现。

二、法律渊源中的判例

（一）制定法

顾名思义，制定法是通过专属立法以成文的形式表现出来的规范性法律文件。制定法的制定、修改和废止过程，也被称为"立法"。纵观英美法系，制定法的形式主要包括以下几种：

1. 宪法及宪法性法律

美国有成文宪法，美国联邦宪法由立宪会议制定和通过，1789年3月4日生效的《美国联邦宪法》，是世界上最早的成文宪法，由序言和7条正文组成。它确立了三权分立与制衡、人民主权、限权政府、联邦和州的分权等原则。迄今为止，已先后通过了27条宪法修正案。英国奉行议会至上原则，虽然并无一部统一的成文宪法，但是它有一些非常重要的成文的宪法性文件，比如1679年的《人身保护法》、1689年的《权利法案》、1700年的《王位继承法》、1911年的《议会法》、1918年的《国民参政法》、1928年的《国民参政（男女平等）法》、1931年的《威斯敏斯特条例》以及1948年的《人民代表法》等。

2. 法规

法规是由享有立法权的联邦政府、州政府或地方政府依照法定程序所制定的法律。提议的法规一般称为"草案"（bill），必须经专门立法委员会审查和行政首长同意，才能成为法规。联邦法规的合辑称为联邦法典，而州法规的合辑称为州法汇编或州法规。[①]

3. 国际条约

国际条约，是指国际法主体间缔结的相互权利义务关系的书面协议。广义的条约除以"条约"为名的协议外，还包括公约、宪章、盟约、规约、协定、议定书等。狭义的条约仅指重要的以条约为名的国际协议，如同盟条约、边界条约、通商航海条约等。国际条约在英国一律需由国会的立法履行，因此，条约在英国法上并无直接的效力，所以并不能成为法源。但在美国法上，则可区分为自动履行与非自动履行的条约，前者无须

---

① 参见 Wiliam Burnham：《英美法导论》，林利芝译，中国政法大学出版社2003年版，第35—36页。

等待美国国会立法便可在美国境内生效,因此可以成为法源的一种。①

(二)判例法

判例(case)是英美法领域中的一个核心概念,是指法院在判决类似案件时可以援引已经生效的判决为先例,这种被援引的先例即判例。先例(precedent)一般是指可以用来作为后来事件或案件的范例或规则的先前事例,或者可以用来支持或证明某些相似情况或行为的先前事例,即在后来案件中作为法律渊源的先前的司法判决。判例与先例非常接近,判例主要侧重于对整个案件的叙述和报告,包括作出该判决的法官对该法律问题的意见;先例主要是指可以作为判例的先例判决中所包含的法律原则,能够对今后审理同样或类似的案件起到指导作用。在英美法中,判决与判例是一种包含关系,判例是从既有判决中产生的,但并非所有的判决都能成为判例,只有刊载在判例集上并被后案法官援引的判决才能成为判例。

英美法体系正是在遵循先例的实践中逐步发展起来的,"先例原则"或"遵循先例原则"——照字面意思来说就是"遵从先例,切勿破坏已有定论"(stare decisis et non quieta movere)或者说是"遵守先例,且不要扰乱已经确立的要点"(to adhere to decided cases and not unsettle established things),所表达的基本上是同一个意思。就英美法系来说,判例法一般是指高级法院的判决,确切地说,是指一个判决中所含有的法律原则或规则,对其他法院(甚至对本法院)以后的审判具有约束力(binding effect)或者说服力(persuasive efect)。所谓"约束力"是指必须遵守,即法官在审理案件时应考虑上级法院甚至本级法院在以前类似案件判决中所确立的法律原则和规则;"说服力"是指某种影响力,仅仅具有说服性或参考性,不具有要求法律适用主体强制参照的效力,这种影响的程度取决于多种因素,比如:作出判决的法院的地位、法官本人的声望、作为先例的那一原则或规则自身的表达、先例与待决案件的相似性程度等。

三、英美普通法内部的相似与差异

我们对于英美法系与大陆法系之间的差异已经熟知,然而对于英美普通法内部的差异,事实上缺乏深入的了解和研究。一方面是由于资料的匮乏,另一方面则受到外部视角的限制。站在英美法的内部,以一种内在视角来审视英国法和美国法,我们会

---

① 参见王泽鉴主编:《英美法导论》,北京大学出版社2012年版,第123页。

发现一个很有意思的结论,即英国法律人在法律推理方面更加注重形式,而美国法律人在法律推理方面更加注重实质。英国长期占统治地位的法实证主义传统也加剧了英国法的形式性色彩,美国的新自然法理论、实用主义法理论、法律经济学及现实主义法学共同导致了美国法的实质主义取向。

法律推理有着两种相异的进路:一种是形式性进路,旨在强调对规则的服从、程序的强调、逻辑的遵守和概念的重视,而对结果的公正与否不做过多的价值评判,因此本质上拒绝或排斥实质性依据在推理中的运用;另一种是实质性进路,注重实质性依据在推理中的运用,更关注法律背后的立法目的、价值观念和推理结果的正当性。英国法律体系倾向于使用形式性依据,而美国法律体系更加倾向于使用实质性依据。或者说,英国法官和律师的推理更加具有形式性,而美国法官和律师的推理更加具有实质性。

这种现象的产生,主要由于以下四种原因:

(一)法律观念不同

所谓法律观念,是指人们所持的对于法律之概念的观点。德沃金区分了概念(concept)与观念(conception),比如说,尊敬提供了礼仪的概念,而对尊敬实际上要求什么的各种相互竞争的立场,则是对于礼仪概念的一种观念。他进而指出,法律观念是一种关于法律根据的理论,它并没有要求我们接受关于"公民应该如何行为"或"法官应该如何裁判"的任何特定或具体主张。① 换句话说,不同群体或个人对于法律可以拥有不同的看法和评价。

就此而言,我们来审视英、美两国法律人法律观念的异同。

受法实证主义传统的影响,英国法律人长期沉迷于一种形式化的概念认识中,认为法律就是某个机关或主体通过一定程序创制出来的东西,只要相关主体权限和程序合格,那么作为这一行动创制的东西就是法律,这是一种"谱系性"的合法性标准,奥斯丁的独立政治社会中的"主权"、凯尔森所预设的"基础规范"以及哈特所构造的"承认规则",都是一类帝王式的基准,顺其而下定能找到法律和规则。而在美国,由于长期受到自然法理论以及实用主义思潮影响,他们对于法律之判准更多的是一种实质主义的取向,某规则之所以能够成为法律规则不仅是因为符合形式标准,还在于它要承载某些更为

---

① See Ronald Dorkin, *Law's Empire*, Havard University Press, 1986, pp.71-72.

重要的东西。

在英国,由于法律规则出自一种严格的程序,因而具有较高的形式性,这种规则是一种刚性规则,它要求推理者尽可能地进行严格的形式推理。而在美国,法律规则相对是一种富有弹性的标准,它要求法官在使用时进行自由裁量和灵活解释。如果说英国的裁判图景可以被界定为"规则裁判论"的话,那么美国的司法裁判图景则可以被界定为一种"原则裁判论",那些能够在美国司法和宪政发展史上产生深远影响的伟大判决,无不是以原则裁判所著称。

(二)制定法的解释

相较于英美法而言,制定法必然展现出更高的形式性。如果把此处比较的对象转换为大陆法的话,那么基本论断也会随之改变,亦即英美法更加具有实质性,而大陆法更加具有形式性。但是由于今天无论是在英国法还在美国法中,制定法都是两国法律体系中不可或缺的一项重要内容,那么在这种背景之下比较英美两国法的特点就显得更加具有意义了。为什么说英国的法律制度比美国更具有形式性?下文将从两个角度来思考:

首先,从制定法本身所具有的一系列特质来论证英国法的形式性。与判例法相比,制定法具有较强的等级形式性、内容形式性、强制形式性、解释形式性以及渊源形式性五个方面的特质。即便如此,我们仍然无法得出英国法比美国法更具有形式性的结论。对此必须提供证据证明,制定法在英国法中发挥了更加重要的作用。这种判断必须要基于"量的优势"与"质的优势"这两个维度,二者缺一都无法有效地证立上述结论。我们认为试图通过数据来对比英美法中制定法的比重大小,虽然难度很大但并不意味着完全不可能。另外,可以通过研究制定法的立法技术和规范类型,来发现它们二者之间的"刚性"与"柔性","原则"与"具体"之别。再者,从英国议会至上的原则以及长期立法的传统,也可以推断英国法官在法律适用中的克制性,这更多的是一种"质的优势"。据此可以得出一个基本判断:如果英国法果真比美国法更加具有形式性,那么充其量也不过是一种"弱的形式性"而已。

其次,从制定法的解释来证立英国法的形式性结论。在制定法出现语义模糊或冲突的情形时,便产生对其解释的必要,无论在任何国家的任何司法实践中,这都是一种必然的要求和选择,个中原委可能是纷繁复杂的,但并不属于此处所关注的内容。与前一点紧密相连,制定法的适用也不可避免地会带来解释,这种解释可以有不同的态度和方法,与此处论证主旨相关的主要是文义解释和目的解释。如果能够证明,英国的法官在解释成文法时更多地使用文义解释的方法,而美国的法官更多地使用目的解释,那么上述关于英国法之形式性的结论也就得以成立了。一些学者给出了三点理由:其一,英国法官一般远比美国法官更强调制定法言辞的重要性;其二,除非制定法所使用的言辞没有确定的通常含义,从而不具有清晰的字面意义,否则法院不得去探寻立法者的目的;其三,英国法官在考虑目的证据时,一般都会将范围严格限定在制定法本身、同一制定法的其他部分、先前的普通法或制定法的言辞所构成的界限之内。[①]

除此之外,还可以再补充两点理由——当然,它们并不是不重要的:一点理由是英国议会至上的立法传统,强调法官的分内职责就是依法裁判,至于法律出现了问题,那是立法机关的事情,因而在法官对法律解释的形式和限度上进行了很大的限制。尽管他们事实上也在从事大量的成文法解释工作,但出于"政治正确"的心理障碍,会习惯性地"撒谎"。另外一点理由是,由于长期在两国占据主导之势的法学思潮对于政治及法律实践的影响,英国法官对待规则、法律解释、法律推理及司法立法更为敏感和保守,相比而言,他们的美国同行走了一条截然相反的道路。因而,上述理由基本上可以证立英国法在法律解释过程中因对文义的过度依赖而不敢越雷池半步,最终也就证立了英国法律解释的形式性。

(三)法院与审判程序

同英国的法院相比,美国的法院在重新构造19世纪的法律以适应工业化的需要方面,起到了更大的作用。美国的宪法使得许多问题被当作法律问题来对待,甚至一切问题最终都可以上升至法律问题;而在英国,这些问题绝大多数是被当作政治问题来解决的。这种情况部分是因为英国的法官习惯于尊重英国的立法机关(议会至上),部分原因在于他们认为用立法方法进行改革更为高明。就审判方法而言,美国的法官更为能动和灵活,英国的法官则相对消极和保守。在判例法的适用上,"遵循先例原则"的运行在美国受到了诸多的限制,因而实际操作起来更为灵活,整体上属于一种比较宽松意义的遵循先例观;而在英国,当下流行的遵循先例原则观虽然没有以前那么严格了,但较之于美国的标准仍然属于比较严格的。遵循先例的原则在一个法律体系中的运作受到的限制愈多,该法律体系的形式性就愈低。正因此,也凸显了英美法

[①] 参见〔美〕阿蒂亚、萨默斯:《英美法中的形式与实质——法律推理、法律理论和法律制度的比较研究》,金敏等译,中国政法大学出版社2005年版,第85—88页。

中形式与实质的差异。

（四）法官职能与司法角色

与英美法系法官略有不同的是,英美法系的法官除了适用法律之外,某种程度上还发挥着创造法律的功能。美国法学家艾森伯格从三个方面分析了法官造法的原因：首先,立法机构制定法律的能力是有限的,而其大部分能力都被配置于制定与政府事务有关的法律制度；其次,立法机构在某种意义上并没有人员可以让它们行使全面立法职能以管制私人部门的行为；最后,在许多领域里,司法规则的灵活形式比立法规则的规范形式更可取。故而,社会要求法院发挥作用以充实法律规则的供给。相对于大陆法系的法官来看,英美两国的法官在造法方面的作用也有明显的差异,他们在造法上的权限或能动性的大小,与遵循先例的严格度是紧密联系在一起的,前文对此已经多多少少介绍过了。总的来说,就是前者更为积极而后者更为消极一些。这一差异不仅源自英美两国长期殊异的司法传统、法律文化及政治结构,此外一个很重要的原因还在于,美国的法院及法官除了审判职能外,还扮演着政策（有时或很多时候是重大政策）制定者的角色。

达玛什卡教授对司法程序和权力组织"科层理想型"和"协作理想型"的分类,对此处理解英美法官在造法角色方面的差异也很有帮助,它们并非一一对应于大陆法系和英美法系国家的司法程序,只不过大陆法系国家司法程序的影子在"科层理想型"中更浓厚一点罢了。事实上,现今英国的司法程序位于二者之间,是一种"协作式官僚理想型","常规的上诉法院在20世纪初的时候开始设立起来,因此为更加严格的科层关系的发展创造了空间。主要在20世纪逐渐展开的一系列改革简化了法院系统,使它更接近于欧陆模式"[1]。而美国的司法程序和权力组织是一种更加典型的协作理想型。达玛什卡认为这些特征源于以下三个方面的原因：其一,从一开始就严重依赖陪审团,并且将陪审团的重要地位在宪法中予以固化,认为真理和正确存在于民众的常识和知识中；其二,认为法院内部的专业分工是一种缺陷而非优点,故而一直对官僚机构和科层组织保持着反感的态度；其三,即使是从英国的角度来观察,行使权力的强烈个性化风格也一直是美国司法机构的标志性特征。在这样一种风格的对比下,"异议更

---

[1] 〔美〕米尔伊安·达玛什卡：《司法和国家权力的多种面孔——比较视野中的法律程序》,郑戈译,中国政法大学出版社2004年版,第66页。

多地出现在美国法院而不是英国法院作出的判决中"①。

此外,美国法官还在很大程度上书写着美国的法律历史。比如,在1916年《美国产品责任法》诞生之前,由产品引发的案件只能按照合同责任来解决,后来卡多佐大法官在"麦克佛森诉别克汽车公司案"的判决中,推翻了长期支配美国法院的"契约当事人关系"原则,确立了制造商对有缺陷的产品承担过错责任的原则,至此开创了美国法制史的新时代。另外,沃伦法院通过灵活的司法解释而孜孜追求正义,也在美国的法律史上树立了一座丰碑。总结起来,美国法官在遵循先例、推翻先例、解释法律和创制法律方面比他们的英国同行更加积极、开放和能动。

第二节 大陆法系判例制度发展概况

一、大陆法系国家判例存在的必要性及功能

在英美法系国家,判例作为正式法律渊源的地位是不容置疑的,先例规则是从先前的已决判例中提炼和归纳出来的,后案法官除非证明当前案件与先例案件存在着实质性的区别,否则都应坚持和遵守先例规则。在大陆法系国家,判例通常不被认为是正式的法律渊源,它虽然是重要的法律研究和法律教学素材,但却难以作为法律渊源在裁判中被法官引用。

尽管如此,在大陆法系国家判例仍有存在的空间,甚至在一些国家,特定的判例可以取得正式法律渊源的地位,比如德国联邦宪法法院的判决就具有正式的法律拘束力,和一般法的效力是一样的,对于这些判例的背离必须有法律上充足的理由,否则便可能构成法律适用错误。大陆法系国家的法治土壤中生发出判例,具有一定的必要性,可以从以下三个方面加以说明。

1. 成文法的未完成性需要判例加以填补

大陆法系国家多以成文法来架构法律体系,成文法在表达上必然存在一定局限。成文法从其制定的那一刻起,就已经滞后于社会生活了。立法者由于具有有限的理性

---

① See P. S. Atiyah, "Lawyers and Rules: Some Anglo-American Comparisons", 37 *Southwest Law Journal*, 545(1983).

能力,不可能事先预料到未来社会生活中的一切事项,在法律制定之后,总是不可避免地会出现一些新的案件,其事实与法律规范的要件事实无法对应起来。比如,1997 年全国人民代表大会在修订《刑法》之时,并未预料到未来社会中会出现利用 ATM 机故障多次取款的行为,许霆案的出现在一定程度上超出了原有法律条文调整的范围。

在大陆法系国家,成文法是主导性的法律渊源,判例是一种重要的辅助性法律渊源,法律中的很多规定为判例的存在提供了空间。根据一些学者的归纳,在大陆法系国家的民法典中,至少有以下四种情况规定了判例法与法律渊源的关系:

其一,有些法典并未对法律渊源作明确规定,但却采用反向的方式规定了判例法的存在空间,比如《法国民法典》第 4 条规定"法官不得以法无明文规定为借口而拒绝审理提交给他的案件",虽然立法调整出现了局限,但法官仍应竭尽心力裁判案件,判例便成为可资利用的重要渊源。2014 年江苏无锡发生了"中国首例冷冻胚胎继承案",在此之前立法对冷冻胚胎之性质并未作任何规定,法官在审理案件时除了诉诸传统情理、学说,还考察了域外的相关判例。

其二,有些法典明确列举了法律渊源,比如《意大利民法典》第 1 条规定,法律渊源包括法律、条例、行业规则、惯例。①

其三,一些法典除了列举法律渊源之外,还赋予法官一定的自由裁量权选择判例。典型的是《瑞士民法典》第 1 条,"(1)凡依本法文字或释义有相应规定的任何法律问题,一律适用本法。(2)无法从本法得出相应规定时,法官应依据习惯法裁判;如无习惯法时,依据自己如作为立法者应提出的规则裁判。(3)在前一款的情况下,法官应依据公认的学理和惯例"②。在这种情况下,判例就成为一种重要的补充性法律渊源。

其四,还有些法典虽对法律渊源不做明确规定,但是在法典中规定了一些一般条款和概括性规定,为法官发展法律提供了重要基础。③ 对于一般性条款或概括性规定的具体化,很重要的一个途径就是通过判例加以类型化和具体化,故而它们也为判例的存在创造了空间。

2. 类似案件应类似处理

《案例指导工作规定》第 7 条规定:"最高人民法院发布的指导性案例,各级人民法

---

① 参见《意大利民法典》,费安玲、丁玫译,中国政法大学出版社 1997 年版,第 3 页。
② 《瑞士民法典》,殷生根、王燕译,中国政法大学出版社 1999 年版,第 3 页。
③ 参见张骐:《法律推理与法律制度》,山东人民出版社 2003 年版,第 86—91 页。

院审判类似案例时应当参照。"这实际上是"等者等之,不等者不等之"的形式正义原则在司法工作中的具体要求和体现。用拉伦茨的话来说,法律的性质之一就是要"平等处理"或"平等对待",即对于本质上相同的事物或现象,法律应给予相同的法律评价。① 某个案例如果想要取得指导性案例的身份,首先它必须具有较强的典型性或代表性,比如指导案例1号直接针对的是房屋买卖合同中的"跳单"现象,它所确立的解决思路或裁判要点是,"同一房源信息经多个中介公司发布,买方通过正当途径获取该房源信息的,有权在多个中介公司中选择报价低、服务好的中介公司交易,此行为不属于'跳单'违约"。此后所产生的类似案件,法官应当参照指导性案例中已确立的裁判要点和思路来裁决。

每一个判决都有一种"生殖力",即按照它自己的面目进行再生产,对未来同类或类似性质的案件产生某种指导力量。类似案件应类似审判就不仅仅停留于抽象的道德观念或精神层面,而是已经上升为了一种法律原则,这意味着法院对于使用或拒绝使用指导性案例必须给出充分的理由,不得恣意为之。除此之外,在实践中当事人或代理律师对案例也是十分敏感的,"总是把活动重点放在对大量判例的研究上,并在论辩中加以引证"②。可以说,当事人将相关案例以证据的形式提交给法院已经成为一种经常性的做法。

3. 司法体系的科层制结构

相关主体在实践中积极使用指导性案例,还和科层制的司法结构紧密相关。"科层理想型"(hierarchical ideals)这个概念最早是由美国耶鲁大学法学院达玛什卡教授提出来的,与其对应的概念是"协作理想型"(coordinate ideals)。根据达玛什卡教授的描述,科层制的司法组织表现为一种金字塔结构,处于上层的人权力越来越大,级别相同的官员则是平等的,但是当他们之间产生争议或遇到疑难问题时,往往会将争议事项提交给共同的上级去处理,下级的决策、裁决必须接受上级的全面检查和监督。③ 中国上下级法院之间的监督与被监督关系也呈现出了一种鲜明的科层制色彩,法官审判

---

① 参见〔德〕卡尔·拉伦茨:《法学方法论》,陈爱娥译,商务印书馆2003版,第39—42页。
② 〔美〕约翰·亨利·梅利曼:《大陆法系》,顾培东、禄正平译,法律出版社2004年版,第47页。
③ 达玛什卡教授认为科层制司法包括三个要素,分别是官员的职业化、严格的等级秩序和决策的技术性标准。相应的,科层制下的法律程序呈现出按部就班的递进式程序、卷宗管理、渐进式的审判、官方程序的排他性逻辑法条主义与程序规制等特征。参见〔美〕米尔伊安·R·达玛什卡:《司法和国家权力的多种面孔——比较视野中的法律程序》,郑戈译,中国政法大学出版社2004年版,第28—29、76—83页。

的自主性在一定程度上会受到审判委员会、庭长、院长、上级法院的制约或影响。法官（尤其是基层法院的法官）在裁判中对于指导性案例的使用，同样也无法逃脱这张巨大的、隐形的"权力—关系"网络的限制。

一些学者注意到了这一点，他们在调研中发现上级法院、本级法院的院长和审判委员会在对指导性案例的使用等诸多方面都拥有很大的权威。① 从理论上讲，对于是否使用案例以及如何使用案例这些问题，虽然法官个人拥有着决定权（因为他是待决案件的裁判者，最清楚对于某个指导性案例的使用是否必要、妥当）；但是由于前述权力网络所催生的潜在的制约性因素，迫使法官在很多时候持一种被动的"观望"态度，如果当事人在庭审过程中提出了某个指导性案例而自己不参照审判，当事人可能会以此为由提起上诉。而对于一些热点、疑难案件，审委会、庭长、院长或上级法院可能会直接或间接地要求法官参照相关案例。梅利曼教授也指出，实践中法官断案也会经常参照判例，这主要是因为："第一，法官深受先前法院判例的权威的影响；第二，法官不愿独立思考问题；第三，不愿冒自己所作判决被上诉审撤销的风险"②。此外，有的法院也可能会将"是否使用指导性案例"作为绩效评判的一个重要标准。

我国学者对指导性案例的功用提出了各种各样的观点，常见的比如落实司法公开原则进而促使当事人息诉服判、保障法律的统一适用、增强裁判的说理性以及提高司法的公信力③，又比如填补法律漏洞和限制法官的自由裁量权④，再比如还可以补充和发展既有的法律等。⑤ 这和英美法系中先例的存在理由有相似之处，法官之所以遵循先例是考虑"确定性""信赖""平等""效率""实践经验的运用""对法官个性的限制""特定诉讼的终结"⑥等因素。总体而言，判例作为某类案件的一个典型，因其蕴含了对某类法律问题的解决思路（裁判规则），而能够对未来类似案件发挥示例性的典范作用，既能实现类似案件类似处理、落实形式正义，又能在一定程度上限制法官的自由裁量权。

---

① 参见张骐：《指导性案例中具有指导性部分的确定与适用》，载《法学》2008年第10期。
② 〔美〕约翰·亨利·梅利曼：《大陆法系》，顾培东、禄正平译，法律出版社2004年版，第47页。
③ 参见于同志：《论指导性案例的参照适用》，载《人民司法》2013年第7期。
④ 参见王利明：《我国案例指导制度若干问题研究》，载《法学》2012年第1期。
⑤ 参见汪世荣：《补强效力与补充规则：中国案例制度的目标定位》，载《华东政法学院学报》2007年第2期。
⑥ See Richard A. Wasserstrom, *The Judicial Decision: Toward a Theory of Legal Justification*, Stanford University Press, 1961, pp.60-79.

二、中国特色案例制度化

司法解释和案例是我国最高人民法院协调全国法院审判工作的重要形式,对帮助各级法院和广大法官准确理解法律、正确处理案件起到了重要的作用。我国尽管不像英美法系国家那样存在着判例制度,但是在我国一直有案例的遴选、编撰和公布的传统。新中国成立以后,案例制度逐步确立并得到发展,建国初期最高人民法院就重视运用案例总结经验,指导全国法院的审判工作,比如在董必武同志的带领下,1955年起开展了总结审判经验的活动,主要通过收集、整理和研究大量案例总结经验,规范法院的审判工作。1985年以前,最高人民法院通过内部文件下发案例的形式,指导全国法院的审判工作。1985年以后,最高人民法院决定在《最高人民法院公报》上定期发布案例,指导全国法院的审判工作。2010年7月最高人民检察院发布了《最高人民检察院关于案例指导工作的规定》,2010年11月最高人民法院发布了《案例指导工作规定》,这标志着案例指导制度在我国的正式确立。此后,两机关不定期地发布一定数量的指导性案例,并要求下级机关在处理类似案件时予以参照。

与这种正式的案例制度相关联,还存在着一些非正式的案例制度。针对前述各种案例制度,一些专门从事案例研究、分析和评价的专门性组织、机构相继建立,例如在中国法学会下专门成立了一个案例法学研究会;最高人民法院司法案例研究院也挂牌成立;另有五家高校也成立了专门的案例研究机构。最高人民法院的有关部门为研究、指导审判工作以及教学也制作了多种形式的审判案例汇编,包括各种《审判参考》(比如刑一庭和刑二庭等编的《刑事审判参考》、审监庭编的《审判监督指导与研究》、行政庭编的《行政执法与行政审判》)和《人民法院案例选》、《中国审判案例要览》等。一些地方人民法院也在定期推出一些案例分析与汇编,比如北京高院的《北京法院指导案例》、天津高院的《天津审判》、上海高院的《上海法院案例精选》、浙江高院的《案例指导》、四川高院的《审判指导》、山东高院的《案例参阅与指导》、江苏高院《江苏省高级人民法院公报》中的参阅案例、重庆四中院的《案例参考与研究》、珠海中院的《示范案例》等。中国案例法学研究会每年都会评选"影响性诉讼案例",中国法学会宪法学研究会等研究会也在陆续推出一些具有影响力的案例或精品案例。此外,学界学者为了教学和研究所主编的案例分析就更不计其数了。案例是一种记录过去审判经验与智慧的载体,在实践中有着解释和补充法律、指导审判工作、维护司法公正和提高司法效率、有效应对疑难案件、推进法制宣传、推动法学教育以及丰富法律理论等诸多方面的价值和功用。

在实践中,中国法院对案例或判例做了非常有益的探索,在理论上,学者对我国是否适宜建立判例制度在 20 世纪末有过许多争论。多数学者认为,我国不宜建立像普通法那样的判例制度,但是不容忽视案例在司法实践中的重要作用。2010 年"两高"有关案例指导工作规定的出台,标志着中国特色案例指导制度正式落地,同时,各级人民法院在审理类似案件时都应参照最高人民法院发布的指导性案例。截至 2021 年 3 月,最高人民法院已先后发布了 27 批共计 156 个指导性案例。为推进法官在实践中参照指导性案例,2015 年出台了《案例指导实施细则》,进一步明确了指导性案例的标准、推荐主体和程序,并对如何参照适用指导性案例作出了说明。

第三节　两大法系法律思维方法比较

"方法"指通向某一目标的路径。在科学上,方法是指这样一种路径,它以理性的、可检验的和可控制的方式导向某一理论或实践上的认识,或导向对已有认识之界限的认识。法律思维方法,便是用以思考法学问题的形式来寻找答案的方法或路径。用更加专业的术语来讲,即法律人根据现行有效的法律规范解决个案争议的方法。

在法律思维方法方面,两大法系在主要的方法类型上基本类似,法律实践中都会用到演绎推理和类比推理的方法。其不同之处在于,大陆法系国家的法官更习惯或主要使用演绎推理,这是由成文法法律体系自身的内在特点和结构所决定的,法律条文往往构成法官思考的出发点,通过一般性的法律规范,结合个案中所提取的案件事实,从而推导出判决结论。英美法系国家中的情形则有所不同,法官通常并不是从抽象的法律条文入手,而是从具体的个案切入,从既往判决的先例中抽取出具有一般化表现形式的法律规则,进而将该规则适用到当前的类似案件中,这是一种"从特殊到一般再到特殊"的归纳式思维。故而,可以说类比推理在英美法系国家中是一种主导性的法律思维方法。

一、演绎推理

演绎推理也被称作三段论式推理,是法律思维方法中的最常规形式。它以既有的法律规则作为出发点,通过涵摄技术将案件事实置于特定规则之下,进而演绎推导出结论。这是一种正统的"基于规则的推理"(reasoning with rules)模式,离开了法律规则这一大前提,整个推理就无法进行下去。尽管这一推理模式在后来受到了来自类比推理、等置理论以及法律论证等方法的挑战,但是如果离开了规则、抛弃了逻辑,这后面的三种推理方法均难以自足。

正是在这个意义上,麦考密克才极力捍卫三段论的基础性地位,"有些人极力否认法律推理从来都是严格的演绎性活动,如果这种否定试图走向极端,认为法律推理从来不是或者根本不可能是以演绎推理的形式而存在,那么这种质疑就是大错特错的"①。演绎推理的基本构造如下:

T→R(规则 T 的每个事例均可以产生法律后果 R);

S=T(因为事实 S 是 T 的一个事例);

S→R(所以对于 S 也可以推导出法律后果 R)。

根据这一模式,全部的司法活动就集中于为法律推理准备大、小前提,结论的得出不过是一种涵摄技术的运用,并且这一过程就是一种"规则→后果"的顺向推理。演绎性推理的核心环节有二:其一是找法,其二就是将案件事实与法律规范进行等置,以推导出案件的裁判结论。

以"四川泸州情妇遗赠案"为例,案件的基本事实是,遗赠人黄永彬与被告蒋伦芳于1963年结婚,1996年遗赠人黄永彬与原告张学英相识并在外租房同居。2001年初遗赠人黄永彬被确诊为肝癌晚期并在临终前立下书面遗嘱,将其所得的住房补贴金、公积金、抚恤金和出售泸州市江阳区住房所获款的一半及自己所用的手机一部,全部赠与原告张学英所有。在遗赠人黄永彬去世以后,原告张学英诉至法院要求判令被告蒋伦芳执行遗嘱内容。泸州市纳溪区人民法院以及泸州市中级人民法院均以遗嘱内容有悖于《民法通则》(已失效)第 7 条所规定的"公序良俗"原则为由,并结合《立法法》关于"上位法效力高于下位法效力"之规定,作出了遗嘱无效的判决结论。② 按照演绎性思维来看,大体上可以将法官推理的思路还原为以下几个方面:

第一,法官首要的工作是"找法"(discovery of law)。也可以说是"法律发现"或者"法律检索",法官在本阶段的工作就是检索出所有能够调整本案或可能适用于本案的

---

① See Neil MacCormick, *Legal Reasoning and Legal Theory*, Oxford University Press, 1978, p. 19.
② 参见四川省泸州市纳溪区人民法院(2001)纳溪民初字第 561 号民事判决书,以及四川省泸州市中级人民法院(2001)泸民终字第 621 号民事判决书。

法律(这是广义的法律,既包括法律规则也包括法律原则)。很显然,由于本案是一个关于遗嘱继承的争议,那么法官的眼光很快便会锁定《继承法》(已失效),并能够轻易地找出其中关于遗嘱设定和效力的条文。同时,法官也会检索《民法通则》(已失效),从中可以发现两个重要的原则:一个是自愿原则,另一个是公序良俗原则。也就是说,这三者都有可能成为该案裁判适用的法律渊源。

第二,分析案件的法律争点。这一步其实就是在法律规定与案件事实之间建立起联系,使法律规定与案件事实从"不相适应"到"基本适应"再到"完全适应",为下一步裁判结论的作出打铺垫。所谓"争点"就是大家存在争议、意见不一的问题,具体到本案即是"情妇或二奶能否成为合法的遗嘱继承人"。法官不能简单地凭借道德直觉认定该遗嘱因为违背社会公德而无效,单就遗赠这个法律行为来说,一个与被继承人有非法同居关系的情妇与正常情况下一个普通的继承人(比如说被继承人的近亲属、照顾被继承人生活的保姆等)的本质区别,在于其"道德上"受到非难的尴尬身份。问题的关键在于该遗赠行为的动机究竟为何,是"为了增进与维护和情人张学英的性关系"还是"为了感恩蒋伦芳对自己生活的照顾"。根据中央电视台法律栏目的采访,黄永彬是因与蒋伦芳的婚姻关系不合才离家出走的,结识张学英后两人同居并育有一女。此外,在黄永彬住院期间,张学英不但一直在身边照顾还拿出了自己一万多元的积蓄为其支付医药费,从常情、常理以及法理可以推断:一个将死之人立下遗嘱将其财产遗赠给与其同居的第三者,并不是(也无法)为了增进和维护二者的性关系,而更可能是出于感谢后者对其生活上的照顾以及对两人私生女未来生活的考虑才作此行为。无论怎样进行评价,这都难以构成违背社会公德或善良风俗的情形。

第三,结合大小前提推导出案件裁判结论。在澄清案件的法律争点之后,就进入案件裁判的最后一个阶段了,这时案件的裁判方向已经十分明了,法官要做的就是通过法律推理得出裁判结论。再次回到"四川泸州情妇遗赠案",由于对黄永彬遗赠的法律行为的评价,并没有致使遗嘱违背公序良俗原则,因此可以初步排除对于《民法通则》(已失效)中公序良俗原则的适用,而径直适用《继承法》(已失效)的相关规定判决遗嘱有效,支持张学英主张获得黄永彬有处分权部分之财产的诉讼请求。

二、类比推理

1. 类比推理的一般模式

由于世界上并不存在两个完全一致的事物,所以区分相似性就显得必要且更加有意义了。现存多种关于类比推理的模式,为我们所熟悉的有:

(1)孙斯坦的五段论

第一,某种事实模式 A(来源案件)有特征 X、Y 和 Z;

第二,事实模式 B(目标案件)有特征 X、Y 和 M,或者 X、Y、Z 和 M;

第三,A 在法律中是以某种方式处理的;

第四,在思考 A、B 及其相互关系的过程中建立或发现了一些能解释为何 A 那样处理的原则;

第五,因为 B 与 A 相似,所以 B 也应得到同样的处理。①

(2)伯顿的三部曲

第一,识别一个权威的基点或判例;

第二,在判例和一个问题案件间识别事实上的相似点或不同点;

第三,判断是事实上的相似点还是不同点更为重要,并以此决定是区别先例还是依照判例。②

(3)布鲁尔的"A-W-R"模式

第一,从所选择的先例中溯因推理出一个规则;

第二,通过反思均衡来确证或否证由类比保证的规则;

第三,将由类比保证的规则通过演绎适用到目标案件中去。③

仔细观察不难看出,上述三种类比推理的模式中,至关重要的一步就是判断先例案件与当前争议案件之间存在相似性,离开了这一步,整个推理就无法继续进行下去。通过比较研究,我们可以提出类比推理的一般模式,大致包括三个步骤:

---

① 参见[美]凯斯·R·孙斯坦:《法律推理与政治冲突》,金朝武、胡爱平、高建勋译,法律出版社 2004 年版,第 77 页。

② 参见[美]史蒂文·J·伯顿:《法律和法律推理导论》,张志铭、解兴权译,中国政法大学出版社 1998 年版,第 49 页。

③ See Scott Brewer, "Exemplary Reasonin: Semantics, Pragmatics, and the Rational Force of Legal Argument by Analogy", *109 Harvard Law Review*, 923 (1996).

第一,寻找出一个合适的基点案件并从中提炼出一个规则或原则,一般而言对该规则或原则表述得愈是具体,能够类推适用的盖然性也就愈高,反之亦然;

第二,通过区分技术寻找先例案件与当前争议案件之间的相似点与不同点,并通过比较来判断前述相似点与不同点何者更为重要,这是类比推理的核心;

第三,根据同等对待的原则,将第一步中提炼的规则或原则类推适用到当前争议案件中。

2. 类比推理的核心环节

找到了一个先例案件或基点案件只是完成了类比推理的第一步,接下来法官便需要从先例中归纳或提炼出一个规则或原则,也即通常所说的裁判理由或先例理由。为了决定是否将其适用于当前的争议案件,就需要区分先例案件与争议案件的相似点与不同点,这种区分技术的使用在某种程度上成了类比推理成败与否的关键。

类比推理最为核心的环节在于区分先例与当前争议案件之间的相似性与不同点,这里需要注意一个更为细致的划分,亦即"相似性"还需进一步细分为"相关相似性"与"非相关相似性"。由于非相关相似性对于判断两个案件在实质上是否相似并无助益,故它并不阻碍类比推理的运用,就此而言,在类比推理的过程中可以过滤掉这部分事实要素,减轻案件比较的负担,从而把大量的精力投入对相关相似性的检索和比较中去。

所谓不同点,是指两个案件所不为对方所共享的那些属性。对于不同点同样可以再细分为"正面不同点"和"负面不同点",其中后者在对案件的实质区分上同样无太大意义,因此类比推理过程中只需重点甄选正面不同点。因而类比推理的过程就可以进一步精细化为:其一,识别出进行推理的一个基点情况;其二,描述基点情况与问题情况之间的相似性和不同点;其三,判断这些事实上的相似点和不同点何者更为重要。对类比推理来说,是否能够准确地区分出先例案件与争议案件在事实上的相关相似点与不同点,在很大程度上决定着类比推理的方向,也关系到推理结论的妥当性。

以"亚当斯诉新泽西轮船公司案"为例,该案事实大致如下:亚当斯所携带的个人财物在新泽西轮船公司所经营的轮船包舱中被窃,而恰巧轮船门窗当时都是紧闭的,因此无须证明新泽西轮船公司对此存在过失,原告亚当斯一纸诉状将被告新泽西轮船公司诉至法院,要求被告承担赔偿责任。①该案的裁判理由是:轮船公司的责任类似于普通法中旅店经营者的责任,因此无须证明轮船公司方面的过失,被告应对原告在轮船包舱中所丢失的财物承担赔偿责任。

判断先例案件与争议案件之间是否相似,要深入判例的内部结构之中,仔细比对相关事实:

以"亚当斯诉新泽西轮船公司案"为例,我们可以找到两个与之类似的先例,一个是"火车卧铺车厢案",另一个是"旅馆案"。当前争议案件的争点在于"在无法证明轮船公司存在过失的情况下,轮船公司是否需要对顾客的财物损失承担赔偿责任",故与此相关的相似点有:(1)顾客的财物在享受服务的过程中受到损失;(2)轮船包厢、旅店以及火车卧铺车厢均为旅客提供服务,而且此种服务是有偿的;(3)公共服务的经营者基于契约和信任关系需要对顾客负担安全保障的义务。对比和区分之下,两案的不同点在于:(1)服务的提供主体不尽相同;(2)提供的具体服务有明显差异;(3)服务的价格有较大悬殊。

如果经过比较和分析,认为相似性对于两个案件在实质上而言更为重要,那么就作出将先例规则类推适用于争议案件的决定;相反,如果认为不同点对于两个案件在实质上更为重要,就要作出放弃将先例规则类推适用于争议案件的决定。

判断重要程度仍然是一项十分艰难而棘手的工作,在"亚当斯诉新泽西轮船公司案"中,我们已区分出了相关相似点和正面不同点,接下来的工作便是判断何者更为重要。由于"火车卧铺车厢案"的裁判理由是"火车经营者只对开放式卧铺车厢乘客的财物损失承担过错赔偿责任","旅馆案"的裁判理由是"旅馆经营者要对顾客的财物损失承担严格赔偿责任",两个先例裁判理由的最大区别在于是否需要以经营者的过失为必要条件,因此"亚当斯诉新泽西轮船公司案"的关键就变成了轮船包舱更像是旅馆包房还是火车开放式卧铺车厢。

从提供的服务来看,轮船和火车更加接近,因为它们都是一种交通运输工具,都是将顾客从一个地点运送到另一个地点,但是这并不构成类比推理的理由,不要忘记"亚当斯诉新泽西轮船公司案"的核心争点在于在无法证明轮船公司存在过失的情况下是否判令其承担赔偿责任。以此来再次审视争议案件与两个先例案件的相似点和不同

---

① See Adams v. New Jersey Steamboat Co., 151 N.Y, 163 (1896).

点,法官们发现"亚当斯诉新泽西轮船公司案"和"旅馆案"更加相似,因为轮船包舱和旅馆包房不仅在构造上类似,同时由于这是一种不同于一般服务的高档服务,基于特殊的信任关系,经营者负有一种高度注意义务,因此要对顾客的损失承担一种严格的责任。基于这种判断和考量,法院认为"应当依据'旅馆案'的裁判理由来类推裁决本案,唯独一个受损的事实足以判令被告对原告的损失承担赔偿责任"。

第四节　本章小结

判例是一种法律渊源形式,在两大法系中都占据一定的位置,区别之处在于,判例的法律地位有根本性的不同。在英美法系国家,判例是一种正式的法律渊源,具有法律上的约束力,可以当作司法裁判的根据。而在大陆法系国家,判例是一种非正式的法律渊源,更多地发挥的是一种事实上的影响力。两大法系在法律思维方法上也有微妙差异,大陆法系国家更多地采纳演绎性的思维,这与其以成文法为主要法律渊源相关,法官更擅长从法条到案件事实再到结论的三段论推理方式;而在英美法系中,更多地运用以案件事实比对为核心的类比思维。从比较法的视角来看,两大法系有趋同之势,在法律渊源和法律思维方法方面也相互借鉴、互相融合。

第二章

两大法系案例检索和适用的比较

两大法系的案例检索与适用虽有不同,但在寻求裁判规则解决待决案件问题上可以达成一致。

在法系融合背景下,学习、研究境外案例检索与适用方法,可以为我国案例指导制度背景下的类案检索与适用提供借鉴。英美法系的判例检索与适用方法源远流长,能够为我国案例适用提供精细化的技术与方法参考;大陆法系的成文法背景以及在成文法制度语境下适用案例,可以为我国案例指导制度提供思路借鉴。①

第一节 英美法系中的案例检索与区分技术

一、先例数据检索

判例法制度以及"遵循先例原则"的有效运行,建立在大量先例素材的基础之上。待决案件承办法官若要遵循先例进行裁判,首先需要存在先例可以用于援引。否则,"人们就无从了解法院先前的做法和何为法律,所谓遵循先例也就成了空谈"②。在判例即法(case is law)理念的支持下,律师、法官都必须检索先例以支持己方的诉讼主张或裁判结论。

(一)判例汇编(Law Reports)的使用

在成文法不彰的时代与地区,人们必须考虑从何处寻找规范用以支持其主张。在英国早期司法实践活动中,人们同样面对着从何处寻找"法律"的问题。基于英国的普通法传统,法院的实践本身便是"法律"的最佳来源。在这个意义上,人们可以寻找法院的裁判文书,或者关于案件审判的档案。但在早期的英国法院中:一方面,缺乏连续的、公开的判决档案,使得人们无法接触到这些档案,也便无法从这些判决档案中获取裁判规则或理由,进而用来支持己方主张;另一方面,早期档案采取格式化的拉丁文、省略裁判理由等裁判关键内容,使得档案作为规范素材缺乏实用性。③ 相反,公开的私人判例汇编作为早期的先例素材,因公开性等优点为人们所关注,使得人们可以接触与了解普通法实践的一些做法。早在13世纪末期,英国的《年鉴》(Year Books)便以诉答与程序指引的形式为人们所关注,即使并没有律师援引《年鉴》,但因《年鉴》的可接触性等优点被人们认为是早期的判例汇编。如果1282—1537年是《年鉴》时期,

---

① 本章第二节写作素材由孙跃老师提供,在此表示感谢!
② 李红海:《英国普通法导论》,北京大学出版社2018年版,第216页。
③ 参见李红海:《英国普通法导论》,北京大学出版社2018年版,第218—220页。

1537—1865 年则是私人判例汇编时期。此时的私人法律汇编开始包含律师诉答以及法官判决意见的摘要,并被越来越多地援引。著名的如柯克的法律汇编。再从 1865—1980 年,英格兰威尔士法律报告委员会的成立,开始有组织地发布判例汇编,使得前一时期的法律汇编由私人性质向行业性质转化。① 在大西洋彼岸的美国,最早在 1789 年出现了第一部判例汇编(Kirby's Reports in Connecticut),改变了美国的律师、法官完全援引英国先例的现状。并且,与英国不同,早在 19 世纪初,美国的几个州就出现了官方的法院判例汇编。②

这一时期可以被称为判例汇编的纸质时代。正是判例汇编的出现,使得"遵循先例原则"以及其早期实践能够有效运作。在自发性的判例汇编援引中,先例援引的相关内容、模式、方法逐渐成形,且反向影响了现在判例的内容。

(二)判例数据库运用

随着信息技术的推广,关于判例的数据库开始涌现,诸如 Westlaw、LexisNexis、Bloomberg Law 等专业数据库的建立,使得法学院、执业律师能够更广泛、方便地检索案例数据,极大地便利了判例使用者、研究者。从纸质判例汇编的寻找转向引擎搜索,使得先例数据的获得从纸质时代或印刷品时代进入电子时代。

以 LexisNexis 为例。在 LexisNexis 数据库主页上,既可以采用一般用语(plain language)进行检索,也可以使用布尔(Boolean)术语进行检索。首先以一般用语检索为例。检索栏可用于输入关键词,或者直接检索特定案例。在检索栏后有两项高级选项可供选择,一项为数据范围,其中包括判例、制定法、新闻、法律新闻等可供选择;另一项为司法管辖区,司法管辖区分为联邦法院系统与州和地区法院系统,前者如联邦最高法院,后者如纽约州法院。确定管辖区后,通过关键词进行检索。以"亚当斯诉新泽西轮船公司案"为例,在检索栏输入"Adams v. New Jersey"为关键词③,选择检索范围为判例"cases",可以检索获得 367 个判例资源。④ 显然,此时的检索范围过大,检索

---

① 参见李红海:《英国普通法导论》,北京大学出版社 2018 年版,第 220—221 页。
② 参见〔美〕莫里斯·L. 柯恩、肯特·C. 奥尔森:《美国法律文献检索》(第 12 版),夏登峻、缪庆庆译,北京大学出版社 2020 年版,第 51 页。
③ 输入关键词后,输入栏会根据字词联想功能提供备选项,输入"Adams v. New Jersey",弹出"Adams v. New Jersey,419 U. S. 816"等联想内容供检索用户选择。在特定案例检索中,该功能可帮助检索用户找到目标案例。
④ 检索时间:2020 年 10 月 29 日。

用户可以通过修改关键词来缩小检索范围,如"Adams v. New Jersey S. B. Co."便可以精准定位到"亚当斯诉新泽西轮船公司案"。或者检索用户知道该案所在的司法管辖区的,可以将检索管辖区限定在纽约州管辖区,便能更精准地定位到"亚当斯诉新泽西轮船公司案"。检索获得特定判例后,进入特定判例页面,检索用户可以在页面右侧发现谢泼德信号(Shepard's signals),通过识别不同颜色和标志,检索用户可以了解该案是否被遵循、区分或推翻,确认援引案例的效力情况的同时,还可以根据遵循、区分或推翻该案例的裁判理由,更准确地了解特定裁判规则的适用范围。最后,检索用户根据检索结果以及案件相似性判断是否援引判例。

其次,检索用户可以用布尔术语和连接词进行搜索。该种方法与一般用语检索不同,尤其适合在群案检索中提高检索精确性。如律师或法官并不知道是否存在特定案例处理类似问题,或者不存在典型案例作为参考。此时,检索用户可以通过布尔术语提高检索的精确性,如连接词"and""or"等。检索用户还可以使用截词符,如"!""?"等。比如输入"dog!",就可以查到"dog""dogie""doggy"等以"dog"为开头的任何单词。在检索结果不尽如人意的情况下,还可以通过"检索结果搜索""高级检索页面"等功能提升检索精确性,如将检索范围限定在标题、限定检索日期等内容。

相关检索方法同国内主流案例检索工具的检索方法大同小异,对于学习、借鉴判例而言,更为困难的地方在于检索获得判例之后的相似性判断。

二、先例区分技术使用——以"麦克洛克林夫人案"为例

(一)"麦克洛克林夫人"案基本案情

1973年10月19日下午4时左右,原告麦克洛克林夫人在邻居处获悉她的丈夫和三个孩子遭遇车祸,她于下午6时赶到医院,目睹了她丈夫和孩子的惨状;并且,她的一个女儿已经身亡。麦克洛克林夫人因此倍受打击。随后,她起诉了车祸事故中的司机以及其他当事人,向他们主张精神损害赔偿。她的律师援引了两个先例:一个是Marshall v. Lionel Enterprise Inc案[1],该案的案情是一位妻子在丈夫事故发生后立即赶到现场,这位妻子看到丈夫的尸体,因此受到了精神打击;另一个是Chadwick v. British Transport案[2],该案的案情是一位男子——与事故受害人无亲属关系——在救助受害

---

[1] Marshall v. Lionel Enterprise Inc[1972]O. R. 177.
[2] Chadwick v. British Transport[1967]1W. L. R. 912.

人过程中受到精神损害。两案的裁判结果都是支持精神损害赔偿。基于此,麦克洛克林夫人的律师援引这两个先例,用以支持当事人麦克洛克林夫人主张的精神损害赔偿金。①

(二)"麦克洛克林夫人案"中的区分技术使用

麦克洛克林夫人案进入初审法院后,法官认为麦克洛克林夫人的情况与律师主张援引的两个先例不同,其他两个案件的原告都是在事故现场,而麦克洛克林夫人则是在事故发生两个小时后接到通知赶到医院的,而非事故现场。初审法院认为这意味着麦克洛克林夫人不在事故现场,因此,麦克洛克林夫人的精神损害不具有可预见性(foreseeable)。根据"过失行为人只对具有可预见性的第三人损害负责"的规则,本案的被告无法预见事故发生两小时后赶到医院的人会受到精神损害,因此被告无需对麦克洛克林夫人的精神损害负责。最终,初审法官认定本案区别于麦克洛克林夫人的律师援引的两个先例,驳回了麦克洛克林夫人的索赔主张。

因对初审结果不服,麦克洛克林夫人上诉到上诉法院。上诉法院肯定了初审法院的结论,维持原判,驳回了麦克洛克林夫人的诉求。但上诉法院认为麦克洛克林夫人的精神损害是可以预见的。即是说,上诉法院并未采用初审法院的理由,而是选择了其他理由,它的理由是"政策"(policy)。上诉法院认为,如果判决支持麦克洛克林夫人,裁判结果会扩大赔偿责任的范围,进而导致更多的人寻求精神损害赔偿,会导致法院面对大量本来不会进入法院的类似案件,使法院案件积压的压力变大。并且,非事故现场的精神损害不易证明,诉讼上的不确定性会导致当事人病情拖延乃至恶化。所以,上诉法院的裁判结果仍是区分前后案。

麦克洛克林夫人不服上诉法院的裁判,上诉到上议院②,上议院撤销了上诉法院的裁判,并指令其重审。上议院一致认为:该案的政策理由不足以区分前后案,并对上诉法院的理由进行了相应的辩驳。

通过梳理该案可以发现,英美法系法官"遵循先例"并非绝对的。尤其是1966年

---

① Mcloughlin v. O'Brian〔1983〕1. A. C. 410.
② 2005年英国的宪法改革,创设了联合王国最高法院,继受上议院的司法职能。在此之前,上议院起到最高法院的功能。

惯例陈述之后,上议院修正了严格先例原则,允许法官背离先例。① 但法官背离先例需要对两案进行区分,区分则需要法官对比先例与待决案件的事实要点。初审法院法官将"是否在事故现场"作为对比的事实要点,并且认为该点具有决定性作用。如果原告"在事故地点",则意味着过失行为人能够预见受害人会受到精神损害,过失行为人就需要负精神损害赔偿责任;如果原告"不在事故地点",则意味着过失行为人无法预见受害人会受到精神损害,过失行为人就不需要负精神损害赔偿责任。初审法院认为麦克洛克林夫人并不在事故现场——最狭窄的字面含义范围内——所以过失行为人无法预见麦克洛克林夫人会受到精神损害。而上诉法院认为麦克洛克林夫人的精神损害具有可预见性,这意味着该点仍属于一个需要对比的事实要点。并且,上诉法院法官认定麦克洛克林夫人在事故现场——知晓后立即赶往医院——这是可以合理预见的。所以,无论是初审法院、上诉法院还是上议院都对该问题进行了回应,说明遵循先例需要法官对比两案的事实要点。

再者,在该案中,法官不仅要对比事实要点,还需要给出理由。给出理由是指法官选取了某个特定事实作为对比要点,无论法官认定两案相似还是不同,都需要给出认定的理由。尽管上诉法院推翻了初审法院法官对过失行为人无法预见非事故现场的损害的认定,但初审法院提出该论点的目的是为证成提供实质理由:第一,过失行为人只对可以预见的第三人损害负赔偿责任;第二,不在事故现场使过失行为人无法预见第三人的损害。两条实质理由构成案件事实对比的关键。因此,当上诉法院反对初审法院的第二条实质理由时,经由这两条实质理由论证的区分先例就不再成立。为此,上诉法院为论证先例与待决案件不相似,或者为了区分先例,提出了另外一个实质理由。无论如何,通过观察两级法院对案件区分的方法可以看出,区分技术有两个基本要点:第一,合适的对比事实;第二,支持该要点的实质理由。

(三)判例法区分技术的核心

"麦克洛克林夫人案"给出了法官适用区分技术的两个基本要点,但区分技术并非

---

① 参见〔美〕罗纳德·德沃金:《法律帝国》,许杨勇译,上海三联书店2016年版,第19—20页。"遵循先例原则"形成之后,在18—19世纪出现僵化的问题,在20世纪早期出现绝对化倾向。而在1966年,上议院基于过于严格地遵循先例可能在个别案件中导致不正义,而且不适当地限制了法律的发展〔参见〔英〕鲁伯特·克罗斯,J. W. 哈里斯:《英国法中的先例》(第四版),苗文龙译,北京大学出版社2011年版,第116页〕的考量,在惯例陈述中,修正了"遵循先例原则",允许例外情况下,法官区分、推翻先例。

如此粗糙。换言之，区分技术具有更细致的内容。

第一，案件事实分为基本事实与非基本事实。判例法国家的法官裁判案件需要着眼于案件事实。一者，待决案件承办法官援引判例解决待决案件，是援引判例裁判规则。判例裁判规则是判例裁判法官针对判例事实形成的裁判规则，判例案件事实构成裁判规则适用的前提；而且，针对案件事实形成的裁判规则往往是具体的，缺乏涵摄待决案件事实的包摄性。二者，"从当事人的角度来看，如果要受未参与审判的裁判拘束时，其程序上权利即属受到剥夺"①。即待决案件当事人受制于自己未参与的判例裁判的约束，可能损害当事人的程序权利。在不能通过涵摄的方式将裁判规则适用于待决案件时，为保证待决案件当事人的程序权利，可行的办法是通过论证与逻辑方法证成待决案件与判例事实相似，进而借助"类案同判"的形式正义理念证成判例裁判规则适用于待决案件的正当性。并且，与成文法规则不同，判例是具体的案例文本，法官无法直接将判例作为大前提进行涵摄。证成两案事实相似的逻辑方法是类比推理，判例法国家的法官一般以类比推理的方式对比案例。因为类比着眼于两案具体事实之间的相似性，法官在两案事实相似的基础上，解决判例裁判规则因非普遍性而无法适用于待决案件的困境。只有两案事实相似，待决案件承办法官才能将判例中的裁判规则适用于待决案件。

因此，问题从采用何种方法对比案例与待决案件推进到采用类比推理对比哪些案件事实。对于需要面对大量案件的法官而言，一个案件中包含的事实尽管不是数量巨大，但任一案件都需要法官重新寻找与最终决定对比哪些事实，裁判负担过大。案件当事人的姓名、公诉机关的地址、肇事逃逸者驾驶车辆的品牌、过失致人死亡中被害人的性别等细节，法官无疑会逐渐了解。但法官无需将这些细节作为类比推理的要点。对于案件处理来说，有些细节或者事实是不重要的。相反，从提升裁判正义、诉讼效率、减轻裁判负担的角度来看，待决案件承办法官无须对比所有或数量巨大的案件事实，只需对比基本事实即可。

第二，法官选取特定事实需要有实质理由支撑。在案件对比中，法官选取对比案件事实需要提供理由支撑。待决案件承办法官认为特定事实是重要的，本身就是一个价值判断，价值判断活动需要依赖法官提供的实质理由。而且，司法裁判并非一个单

---

① 台湾法学会民事法委员会、台湾大学法律学院民事法中心：《"民事判例制度的过去、现在和未来"座谈会会议综述》，载《月旦裁判时报》第23期。

纯的决断性活动,法官需要获得当事人甚至公众认可。因此,裁判说理就是必然要求。相应的,待决案件承办法官选取特定对比事实,需要给出其选取该事实的实质理由,以期获得当事人的认同。再者,判例制度之所以能在1066年诺曼征服之后于英国扎根,并传播发展成现在的判例法系,也是因为其在习惯法转化为判例规则的实践中赢得了公众的认可。故此,法官选取对比案件事实的工作需要说明事实要点选取的实质理由。如"麦克洛克林夫人案"中,初审法院之所以选择"不在事故现场"作为对比要点,是因为该要点得到了"过失行为人只对具有可预见性的第三人损害负责"这一理由支持。

第三,待决案件承办法官负责抽取裁判规则。真正用来裁判当前案件的裁判规则由决定法院作出。而从先例的裁判理由中所蕴含的规则到最终可适用于待决案例的裁判规则的转换过程正是判例法制度下法律推理的实质与核心。① 如果裁判规则抽取由待决案件承办法官负责,则区分工作全部交由待决案件承办法官进行。既然案件对比与裁判规则抽取工作交由待决案件承办法官进行,不特定的后案发生时,如何保证不同法官能在类似案件中选择相似的案件事实就成为区分技术的另一个难点。在惯例陈述之后,英国的严格先例原则转化为柔性先例原则,上议院赋予了法官更大的自由裁量权。与成文法国家不同,判例法中不存在唯一确定的规则给法官设定范围,法官必须采取其他措施解决这一困难。解决这一问题的方案是:首先,陪审团与法官分享判决权,通过陪审团进行事实判断,约束法官的权力。其次,借助法律职业共同体分享的法感以及法律概念、法律价值体系等共同知识,使得法官不会选择明显违背常识、法律概念与价值判断的事实。因为"法官是在社会之中,而不是在社会之外思考法律;普遍的知识环境,以及反应和保护该环境的共同语言,对特异性(idiosyncrasy)施加了现实性的制约,对想象力施加了概念上的限制。正规法律教育及挑选法律人担任司法、行政官员之过程不可避免的保守性,进一步增强了向心力压力(centripetal pressure)"②。为此,待决案件承办法官无充分理由一般不会选择背离先例。最后,审级与裁判说理的双重作用。"遵循先例"不仅仅依靠判例内容的说服力,还凭借审级产生约束力。同时,在审级制度的基础上,如果法官选择背离先例需要进行裁判说理。即是说,待决案件承办法官选取先例的对比事实需要实质理由支撑。同样,要点对比之后

---

① 参见黄泽敏、张继成:《案例指导制度下的法律推理及其规则》,载《法学研究》2013年第2期。
② 〔美〕罗纳德·德沃金:《法律帝国》,许杨勇译,上海三联书店2016年版,第73页。

的背离工作更需要说理。"判决书说理的关键在于,基于案件的基本事实找到适合于本案的规范依据。"①

综上所述,判例法国家的区分技术是"遵循先例原则"指导下的司法适用技术。该原则包含"类案类判"与"异案异判"两种内涵。无论何种内涵的实现,法官都需要对比判例与待决案件,这是区分技术的作用所在。区分技术要求后案法官选取先例与待决案件的基本事实进行对比,满足相似性要求的,提炼判例裁判规则解决待决案件的规范问题;否则,法官需要背离先例,并给出背离的实质理由。而且,案件相似与否与待决案件承办法官对判例裁判规则的认识密切相关,即事实相似性判断与个案裁判规则相似性判断是联结在一起的。

第二节　大陆法系中的案例检索与运用——以德国为例

判例的援引不仅是一个静态视角下的形式与内容问题,还是一个司法技术运用的动态过程,这一动态过程主要由若干思维步骤和法律方法组成。故此,基于动态视角,本节着重探讨德国法官在司法实践中援引判例的法律方法及运用步骤。

一、案件分析与判例检索

从司法过程中法律方法运用的顺序来看,裁判的第一步起始于法官对待决案件事实和可能涉及法律问题的初步分析,并在这一基础上检索可能解决该案件的相关法律条文。② 对判例的援引和对法律条文的援引在过程和方法上有一定的相似之处,在援引某一或某些判例之前,也要完成一个"对案件的初步分析"和"判例检索"的步骤。

援引判例前对待决案件进行初步分析的目的有二:第一,确定是否有必要援引判例,由此决定是否需要启动对判例的援引程序。对于事实情节和法律关系相对简单的案件,法官对法律适用的解释和论证负担较轻,这种情况下法官就可以较少地(甚至无须)援引判例;而对于相对疑难复杂的案件,法官对其作出的法律判断就负有较重的解释和论证责任,即援引判例的概率、数量与案件的复杂程度基本呈现出正相关关系。但结合大陆法系国家判例的特点来看,判例(特别是判例要旨)本身就是一种法律解

---

① 李红海:《案例指导制度的未来与司法治理能力》,载《中外法学》2018年第2期。
② 参见黄茂荣:《法学方法与现代民法》(第五版),法律出版社2007年版,第222页。

释,而法律的适用离不开解释,只是解释的程度有所区别。在德国,制定法虽然没有明确授权法官通过援引判例解释法律,但也没有明确禁止上述做法,因此法官通常是基于一种实用主义的司法态度,结合自身的审判经验和案件的具体情况,灵活地掌握在何种情况下需要援引判例以及具体援引哪些判例、援引多少判例。第二,在援引判例前对案件进行初步分析是为了在检索判例时能够适当缩小检索范围,做到"有的放矢",从而提升判例检索和相似性论证的效率。

以德国的《联邦最高法院判例集》和《新法学周刊》为例,上述期刊在判例的汇编中充分运用了法律教义学的类型化和体系化方法。上述期刊中所有刊载的判例都会以"标题"和"判例要旨(引导语)"的形式将其涉及的核心法律问题进行抽象和归类。其中,标题是对判例中核心法律问题的抽象总结,例如德国《联邦最高法院民事判例集》第40卷第91页(BGHZ 40,91)刊载的一起由联邦最高法院第八民事审判庭于1963年7月10日判决的民事损害赔偿纠纷类案件,其标题即"第三人损害赔偿的界限"。类似的可能还有如"共同侵权者的对外连带责任""不同情形下的法定提示义务"等。① 可见,标题不仅比较抽象,而且只是对法律问题的概括与描述,并不包括具体的事实和法律判断。判例要旨(引导语)兼有具体性与抽象性的中间性规则,其本身不仅包括对法律问题的描述和概括,还包括对类似事实的法律判断。例如,在(BGHZ 40,91)判例要旨中,"买方""卖方""顾客""损失""赔偿请求"等均属于类型化的法律事实要件,既不像标题中的"第三人"概念一样抽象,也不像案件事实中的"皮革供应商""皮革经销商"等概念那样具体。此外,在《新法学周刊》的判例汇编中,还会根据案件的事实和理由总结出判例的关键词、引用法条,并尽可能地保留判例的理由部分,对事实部分则进行必要地精简和概括。由此,判例在法律教义学方法指导的汇编加工之后,也形成了"标题—判例要旨(引导语)—具体的法律解释和判断(引用法条、事实、理由)"这样的从抽象到具体的层级结构体系。经过多次汇编的判例,往往具备了类似于判例所依据的制定法的结构体系,法官在对判例进行检索时,只需参照和模仿对制定法进行检索的基本思路和方法展开即可。

---

① 参见高尚:《德国判例的结构特征与制作技术研究——以〈新法学周刊〉为研究对象》,载陈金钊、谢晖主编《法律方法》(第17卷),山东人民出版社2015年版。

二、构成要件相似性分析

在完成对待决案件的初步分析和对判例的初步检索后,法官要进行援引判例最为关键的一步,即对判例与待决案件之间进行相似性分析。只有完成了这种相似性的分析和推理,法官才能从初步选取的判例范围中进行更为精确的筛选,从而最终确定可以援引哪些判例以及援引判例的用途。在分析待决案件与判例相似性的方法层面,英美法系国家常用的是类比推理方法。法官经常要从先例中寻找或抽象出基本原则,即通过个别的判例归纳出具有一般性和普遍性裁判理由(ratio decidendi)为司法裁判提供依据。① 大陆法系的裁判文书中也有裁判理由部分,但此处的"理由"是对判决相关的法律问题进行的解释和论证,与英美法系中"裁判理由"的意义不尽相同。事实上,德国判例中的"判例要旨"在本质上与英美法系判例中的"裁判理由"更为相似。不同之处在于,德国有着较为发达的法律教义学所构建的制定法体系,法律条文是正式的、主要的法律渊源。作为制定法的补充,判例在逻辑结构上也应该向制定法的逻辑结构"靠拢"。而制定法推理所常用的"司法三段论"方法,以及民法中的"请求权基础分析方法"等具体分析、推理模式都始终贯穿着一个概念:构成要件。因此,不同于英美法系法官侧重于关注案件与先例的事实相似性,德国的法官更加关注的是兼有事实和法律评价双重属性的构成要件,只有构成要件相似的两个案件,才能作出同样或相似的法律评价。

以编号为(BGHZ 40,91)的判例为例,为了阐明"因照管他主物引起的涉及第三人的损害赔偿责任"这一法律规定,法官在裁判理由的第二部分援引了两个具有相似性的判例,这两个判例在主要事实和构成要件方面的对比如表 2-1 所示。

表 2-1 两起案件的主要事实和构成要件对比

案件编号/构成要件	原被告之间的法律关系	赔偿请求权人(原告,选任人)	赔偿责任人(被告,执行实务人)	第三人(可能向原告请求赔偿的主体)	产生损害赔偿的侵权行为
RGZ 170,246	定做、承揽合同	城区政府	负责维修冷藏库承揽经营者	储藏肉制品的屠户	维修冷库的承揽人的疏忽造成的损害

---

① 参见〔美〕本杰明·卡多佐:《司法过程的性质》,苏力译,商务印书馆 1998 年版,第 10 页。

(续表)

案件编号/构成要件	原被告之间的法律关系	赔偿请求权人(原告,选任人)	赔偿责任人(被告,执行实务人)	第三人(可能向原告请求赔偿的主体)	产生损害赔偿的侵权行为
II XR 266,56	定做、承揽合同	包租公司	负责供水和在船舶上安装锅炉的人	船舶所有人	供水人安装锅炉时的疏忽造成的损害

通过对比我们可以发现,尽管两起判例中诸如"城区政府"与"包租公司"、"冷藏库承揽经营者"和"供水人"、"屠户"与"船舶所有人"看似风马牛不相及,但如果结合《德国民法典》第831条规定的"选任他人执行事务的人,对他人在执行事务时给第三人造成的不法损害,负有赔偿的义务",则两起案件的争议点均包括:其一,合同的双方当事人之间是否属于"选任他人执行事务"(即定做人与承揽人的关系);其二,是否因"执行事务"给第三人造成损害。法官对上述两个争议点均给予了肯定的法律评价,进而支持原告提出的涉及第三人的损害赔偿请求,即认定两个判例是"相似的"。

可见,要件事实需要符合两个方面的特性:其一,该事实必须具备争议性,例如在上述两起判例中,各方当事人虽然在身份、职业、从事的行业和具体执行的事务等方面不尽相同,但这些并非导致案件产生争议的事实,即都可以经抽象和归纳为"执行事务人""选任人"和"第三人"。其二,该事实必须要经过法律的评价才能够形成,假如没有《德国民法典》第831条的规定作为参照系和评价标准,法官将很难对上述两个判例的相似性进行对比。基于制定法规范提供的评价标准,法官对案件的事实进行剪裁和解释,从而将日常事实构造成作为构成要件的法律事实。[①] 故此,作为相似性对比关键的要件事实并非客观的生活事实,而是可能会影响法官对案件争议点判断的法律评价事实。所谓的"相似"也不是指构成事实的各种要素都相似,而是指事实在法律的评价下被"视为相似"的,本质上是一种"法律拟制"。

由此,上述两个判例之间的相似性主要体现在两点:其一,侵权赔偿请求人和责任人之间存在承揽合同关系,承揽人对定做人负有注意义务。其二,承揽人因自己的侵权行为给第三人造成了损害。如果按照《德国民法典》第831条的规定,将这两个判例

---

① 参见胡学军、涂书田:《司法裁判中的隐性知识论纲》,载《现代法学》2010年第5期。

和待决案件(BGHZ 40,91)进行对比就会发现:其一,(BGHZ 40,91)中的原被告之间的法律关系属于买卖合同关系,并不存在承揽合同关系,即被告不负有代替原告照管第三人财物的义务。其二,(BGHZ 40,91)中的原告并没有通过授权的方式与被告之间达成类似(ⅡXR 266,56)中冷藏库维修人和城区政府达成的合意,故二审法院不能运用合同的补充解释原理干涉当事人之间的意思表示自由。综上,法官认定(BGHZ 40,91)中的原被告与第三人之间侵权赔偿请求关系与(RGZ 170,246)、(ⅡXR 266,56)中的侵权赔偿请求关系不具备相似性,因而不能支持原告的诉讼请求。

三、论证援引案例

在完成对判例的检索与判例同待决案件相似性分析之后,法官基本可以确定需要援引哪些判例,但判例的援引并非一劳永逸的。判例中具有拘束力的部分(如判例要旨)在本质上是一种与制定法相似但相对更为具体、事实针对性更强的法律规范。正如对制定法条文的援引需要说理和论证一样,法官在援引判例后也要进行类似的工作。

基于判例的三段论推理与基于制定法规范的三段论推理有相同或相似之处,也有明显的不同。两者的相同或相似之处体现在:在构建三段论推理的大小前提方面,两者并无明显差异。通常,司法三段论的大前提由法律规范构成,而判例中提炼出的判例要旨在结构上与法条(特别是完全法条)并无本质区别,两者都是由构成要件和法律后果组成。不同之处在于,判例要旨往往比法条的规定更为具体,这虽然缩小了判例的适用范围,但也提高了其事实针对性,降低了法官的论证负担。在三段论的小前提方面,制定法规范和判例要旨针对的都是待决案件的事实,这一点在两者之间亦无明显差异。最大的差异体现在对大小前提的连接进而得出结论的过程和方法上。基于制定法规范的推理和论证经常使用的方法是涵摄,即将要件事实归于法律规范之下。但判例的援引则有所不同:判例推理和论证的前提在于其与待决案件具备相似性,因此法官在援引判例时需要运用类比推理的方法,基于这种相似性反复"拉近"事实与规范(判例要旨)之间的距离。例如,在(BGHZ 40,91)判例中,法官并没有直接根据《德国民法典》第831条的规定得出该判例是否可以适用"因照管他主物引起的涉及第三人的损害赔偿责任"这一法律规定,而是通过与两个判例的对比,得出了(BGHZ 40,91)与判例在要件事实上不同的结论,进而认定了(BGHZ 40,91)不适用《德国民法典》第 831 条规定,实现了对在先判例的"反向适用"。在该裁判理由的第三部分,法官为了反驳二审法院关于合同补充解释的法律判断,再次如法炮制地援引了两个判例,来说明该案件的观点与其援引判例的要旨之间不具备相似性。通览上述论证过程,显然不是基于"大前提对小前提的涵摄",而是基于"大前提中的构成要件与小前提中的构成要件是否等置"而作出的判断,判例的援引所运用的是一种在连接大小前提时的"类推改造版三段论"。

第三节　中国案例指导制度语境中的类案

20 世纪 50 年代以来,最高人民法院便发布案例指导人民法院审判。2000 年以来,最高人民法院的"案例指导"制度逐渐正式化。① 尤其是 2010 年,最高人民法院发布《案例指导工作规定》,案例指导制度正式成为我国司法制度的重要内容。随后发布的《类案检索意见》《最高人民法院关于深化司法责任制综合配套改革的实施意见》《最高人民法院关于进一步全面落实司法责任制的实施意见》(以下简称《司法责任制实施意见》)等文件,则进一步将案例指导制度提升到"统一法律适用"的高度,为实现"类案同判"的目标,推进案例适用。

一、类案概念的层次

"类案同判"以"类案"成立为前提,但"类案"在各类文献中存在表述不准确的问题,这在某种程度上是因为"类案"可以在多个层次上使用。

（一）类似案件

"类案同判"可被详细表述为"类似案件相同裁判"或"类似案件类似裁判"。在"类似案件类似裁判"的意义上,类案是指"类似案件"。参考判例法国家区分技术运用实践可以看出:"遵循先例"或"类案同判"的展开以待决案件与判例相似为前提。待决案件与判例相似的,可以将两案称为"类案"。类案的认定结论保障判例裁判规则可以超出判例事实范围适用于待决案件,这也是"类案同判"的内涵所在。《类案检索意见》第 1 条规定:"本意见所称类案,是指与待决案件在基本事实、争议焦点、法律适用问题

---

① 参见周伟:《通过案例解释法律:最高人民法院案例指导制度的发展》,载《当代法学》2009 年第 2 期。

等方面具有相似性,且已经人民法院裁判生效的案件。"即是说,我国案例指导制度背景下的类案是指与待决案件构成相似的案例,该种类案的定义不仅强调案例与待决案件在相互关系意义上被称为"类案",或指称案件类似,还强调"案例是待决案件的类似案件"。在类似案件的意义上,类案包含三项内容:其一,认定案件类似的方法、标准;其二,认定案件类似的结论;其三,可以用于辅助解决待决案件问题的类案裁判规则、裁判思路等内容,指向具体问题解决。

首先,认定案件类似的结论并非法官的肆意认定;相反,类似案件意义上的类案认定包含着案件相似性判断的标准与方法。在标准问题上,何种案例构成待决案件的类似案件。根据《类案检索意见》第 1 条的规定,依据基本事实、争议焦点、法律适用问题等标准,待决案件承办法官可以认定案例构成待决案件的类似案件。在方法上,如何认定案例构成待决案件的类似案件。根据《类案检索意见》第 1 条、第 6 条的规定,待决案件承办法官需要具体选取特定要素、选取多个要素判断案例是否构成类案。以及选取特定要素判断案例构成待决案件的类案的,待决案件承办法官需要给出判断的理由。

其次,法官在判断案例与待决案件的相似性时,需要借助类比推理方法。作为逻辑方法的类比推理,是对个体内部要素进行相似性判断。即两个个体内部包含多个要素,假设个体 A 包含要素 a、b、c、d、e,个体 B 包含要素 a、b、c、d、f,因为两个个体在 a、b、c、d 上具有相似性,可以认定个体 A 与个体 B 相似。相应的,将类比推理方法借鉴到案例与待决案件相似性判断活动中。因为案例中的法律事实 c_1、c_2、c_3、c_4、c_5 与待决案件事实 c_1、c_2、c_3、c_4、c_6 总体相似,待决案件承办法官可以得出两案相似以及案例构成待决案件之类案的结论,进而将案例中的裁判规则适用于待决案件。至于选取哪些事实、怎么选取事实以及如何认定事实相似,则是类案对比的标准与方法问题。

因此,类案不仅在类似案件意义上构成一个法律概念,还作为一个法律范畴存在,包含类案判断的方法与标准、通过类案进行法律论证、认定类案的论证等诸多问题。

(二) 类型案件

类案不仅可以在类似案件意义上使用,还可以在类型案件意义上使用,尤其在类案裁判规则的使用上。待决案件承办法官适用类案并不是适用类案本身,而是适用类案所包含的裁判规则。但类案裁判规则却可以在类似案件与类型案件两个意义上使用。

首先，在类似案件意义上，类案裁判规则是指案例所包含的裁判规则。根据《类案检索意见》第 2 条的规定，法官应在特定情形中进行类案检索。但法官检索以及适用类案本质上并非适用类案本身，而是试图通过检索到类案，以及对检索获得的类案进一步判断，在确认案例构成待决案件之类案之后，适用类案中的裁判规则。借助类案裁判规则解决待决案件中出现歧义的法律规范问题。因此，类案裁判规则可以在类似案件意义上使用，如指导案例 23 号的"裁判要点"："消费者购买到不符合食品安全标准的食品，要求销售者或者生产者依照食品安全法规定支付价款十倍赔偿金或者依照法律规定的其他赔偿标准赔偿的，不论其购买时是否明知食品不符合安全标准，人民法院都应予支持。"

其次，在类型案件意义上，类案裁判规则是指一系列案例包含共识性裁判规则。与类似案件裁判规则不同，类型案件裁判规则可能是来源于类似案件判断过程中，也可能不是。前者是指司法实践中存在法律适用问题，法官通过检索类似案件，解决待决案件的法律适用问题。在自发援引类案过程中，法官群体对相应裁判规则形成司法共识，逐渐形成群案的类似裁判方案，而类似裁判方案又使得群案在特定标准下构成类型案件。后者是指面对司法实践中存在的法律适用问题，法官裁判待决案件，但未通过类似案件检索，随着相关案件裁判的增多，本院审判管理部门、审判委员会或者上级人民法院认识到相关问题的重要性，总结审判经验，归纳出相应裁判规则。无论是前者，还是后者，类型案件裁判规则不再局限于特定案件，而是在群案中归纳出具有共识性，且为法官群体广泛认同的裁判规则，该类裁判规则更具有普遍性与正当性。

最后，类型案件裁判规则亦非自然形成的，而是相应主体通过归纳推理的方法，从群案中归纳总结共性问题形成的。所谓归纳推理是指，在诸个个案中，因问题的一致性与相似性，总结出类似规则，最终形成类型案件裁判规则。而且，许多通过立法活动形成的法律规则就是来自类型案件裁判规则的总结。

因此，类案可以在类似案件与类型案件两个层次上使用。前者是指具体个案事实相似意义上的类案，关注的是案件相似性的判断，范围较为狭窄；后者是指特定法律问题意义上的相似性，关注的是规模案件的问题相似性，范围更为宽泛。但根据《类案检索意见》第 1 条的规定，类案检索中的类案是指个案事实相似意义上的类似案件。

二、成文法语境决定类案适用的范围与方式

(一)法律规范构成类案适用的前提与目的

待决案件承办法官适用类案存在一个根本性阻碍:我国属于成文法国家,法官适用类案不能脱离成文法规范。判例法国家的法官可以根据后案需要寻找案例裁判理由,并在裁判理由基础上总结裁判规则,用于处理待决案件。与判例法国家不同,我国的待决案件承办法官在确定案例与待决案件类似的前提下,可以抽取案例中的裁判规则,用以解决待决案件的法律问题。但待决案件抽取类案裁判规则需以待决案件出现法律适用的争议为前提。因为待决案件承办法官检索类案的原因正是法律适用出现争议,检索的目的正是试图借助案例裁判规则解决待决案件出现争议的法律适用问题。若待决案件承办法官抽取的裁判规则脱离法律规范、法律规范不同,则用于解决案例法律适用问题的案例裁判规则便无法适用于待决案件,因为两案的法律问题不同,则案例裁判规则最终无法有效服务于待决案件之法律规范问题的处理。因此,类案裁判规则需要附着于法律规范,法律规范是类案适用的目的或落脚点。

而且,相对于判例法中的先例,成文法体制下的案例指导制度决定了法官的自由裁量权将受到更大的限制。在判例法中,待决案件承办法官如何确定一个适当大小的实质理由可能决定了前后案是否相似。如"麦克洛克林夫人案"中关于"事故现场"概念内涵的界定,初审法院与上诉法院对原告两个小时后赶到是否认定为事故现场存在对立的观点。而且,"麦克洛克林夫人案"还反映了一个问题,初审法院、上诉法院以及最终的上议院选择的对比事实仅有一个,就得出类比推理相似与否的结论,这反映出在相似性认定上,法官具有较大的自由裁量权。初审法官并未充分解释为何该法律事实要点属于决定性的事实,以及该法律事实要点是否能够在权重比上对其他法律事实要点形成压倒性优势。但我们必须对事实与规范之间的关系进行充分说明,"防止边缘事实不同而彻底'架空'指导性案例"[1]。因此,在成文法体制下,法官必须受到成文法规范的限制。

由此,成文法规范在类案适用中具有以下四个作用:第一,限制待决案件承办法官的自由裁量权,防止法官任意地选择对比事实要点与实质理由,"规范我们的判断、防

---

[1] 周光权:《刑事案例指导制度:难题与前景》,载《中外法学》2013年第3期。

止进行类似判断时的专断和失误"①;第二,减轻法官的论证负担。通过法律规范限定裁判规则寻找的范围,无需待决案件承办法官在待决案件中盲目寻找新的类案裁判规则;第三,提供实质理由支撑。判例法区分技术的使用,依靠待决案件承办法官寻求实质理由支撑,作为个案比较的类比推理不纯粹是逻辑推理活动;第四,提供比较中项。"缺少比较的中项(tertium comparationis),缺乏一个一般性规范(类比)是行不通的;狮子与狗彼此相同还是不同? 每个人都会说,在'哺乳动物'的视角下是相同的,而在'大猫'的视角下是不同的。"②从判例法到案例指导制度,比较中项由实质理由变更为以法律规范为中心,不仅可以提供前三项的优势,还符合后文论证的其需要附着于演绎推理的要求。如指导案例23号的"相关法条"是《食品安全法》第148条第2款(案件审理时为2009年《食品安全法》第96条第2款)。

(二)类案类比推理需要附着于演绎推理

类案判断采取的逻辑方法为类比推理,但待决案件承办法官并不能通过类比推理直接作出最终裁判结论。待决案件承办法官运用类比推理只能解决待决案件与案例的相似性判断问题,进而获得类案裁判规则。待决案件承办法官获得类案裁判规则之后,仍要将裁判规则附着于待决案件出现争议的成文法规范之上,以补充的形式辅助成文法规范涵摄待决案件事实。因此,与类案裁判规则需要附着于成文法规范之上相同,类案类比推理最终需要附着于演绎推理之上。

以指导案例23号为例(案例2.3.1③),该案例基本案情是:2012年5月1日,原告孙银山在被告南京欧尚超市有限公司江宁店(以下简称"欧尚超市江宁店")购买"玉兔牌"香肠15包,其中价值558.6元的14包香肠已过保质期。孙银山到收银台结账后,即径直到服务台索赔,后因协商未果诉至法院,要求欧尚超市江宁店支付14包香肠售价十倍的赔偿金5586元。该案涉及的法律规范是2009年《食品安全法》第96条第2款,"生产不符合食品安全标准的食品或者销售明知是不符合食品安全标准的食品,消费者除要求赔偿损失外,还可以向生产者或者销售者要求支付价款十倍的赔偿

---

① 张骐:《论类似案件的判断》,载《中外法学》2014年第2期。
② 〔德〕阿图尔·考夫曼:《法律获取的程序——一种理性分析》,雷磊译,中国政法大学出版社2015年版,第12页。
③ 案例详情可根据案例编号,通过本书附录四"案例与法宝引证码、二维码对照索引表"查询。"案例2.3.1"指本书第二章第三节第一个提供法宝引证码、二维码对照的案例,后文同。

金"。依据法律涵摄(三段论)的过程,大前提:法律规范(2009年《食品安全法》第96条第2款:非达标食品十倍赔偿)+小前提:案件事实(孙银山买到非达标食品)→结论:裁判结果(被告欧尚超市江宁店于判决发生法律效力之日起10日内赔偿原告孙银山5586元)。但该案件的顺利解决以法律规范无争议为前提,若待决案件承办法官对法律规范理解存在分歧,则不同待决案件承办法官可能基于他们对法律规范的不同理解得出不同的裁判结论。如《食品安全法》第148条第2款规定是否包括消费者"明知"的情形。指导案例23号的"裁判要点"明确了"法院支持消费者'明知'食品不符合安全标准仍购买情形的十倍赔偿",但若在后续其他案件的裁判中,待决案件承办法官认为《食品安全法》第148条第2款不包括消费者"明知"的情形,则会出现"类案不同判"现象。为此,根据《类案检索意见》第2条的规定,待决案件承办法官需要检索类案。但待决案件承办法官检索获得类案并不意味着类案能直接适用于待决案件,根据《类案检索意见》第6条的规定,待决案件承办法官需要进一步识别与对比案例,确定案例是否属于类案,这一过程便是类比推理的过程。但类比推理的完成并非类案适用的结束,在某种意义上,类案判断解决的是类案适用的前提问题,保证类案裁判规则适用的正当性。

仍以指导案例23号为例。假定待决案件的案件事实同样为消费者明知食品不符合食品安全标准仍购买食品。待决案件承办法官对于该案是否适用《食品安全法》第148条第2款存在疑义。为此,该法官检索案例,获得指导案例23号。在对比(类比)待决案件与指导案例23号之后,发现两案之间满足相似性要求。此时,待决案件承办法官并不是直接比照指导案例23号的裁判结果对待决案件作出裁判。相反,待决案件承办法官是将"裁判要点"传递到待决案件,作为裁判理由,用以补充说明《食品安全法》第148条第2款,证成消费者明知食品不符合安全标准仍购买的,法院支持消费者的十倍赔偿主张。在此基础上,消除当事人、代理人关于《食品安全法》第148条第2款的理解分歧,结合待决案件事实进行演绎推理,作出符合待决案件事实情形的裁判结论,并在裁判效果上实现"类案同判"。简化上述论证,存在五个步骤:

第一,待决案件进入法院,法官发现适用于该案件的《食品安全法》第148条第2款,但本案中的消费者是明知食品不符合食品安全标准仍购买,《食品安全法》第148条第2款并未明确如何处理该类情形,引发不同诉讼参与人的理解分歧;

第二,通过关键词、法条关联、案例关联等方法检索,于案例检索平台检索到指导

案例 23 号,其中指导案例 23 号裁判要点明确了"法院支持消费者明知食品不符合安全标准仍购买情形的十倍赔偿";

第三,通过类比推理的方法对比待决案件与指导案例 23 号,判断两案的相似性;

第四,待决案件与指导案例 23 号相似的,或指导案例 23 号构成待决案件的类案的,指导案例 23 号裁判要点便可以适用于待决案件;

第五,仍以相关法条(《食品安全法》第 148 条第 2 款)为演绎推理的大前提,对于存在理解分歧的"明知"情形,承办法官则在裁判说理时将指导案例 23 号裁判要点作为裁判理由用于说明"明知"的处理,辅助说明相关法条。

至此,案例的类比推理与演绎推理实现融合:作为演绎推理大前提的法律规范同时作为检索指导性案例的关键词/连接点,在类案检索平台通过法律规范等方法搜寻能够解决大前提歧义问题的案例。在满足演绎推理大前提的规范性要求后,将待决案件与案例进行事件相似性对比。达到相似性要求的,可将案例裁判规则作为裁判理由,补充说明法律规范。通过演绎推理与类比推理的衔接实现统一法律适用的"类案同判"目标。

第四节 本章小结

通过两大法系的案例检索与适用比较可以发现,案例适用虽有不同,但在寻求裁判规则解决待决案件问题上可以达成一致。英美法系裁判规则的获得更侧重于法官的自由裁量权,大陆法系裁判规则的获得则更侧重于法律规范之构成要件的范围限定。同样作为成文法国家,我国借鉴两大法系的案例适用,在以法律规范为前提与目的的基础上,可以充分借鉴判例法国家的判例区分技术,通过类比推理的方式对比待决案件与案例。若对比结论相似的,则待决案件承办法官可将类案裁判规则用作待决案件裁判理由,用以补充说明待决案件出现争议的法律规范。

第三章

检索类案的前提和情形

并不是在所有情形下,法官都须检索类案。案件承办法官需注意《类案检索意见》规定的四类应当检索类案的情形,严格把握每一类情形的边界。

在司法责任制改革的背景下,最高人民法院确立了类案检索机制。2017年7月发布的《司法责任制试行意见》,明确规定了"类案与关联案件检索","承办法官在审理案件时,均应依托办案平台、档案系统、中国裁判文书网、法信、智审等,对本院已审结或正在审理的类案和关联案件进行全面检索,制作类案与关联案件检索报告。检索类案与关联案件有困难的,可交由审判管理办公室协同有关审判业务庭室、研究室及信息中心共同研究提出建议"。2018年发布的《司法责任制实施意见》,进一步提出要健全完善法律统一适用机制,"各级人民法院应当在完善类案参考、裁判指引等工作机制基础上,建立类案及关联案件强制检索机制,确保类案裁判标准统一、法律适用统一。存在法律适用争议或者'类案不同判'可能的案件,承办法官应当制作关联案件和类案检索报告,并在合议庭评议或者专业法官会议讨论时说明"。再到2020年7月31日正式实施的《类案检索意见》,在具体的机制和方法上对类案检索加以制度化和体系化。为了更好地理解类案检索,我们应将其放置在司法责任制改革以及案例指导制度建设的大背景下,类案检索实质上是为了便于法官在实践中发现和参照类案。

第一节　类案检索的目的

在司法责任制改革的过程中,人们曾担忧过类案检索是否会成为一项普遍的义务强加给案件承办法官,如此一来不仅会大大增加法官审理负担,而且与之伴随的还有相关司法责任。但从目前最高人民法院的制度设计来看,并未强制法官全面检索类案。因此,为更好地让类案检索机制落地,就需要吃透它的目的和精神,同时需要弄清楚在何种情形下法官需要检索类案,而不是不加区分地盲目检索,否则不仅浪费司法资源,还会让简单问题复杂化。

弄清楚类案检索在司法实践中的目的,有助于帮助法官树立正确的类案检索观,指导法官在实践中更精确地检索到相关类案。归纳一下,类案检索机制主要有以下四个目的:

一、统一法律适用标准

近些年来,伴随着司法大数据的发展,裁判文书公开上网,社会新闻媒介对于各种热点案例的报道,让人们能够更加便捷地获取相关案件的裁判结果。与此相伴随的问题是,类似的案件却未得到类似的处理,比如,实践中有的经过改装的玩具枪被认定为"枪支",有的则未被认定为"枪支",使得涉案当事人最终走向了不同的命运。同案不同判的现象日益严重,这在一定程度上降低了司法公信力,让人民群众在个案中感受不到公平正义。类案凝结了审判经验和智慧,提炼并固化了统一的裁判规则。裁判过程中对类案的检索和参照,有助于在类似案件中统一法律适用标准。

二、实现司法公正

类案检索背后的司法哲学基础,在于类似案件应类似处理,给予同样的情形同样的对待,不同的情形不同的对待。司法实践中,当事人可以直观地比较自己的案件与其他类似案件的结果,如果发现裁判的结果不一致,就会感到自己受了不公平的对待,开始怀疑司法公正。为了让人民群众在每一个司法案件中都能感受到公平正义,就必须做到平等对待。尤其在处理社会影响重大或复杂疑难案件时,要谨慎地检索类似案件,研究类似案件中所既已确立的裁判规则,在裁判过程中作出大体一致的判决。

三、节约司法资源和提高审判效率

实现司法公正主要是从正义的角度来看类案检索所可能具有的价值;从效率的角度来看类案检索有助于节约司法资源,并提高司法审判的效率。类案的重要特征,在于其典型性或代表性,既然能被划归为一类案件,就意味着它们在争议焦点以及关键性事实方面是相似的,其裁判结果或思路自然也应是类似的。如果针对同类问题,以往类案已经确立了统一的裁判思路,那么检索类案并鉴别出其中的裁判规则,可以减轻后案中法官的论证负担,可以径直采纳类案中的裁判思路,进而大大提高审判的效率。

四、助推案例指导制度

案例指导制度的核心要求是,在类似案件中参照指导性案例裁判。但问题在于,哪些案件是类似案件?如何发现或寻找类似案件?这正是类案检索机制所要解决的问题。案例指导制度是一个综合的体系,可以将类案检索视为其中的一个组成部分。从逻辑上讲,参照指导性案例的前提是证明指导性案例与待决案件相似,那么在处理待决案件时,就需要检索是否有与之相似的指导性案例。根据《类案检索意见》的规定,对于检索到的指导性案例,法官应当予以参照。类案检索的逻辑结果,就是参照或不参照类案。从这个意义上来看,类案检索制度构成了案例指导制度的核心环节之一。

第二节　类案检索的前提

一、简单案件中的类案检索

司法实践中大部分案件都是简单案件,可以说这是一种常态。所谓简单案件,是相对于疑难案件而言的,也称常规案件、简易案件、普通案件,意指法律适用并不存在疑问或困难的案件。简单案件所争议的问题,被既有法律清晰地调整,法官只需要借助演绎性的形式逻辑思维,将法律规范(推理之大前提)与案件事实(推理之小前提)对应起来,就能推导出案件的裁判结论。在简单案件中,一般并未给法官留下太大自由裁量的余地。从规范与事实之间的关系看,简单案件呈现出两种基本情形:案件事实与规范事实完全对应、案件事实与规范事实基本对应。

1. 案件事实与规范事实完全对应

这是最为理想的情形,案件事实恰好与法律规范的要件事实完全一致,此时案件事实构成了规范要件事实的一个标准实例,可将规范要件所蕴含的后果转推给该争议案件。以交通事故为例,《道路交通安全法》第76条第1款第(二)项及第2款规定:"机动车与非机动车驾驶人、行人之间发生交通事故,非机动车驾驶人、行人没有过错的,由机动车一方承担赔偿责任;有证据证明非机动车驾驶人、行人有过错的,根据过错程度适当减轻机动车一方的赔偿责任;机动车一方没有过错的,承担不超过百分之十的赔偿责任。交通事故的损失是由非机动车驾驶人、行人故意碰撞机动车造成的,机动车一方不承担赔偿责任。"该条基本划清了机动车与非机动车驾驶人、行人发生交通事故时的责任分担规则,我们来通过一个简单的案例加以透视。

被告王某驾驶某某号小型客车沿阳枫线由阳新县大桥头往枫林镇方向行驶,该车行驶至阳新县某路段时,与原告何某所骑自行车发生碰撞,造成何某受伤、两车不同程度受损的交通事故。阳新县公安局交警大队作出《道路交通事故认定书》,认定王某负本次事故的全部责任,何某无责任。何某受伤后住院治疗,花用医疗费 55037.77 元。经司法鉴定,何某构成十级伤残。王某驾驶的小型客车在被告平安财保广东分公司处购买了交强险和商业三者险。王某支付给何某医药费、残疾器具辅助费、鉴定费,但其他各项损失均未赔偿。① 何某多次与被告协商无果,遂诉至法院。(案例 3.2.1)

该案事实清晰、明确,在交通事故中原告的生命健康权遭受侵害,且自身无过错,而被告对损害结果的产生负有过错,应对原告的损害承担全部侵权责任。法院依照《道路交通安全法》和《侵权责任法》(已失效)之规定,即可直接认定被告的侵权责任,相关赔偿项目与数额可以依法和酌情认定。

2. 案件事实与规范事实基本对应

案件事实与规范事实虽然并不是完全一一对应,但整体上呈现出了基本对应的关系,"它意谓规范总体明确,但存在一定扩张或缩小及自由裁量的例外,如在规范中有较为清楚定义的概念(武器、法人)、幅度规定(从重从轻减轻)、程度规定(如重伤的法定标准)、明文示例事项(如合同实质性变更)"②。这类案件中,法律规定个别内容存在一定弹性空间,但通过形式解释(扩大或限缩)便可澄清文义,案件的法律适用方案相对明确,对依靠形式逻辑推导出的结果通常也无太大争议。

我们通常认为交通事故要发生直接的冲突或碰撞,从而造成相应的损害。然而,实践中可能会发生一些特殊的情况,事故双方并未发生直接接触,但却造成非机动车一方人身伤害的结果。我们来看如下这个案例:

赵某驾驶货车途中,因故障抛锚停放在道路上,赵某遂在车后方的道路上摆放了石头等物品作为警示设施,但在车辆驶离时并未及时清理障碍物。翁某在未取得机动车驾驶证的情况下驾驶无号牌轻便二轮摩托车途经该路段,受障碍物影响而发生翻车,造成翁某受伤和车辆损坏的交通事故。事后,交警部门认定翁某未取得机动车驾驶证,夜间行驶未采取有效避让措施,承担本次事故的主要责任;赵某未及时清理摆放在道路上的障碍物,承担事故的次要责任。翁某向浙江省永嘉县人民法院提起诉讼。③(案例 3.2.2)

显而易见,该案事实与规范事实呈现出了些微的紧张,只能勉强算得上是基本适

---

① 参见湖北省阳新县人民法院(2020)鄂 0222 民初 3984 号民事判决书。
② 郑永流:《法律判断形成的模式》,载《法学研究》2004 年第 1 期。
③ 参见浙江省温州市中级人民法院(2018)浙 03 民终 2776 号民事判决书。

应。案件争议焦点在于,本案的事故是否属于交通事故,如果属于则适用相关规定来解决侵权赔偿问题。《道路交通安全法》第119条第(五)项规定:"'交通事故'是指车辆在道路上因过错或者意外造成的人身伤亡或财产损失的事件。"赵某在道路上摆放石头等障碍物的行为与其驾驶的车辆直接相关,也是造成翁某受到伤害的次要原因。2012年最高人民法院《关于审理道路交通事故损害赔偿案件适用法律若干问题的解释》第10条规定,"因在道路上堆放、倾倒、遗撒物品等妨碍通行的行为,导致交通事故造成损害,当事人请求行为人承担赔偿责任的,人民法院应予支持"。《民法典》第1256条规定:"在公共道路上堆放、倾倒、遗撒妨碍通行的物品造成他人损害的,由行为人承担侵权责任。公共道路管理人不能证明已经尽到清理、防护、警示等义务的,应当承担相应的责任。"据此,法官可以通过解释将这种虽未和车辆直接接触但却造成客观伤害的事件涵摄至既有法律调整的交通事故之内。

通过以上描述,我们可以直观地看到简单案件的基本样貌。对于第一类案件事实与规范事实完全对应的案件,基本上没有进行类案检索的必要,法官比照法律就能作出妥当的裁判;而对于第二类简单案件,已经稍微具有一点疑难性,案件事实与规范事实基本对应,为形成统一的裁判尺度,此类案件根据具体案情和事实的特殊性,法官可自主决定是否进行类案检索。

二、疑难案件中的类案检索

疑难案件是司法裁判的一种非常规状态,通常是案件事实之确定或法律之适用存在争议的案件。疑难案件的解决,考验着法官的专业判断能力,同时也检验现有法律体系的完整性和体系性。由于疑难案件一般尚未形成统一的裁判尺度,因而理应成为类案检索的重点对象。

疑难案件所打破的是法律规范与案件事实之间的严格对应关系,一定程度上事实与规范关系不相适应、事实缺乏相应规范标准、事实与规范关系形式相适应实质不适应都会使得案件的裁判陷入艰难境地。从表现形态上来看,尽管实践中的疑难案件纷繁复杂、千姿百态,但我们仍然可以对其进行类型化处理,最为常见的主要是规范缺失型、理由冲突型和法律模糊型这三类。伴随着科技的发展和社会的变迁,新型案件也慢慢开始增多。当然,并非所有的新型案件都一定是疑难案件,只有不被既有法律所完整规范的新型案件才能称得上疑难,那些虽然事实新颖但仍受既有法律调整的案件仍属常规案件。

1. 规范缺失:"广西驴友案"

梁某用"色狼回心转意"的网名在南宁市的某驴友网站发帖,征集驴友前往赵江进行户外探险,费用是 AA 制,每个人大概 60 元,并且留下了自己的联系电话。受驴友陈某的邀请,骆某答应与陈某一同参与此次户外探险活动。后来,梁某一共召集了 12 名成员,他们每个人向梁某交付了 60 元的活动费用。当日晚上,由于活动区域周围的地势比较险峻,这个探险团队就决定在赵江河谷裸露的较为平坦的石块上安扎帐篷露营休息,陈某与骆某住在一个帐篷里。当晚至次日凌晨该地区一连下了数场大雨,次日早上 6 时许,覃某和梁某起床去查看周围的水情。在上午 7 时许,连续几场大雨导致赵江爆发了山洪,这导致在河谷中安扎的帐篷突然被山洪冲走。面对此种险峻的情况,梁某等 12 名驴友在混乱中通过自救或互救基本脱离了危险,但最后发现骆某已经失踪,于是打电话报了警。此后,搜救队在赵江下游距离事发地大概 3 公里的河谷石缝中找到了骆某的遗体。受害人骆某的父母骆某1、黄某遂向南宁市青秀区法院提起诉讼,请求法院判令梁某等 12 人赔偿各项经济损失(计 191068 元)的 80%(152854 元),并请求 12 人赔偿精神损害抚慰金 200000 元。①

这是一例驴友自助游死亡赔偿案件,该案发生后在全社会引起了广泛关注和强烈反响。一种观点认为这是一起自发组织的"自助户外探险",且参加者均是成年人,在参加之前已充分知悉该活动所存在的人身安全隐患,并应对自己的行为、人身和财产负责,21 岁的骆某受害是大家均不愿意看到的场景,在发现骆某失踪之后梁某等 12 人即刻进行了搜救并在第一时间报了警。梁某等人对于骆某的死亡并不存在主观上的过错,因此不应承担过错的侵权责任,但从情理上看对受害者家属进行一定的补偿是必要的。另一种观点则认为,"驴头"梁某的发帖行为本身就是一个要约,而"驴子"数人的回应则构成承诺,"驴头"和"驴子"在约定的地点集合则意味着合同的正式确立。在本案中各"驴子"向"驴头"梁某缴纳一定的活动费用,"驴头"对各"驴子"便负有了安全保障的义务,这包括保证交通工具和相关设备的安全性,对潜在危险的说明和提请注意义务,以及遇险时的组织救助义务等。② 在连下数场暴雨后"驴头"梁某应当能

---

① 参见广西壮族自治区南宁市青秀区人民法院(2006)青民一初字第 1428 号民事判决书;广西壮族自治区南宁市中级人民法院(2007)南市民一终字第 124 号民事判决书。
② 参见张丽娜、张浩、陈钉、马荣:《"驴友"间民事法律关系初探》,载《学习月刊》2009 年第 6 期。

够预见到河水暴涨可能会引发山洪,并且也应预见到在河谷裸露石块上安扎的帐篷有被洪水冲走的危险和可能,但是梁某并没有完全尽到这一安全保障义务,因此应由其承担相应的侵权责任。这两种观点中的哪一种有道理?

可以说,案发时自助游才刚刚兴起不久,对于其性质人们还没有完全搞清楚,而民事立法对于自助游中的人身伤害并未有明确的调整,因而对此问题出现了所谓的法律空白或法律漏洞。法官在审理伊始就遇到了这种麻烦,因为他们翻遍了法条也找不到直接调整该事实的法律规范,正如主审法官在接受记者采访时所谈到的,"我们积极查找资料,一是希望能找到'自助游'性质的明确界定;二是看看这类纠纷有没有相关法律规定可以依照或是法学专家的观点可供参考。结果让人失望!几天下来,我们虽然熬红了双眼,但还是没能找到法律上对'自助游'的定义,也没能找到可以依据的法律规定或者其他法院的判决"[①]。可见这是一个典型的规范缺失型的疑难案件,既有法律并未对自助游的相关事项尤其是责任认定作出任何规定。

2. 理由冲突:"四川泸州情妇遗赠案"

在个案裁判中,可供选择适用的法律有多个,且彼此提供的理由存在竞争关系,依照不同的法律裁判会得出不同的结果,这类案件我们称之为理由冲突型疑难案件。第一章中曾提及的"四川泸州情妇遗赠案",就是一个典型的疑难案件。在审理该案时,法官首先找到的是《继承法》(已失效)中关于遗嘱之效力的条款,与此同时又面临着备选法律渊源,即《民法通则》(已失效)中关于不得违背公共秩序和善良风俗的原则,显然这二者为法官提供了两种指示方向不同的法律规范。

该案属于典型的法律理由冲突型疑难案件。它受两个以上的法律规范所调整,依据这些法律所得出的裁判结果是复数的,并且诸结果之间存在着不可调和的冲突。法官面临着"适用《继承法》(已失效)之规则判令遗嘱有效"和"适用公序良俗原则确认遗嘱无效"的两难选择。也就是说,当《继承法》(已失效)之规则与《民法通则》(已失效)之公序良俗原则发生冲突之时,法官应如何在二者之间进行选择呢?本案的争议焦点在于"情妇"或"二奶"这个特殊的主体身份能否成为合法的受赠主体。我们注意到为一、二审法院所忽视的一些重要细节,黄永彬与张学英事实上还育有一女,黄永彬离家出走系蒋伦芳所逼,她不仅对黄永彬不好,而且在经济上也对其严加控制。在黄

---

① 陈华健、田波:《"驴友案":主审法官"吃螃蟹"》,载《法律与生活》2007年第1期。

永彬生病期间,也是张学英一直在床前细心照料、不离不弃,为此还花去自己一万多元的积蓄。如果说张学英的身份在道德上是可憎的,那么她对于黄永彬的情感和照顾在道德上是否也应受到责备?黄永彬生前向张学英做出遗赠的真正目的是什么?是为了促使情妇继续保持性付出或者想对性付出表示酬谢,还是为了感激女方对自己临终前生活的照顾?在面对相互冲突的法律规则与法律原则时是否一定要放弃法律规则?这将是法官在处理理由冲突型疑难案件时不得不考虑的问题。

3. 法律模糊:"许霆案"

法律模糊导致案件疑难是实践中最为常见的,"许霆案"就是一个例子。许霆在广州市天河区黄埔大道西平云路的广州市商业银行离行式单台柜员机(ATM机)提款,当用自己的广州市商业银行银行卡(当时该卡内还有余额170多元)提取工资时,碰巧银行系统出现了故障,结果取出1000元后,他惊讶地发现银行卡账户里只被扣掉了1元,狂喜之下,许霆连续取款5.4万元。当晚,回到住处便将此事告诉了同乡郭安山。两人随即再次前往提款,之后反复操作多次。后经警方查实,许霆先后取款171笔,合计17.5万元;郭安山则取款1.8万元。事后,二人各携赃款潜逃。所得赃款后来被挥霍一空。① 实践中,对于这种利用ATM机发生故障多次恶意取款的行为该如何定性产生了重大的争议。

一审法院认为,被告人许霆主观上以非法占有为目的,客观上采取了秘密手段,盗窃国家金融机构的财物,且数额特别巨大,其行为已经构成了盗窃罪,故依法判处其无期徒刑。一审判决作出之后,迅速在全社会引发了热议,公众对于这个裁判结果表示难以接受。一些人认为许霆的行为尚不构成犯罪,而应交由民事法律规范来调整,不应直接运用刑法作跳跃式的分析认定,许霆的行为应定性为不当得利;另一些人认为许霆的行为肯定已经构成了犯罪,至于构成了哪一种罪名则需进一步斟酌和推敲,在此之下又有了盗窃罪说(主流观点)、信用卡诈骗罪说、侵占罪说等。(案例3.2.3)

本案中,许霆的行为的特殊性在于他利用了ATM机的故障多次恶意取款,这种行为在此之前并不常见,即使之前出现过也很少被公开报道出来。我们转换一下场景,如果许霆在银行柜台取款,在其并未实施任何欺骗、敲诈、暴力、强迫或窃取等行为的前提下,由于银行工作人员的疏忽或失误向他错误地支付了款项,他只是被动地接

---

① 参见广东省高级人民法院(2008)粤高法刑一终字第170号刑事裁定书。

受了这笔款项并将其据为己有。这种取款行为虽然也具有非法占有的目的,但是很难说它能构成一种犯罪,充其量只是一种无效交易行为。① 在实践中,的确也是这么操作的,银行工作人员通常会以工作失误为由要求取款人无条件归还多收的款项。ATM 机作为银行的延伸,它和银行工作人员一样均是按照银行的指令对外开展业务,二者所代表的均是银行的意志,在这个意义上二者并无实质性的差异,那么本案中许霆在 ATM 机上多次恶意取款的行为能否按照民法上的不当得利来定性?这是本案的一个重要的争议焦点。陈兴良教授认为,许霆的第一次取款行为可被看作是不当得利,而后续的 170 次取款在客观上是作为,在主观上是恶意,且有非法占有之目的,已经不再符合不当得利的构成要件了。② 区分罪与非罪,是法官要跨越的第一道屏障。

若是承认许霆的行为已经侵犯了刑法所保护的法益,那么对于该行为是否符合盗窃罪的构成要件则是本案的第二个争议点。法官应该从正、反两个方面展开推理活动,具体来说,他既要从正面论证许霆利用 ATM 机的故障多次恶意取款的行为符合盗窃罪的构成要件,又要从反面排除许霆的行为符合其他相似之罪(本案中主要是侵占罪、诈骗罪、信用卡诈骗罪)的构成要件的可能。首先,利用 ATM 机故障多次恶意取款的行为构成侵占罪吗?侵占罪的特点之一在于行为实施之前财物已在行为人的占有或控制之下,而在 ATM 机发生故障之时 ATM 机内的资金是否仍属于银行的控制之下?如果是的话,那么我们可以首先排除侵占罪。其次,许霆的行为是否符合诈骗罪或信用卡诈骗罪的构成要件?机器(ATM 机)并不具备人类所有的意志和意识,它能够作为被诈骗的对象吗?信用卡诈骗罪的主张基于这一原因还能站得住脚吗?再次,即便排除许霆的行为构成侵占罪、诈骗罪或信用卡诈骗罪的可能性之后,我们仍然无法得出结论说许霆的行为就一定构成盗窃罪。以上种种疑难点乃根源于刑法中对于盗窃罪之客观行为方面的模糊,亦即利用 ATM 机故障多次恶意取款的行为是否具有一般盗窃罪所要求的"私密性"或"秘密性"?这一取款行为从客观上来看是否符合刑法上的"窃取"?这一行为是否又进一步地构成所谓的"盗窃金融机构"?法律并未直接对这些问题给出明确的答案。

4. 新型疑难案件:"冷冻胚胎继承案"

这里的最后一类案件是新型疑难案件,新型案件(novel case)之"新"主要在于案件事实之新,有些新型案件虽然事实新颖但仍受既有法律调整,只有那些不受既有法

---

① 参见陈瑞华:《脱缰的野马——从许霆案看法院的自由裁量权》,载《中外法学》2009 年第 1 期。
② 参见陈兴良:《利用柜员机故障恶意取款行为之定性研究》,载《中外法学》2009 年第 1 期。

律所调整的案件才是新型疑难案件。虽然从类别上也可以勉强将其区分为规范缺失型,但由于这类案件的特殊之处在于案件事实之"新",这种"新"又突出地和网络、科技等新生事物联系在一起,如果说疑难案件主要是和简单案件、常规案件对应而言的,那么新型疑难案件则主要是相对于传统的、一般意义上的疑难案件来说的。伴随着科技和网络的发展,各类新型疑难案件被推向了司法的竞技场,比如说近些年时兴的网络代购,一些国际航班空姐的大额网络代购行为在性质上是否属于走私,对此有人坚持认为此种代购无异于走私,货物进出口没有报关如果不是走私又会是什么,同时也有人认为网络代购作为一种新兴的电子商务模式,尚处于法律的灰色地带,需要法律给予规范,不能一竿子打死一船人。① 新型疑难案件之新在于案件事实的新颖性,其之"难"则在于既有法律相对于这种新颖事实的滞后性及不全面性。可谓前无古人、后无来者,法官处于一种无所适从的艰难局面。接下来,我们来窥探"中国首例冷冻胚胎继承案"所展现的司法的艰难一面。

沈某与刘某于 2010 年 10 月 13 日登记结婚。2012 年 8 月,沈某与刘某因"原发性不孕症、外院反复促排卵及人工授精失败",要求在南京市鼓楼医院(以下简称"鼓楼医院")施行体外受精——胚胎移植助孕手术;鼓楼医院在治疗过程中,获卵 15 枚,受精 13 枚,分裂 13 枚;取卵后 72 小时为预防"卵巢过度刺激综合征",鼓楼医院未对刘某移植新鲜胚胎,而当天冷冻 4 枚受精胚胎。2013 年 3 月 20 日 23 时 20 分许,沈某驾驶汽车途中在道路左侧侧翻,撞到路边树木,造成刘某当日死亡,沈某于同年 3 月 25 日死亡的后果。现沈某、刘某的 4 枚受精胚胎仍在鼓楼医院生殖中心冷冻保存。② 后双方父母因对上述 4 枚受精胚胎的监管权和处置权发生了争议,沈某的父母遂向法院提起了诉讼,主张其子沈某与儿媳刘某死亡后,根据法律规定和风俗习惯,胚胎的监管权和处置权应由其行使。(案例 3.2.4)

该案引发了不小的社会热议,以至于被称为是"中国首例冷冻胚胎继承案"。它是由人工生殖技术所引发的新型法律纠纷,对于人工胚胎的法律属性在法律上并没有明确的界定,相关主体对于胚胎所享有的权利究竟是监管权还是处置权也不甚明了,这是科技发展带给全人类的一种新型疑难案件。可以想象,法官在处理本案时所面临的各种压力。

---

① 参见烨泉:《网络代购,司法面对新型案件的摇摆》,载《法制日报》2013 年 12 月 18 日,第 7 版。
② 参见江苏省无锡市中级人民法院(2014)锡民终字第 01235 号民事判决书。

解决本案的关键在于准确界定胚胎的法律地位。当既有法律尚未对此类新型问题进行明确的界定和调整时,法官该诉诸何种资源来辅助裁判?学理上对于胚胎的法律地位主要有三种代表性观点:(1)主体说,该说认为人类胚胎自怀孕起就成为人,即认为胚胎具有完整之人格;(2)客体说,认为胚胎不具有特殊的道德地位,而应被视为创造它们的夫妻的财产,因此夫妻可以任意处置他们所拥有的胚胎;(3)中间说,主张胚胎既非人亦非物,而是介于二者之间的一个中间体。① 第一种观点混淆了人和胚胎的概念,人是现实存在之物,而胚胎只是一种可能性的存在。第二种观点将胚胎完全视为一种财产,抽空了胚胎所具有的可能人格意义,缺乏对胚胎的必要尊重,因此也不足为取。相比之下,第三种观点是较为可取的,即是将人工胚胎视为一种中间之物。"受精胚胎具有发展为生命的潜能,是含有未来生命特征的特殊之物","是介于人与物之间的过渡存在,具有孕育生命的潜能,比非生命体具有更高的道德地位,应受到特殊尊重与保护"。

相关权利人是否对胚胎享有继承权?如果不能像继承财产那样来继承胚胎,那么法院将如何处置胚胎?它会以何种理由、基于何种根据判决权利人对胚胎享有监管权和处置权?这种监管权或处置权的具体内容是什么?这种权利的行使在遇到障碍或被侵犯时又该如何救济?法官在作出决定时必须要考虑这些问题。

以上四种疑难案件类型化的理论分析,有助于帮助我们在实践中甄别案件到底在何种意义上疑难,进而采取相应的破解之策。疑难案件中,法律规定与案件事实之间产生了一定的距离,二者无法再像简单案件那样能够直接或基本对应。故而,为了有效应对疑难案件,保证在这些案件中裁判尺度的统一,法官应主动检索相关类案,为裁判提供一个有效的参照和指引。

第三节 类案检索的情形

前文从理论上界分了疑难案件与简单案件,只有个别特殊的简单案件才需要进行类案检索,而疑难案件才对类案检索有着真正的内在需求。《类案检索意见》明确规定了四类应当进行类案检索的情形,其第 2 条规定:"人民法院办理案件具有下列情形之

---

① 参见李昊:《冷冻胚胎的法律性质及其处置模式——以美国法为中心》,载《华东政法大学学报》2015年第 5 期。

一、应当进行类案检索:(一)拟提交专业(主审)法官会议或者审判委员会讨论的;(二)缺乏明确裁判规则或者尚未形成统一裁判规则的;(三)院长、庭长根据审判监督管理权限要求进行类案检索的;(四)其他需要进行类案检索的。"我们注意到,《类案检索意见》使用的措辞是"应当",这意味着在以上四种情形下检索类案成了一种司法义务。换言之,这四种情形成为类案检索的直接范围和重点内容。

一、拟提交专业(主审)法官会议或者审判委员会讨论的案件

1. 拟提交专业(主审)法官会议讨论的案件

司法责任制改革的背景下,为应对同案不同判的问题,各地法院都在积极为法官搭建交流平台,发挥集体智慧的力量来促进法律的统一适用。2015 年《司法责任制的若干意见》规定:"人民法院可以分别建立由民事、刑事、行政等审判领域法官组成的专业法官会议,为合议庭正确理解和适用法律提供咨询意见。合议庭认为所审理的案件因重大、疑难、复杂而存在法律适用标准不统一的,可以将法律适用问题提交专业法官会议研究讨论。专业法官会议的讨论意见供合议庭复议时参考,采纳与否由合议庭决定,讨论记录应当入卷备查。建立审判业务法律研讨机制,通过类案参考、案例评析等方式统一裁判尺度。"在确保合议庭独立行使审判权的前提下,专业法官会议能够发挥专业法官的业务专长,帮助合议庭正确地理解和适用法律。

对于专业法官会议如何建置,各地法院都在自主探索,具体做法也不尽一致。2021 年 1 月 12 日实施的最高人民法院印发的《关于完善人民法院专业法官会议工作机制的指导意见》第 4 条规定了专业法官会议讨论的案件范围,即:(1)独任庭认为需要提交讨论的;(2)合议庭内部无法形成多数意见,或者持少数意见的法官认为需要提交讨论的;(3)有必要在审判团队、审判庭、审判专业领域之间或者辖区法院内统一法律适用的;(4)属于《最高人民法院关于完善人民法院司法责任制的若干意见》第 24 条规定的"四类案件"范围的;(5)其他需要提交专业法官会议讨论的。

2. 拟提交审判委员会讨论的案件

在法律体制中设置审委会的一个重要初衷,就是为了应对一些重大、复杂的案件,它试图运用集体的智慧、平等的商讨来解决疑难法律问题。就其本质而言,它是一种建立在个人决策基础之上的群体决策。以上这种优势很明显、直观、实用,但是这种群体决策也存在一些问题,比如效率不高、责任不清、少数控制多数、容易出现随大

流的现象等。《人民法院组织法》对于审委会之设立有明确的规定。该法第36条规定:"各级人民法院设审判委员会。审判委员会由院长、副院长和若干资深法官组成,成员应当为单数。"实践中审委会人数一般是9人或11人,会议通常是在院长的主持下进行。

审委会的任务主要集中在两个方面:一是讨论重大的或者疑难的案件;二是总结审判经验和处理审判中的其他问题。《人民法院组织法》第37条具体规定了审委会的职能:"(一)总结审判工作经验;(二)讨论决定重大、疑难、复杂案件的法律适用;(三)讨论决定本院已经发生法律效力的判决、裁定、调解书是否应当再审;(四)讨论决定其他有关审判工作的重大问题。"我们面临的一个重要问题在于,什么样的案件有资格送至审委会讨论?《人民法院组织法》规定的是"重大""疑难"或"复杂"案件究竟指向何种案件?

2019年8月2日实施的最高人民法院印发的《关于健全完善人民法院审判委员会工作机制的意见》第8条规定:"各级人民法院审理的下列案件,应当提交审判委员会讨论决定:(1)涉及国家安全、外交、社会稳定等敏感案件和重大、疑难、复杂案件;(2)本院已经发生法律效力的判决、裁定、调解书等确有错误需要再审的案件;(3)同级人民检察院依照审判监督程序提出抗诉的刑事案件;(4)法律适用规则不明的新类型案件;(5)拟宣告被告人无罪的案件;(6)拟在法定刑以下判处刑罚或者免予刑事处罚的案件;高级人民法院、中级人民法院拟判处死刑的案件,应当提交本院审判委员会讨论决定。"第9条规定:"各级人民法院审理的下列案件,可以提交审判委员会讨论决定:(1)合议庭对法律适用问题意见分歧较大,经专业(主审)法官会议讨论难以作出决定的案件;(2)拟作出的裁判与本院或者上级法院的类案裁判可能发生冲突的案件;(3)同级人民检察院依照审判监督程序提出抗诉的重大、疑难、复杂民事案件及行政案件;(4)指令再审或者发回重审的案件;(5)其他需要提交审判委员会讨论决定的案件。"这些规定虽然细化了《人民法院组织法》的规定,但是仍然为实践中扩大送审委会讨论的案件范围留下了解释空间。然而在实践中,提交至基层人民法院审委会讨论的案件包括法律适用疑难、法律关系复杂、事实疑难、人数多影响大、领导重视、证据调查困难、涉诉信访等诸多类型的案件。

二、缺乏明确裁判规则或者尚未形成统一裁判规则的案件

裁判规则是法律规则在具体案件中的适用形式,它构成了一种对法律规则的具体适用。实践中,法官在找法过程中直接找到的是法律规则(当然个别案件中也会涉及法律原则的问题),但其通常最想看到的却是裁判规则,因为裁判规则能够直接为裁判指明方向。也正因如此,最高人民法院通过多种出版物编撰和发布了各类案件的裁判规则,由于编撰主体不同,这些裁判规则之间时常也会出现彼此冲突的现象。

缺乏裁判规则或尚未形成统一裁判规则的案件,显然都属于前文所称的疑难案件,对于这些案件的解决,法官需要发挥一定的能动性,检索和发现类案自然成为一种必要。

缺乏明确的裁判规则,意味着法律的调整出现了缝隙,既有法律并未将特定争议问题纳入裁判方向,故而在实践中会出现"无法可依"的现象,比如上一节我们讨论的"冷冻胚胎继承案"就属于这种类型的例子。再举一个例子,公务员去世以后政府发放的抚恤金能不能当作遗产来处理,在实践中争议很大,对此法律并未作明确规定。在遇到这种案件时,法官就需要把握好遗产的性质和范围;发放抚恤金发生在死亡节点之后,它是否符合或具备遗产的各项条件;发放抚恤金的目的是为了什么。对于这类法律并未明确调整的问题,法律适用必然会呈现出不统一的局面,有待案件承办法官积极检索相关类案,在探讨和分析类案中裁判规则的情况下,作出与法律目的及精神相一致的判决。

尚未形成统一裁判规则,意味着存在多种可能的裁判规则,从而裁判结果也是不尽一致的。正是如此,才导致了同案不同判的现象。这方面的例子不胜枚举,可以说是一种较为常见的现象。以案外人执行异议的案件为例,其涉及的争议问题是:在未完成不动产转移登记的情况下,法院能否认定房屋买受人可以对抗第三人对房屋的查封与执行。实践中较为常见的是,法院已经按照当事人的申请查封了房屋作为执行标的,但房屋买受人以房屋权利已经转移给自己为由提出执行异议,买受人虽不能提供产权证等不动产转移证明,但能够拿出买卖合同、交房证明、付款证明等证据。此类执行异议是否能够得到法律上的支持,人民法院对于类似的案件处理的结果不太统一。

与此类争议直接相关的是《最高人民法院关于人民法院办理执行异议和复议案件

若干问题的规定》第 28 条和第 29 条的规定。①《最高人民法院关于人民法院办理执行异议和复议案件若干问题规定理解与适用》一书指出,第 28 条是关于无过错不动产买受人物权期待权的保护条件,第 29 条是关于房屋消费者物权期待权的保护条件。就保护标准而言,第 29 条既不要求主观上无过错,也不要求交付全部价款,更不要求占有房屋,总体比第 28 条宽泛。② 但是,"所购商品房系用于居住且买受人名下无其他用于居住的房屋"这一条件又较为严苛,该书并未明确指出两条规定如何适用。对此有两种可能的方案:(1)第 28 条与第 29 条之间是并列关系,只能择其一而适用;(2)第 28 条与第 29 条之间是一种一般与特别的关系,当事人可以自行选择适用。

三、院长、庭长根据审判监督管理权限要求进行类案检索的案件

为全面落实司法责任制改革,正确处理充分放权与有效监管的关系,规范人民法院院庭长审判监督管理职责,切实解决不愿放权、不敢监督、不善管理等问题,2017 年最高人民法院发布了《审判监督管理机制的意见》,对完善人民法院审判监督机制提出了一些具体的意见。其中,第 6 条规定,"院庭长应当通过特定类型个案监督、参加专业法官会议或者审判委员会、查看案件评查结果、分析改判发回案件、听取辖区法院意见、处理各类信访投诉等方式,及时发现并处理裁判标准、法律适用等方面不统一的问题"。院长、庭长根据审判监督管理权限要求进行类案检索的主要是以下几类案件:"(1)涉及群体性纠纷,可能影响社会稳定的;(2)疑难、复杂且在社会上有重大影响的;(3)与本院或者上级法院的类案判决可能发生冲突的;(4)有关单位或者个人反映法官有违法审判行为的。"以上四类案件,也可以提交专业法官会议来讨论。

---

① 第 28 条规定:"金钱债权执行中,买受人对登记在被执行人名下的不动产提出异议,符合下列情形且其权利能够排除执行的,人民法院应予支持:(一)在人民法院查封之前已签订合法有效的书面买卖合同;(二)在人民法院查封之前已合法占有该不动产;(三)已支付全部价款,或者已按照合同约定支付部分价款且将剩余价款按照人民法院的要求交付执行;(四)非因买受人自身原因未办理过户登记。"
第 29 条规定:"金钱债权执行中,买受人对登记在被执行的房地产开发企业名下的商品房提出异议,符合下列情形且其权利能够排除执行的,人民法院应予支持:(一)在人民法院查封之前已签订合法有效的书面买卖合同;(二)所购商品房系用于居住且买受人名下无其他用于居住的房屋;(三)已支付的价款超过合同约定总价款的百分之五十。"
② 参见江必新、刘贵祥主编:《最高人民法院关于人民法院办理执行异议和复议案件若干问题规定理解与适用》,人民法院出版社 2015 年版,第 432 页。

四、其他需要进行类案检索的案件

这是一个兜底性的条款,法官对此存在着一定自由裁量权。其他需要检索类案的情形,仍然主要和疑难案件相关。除了法律适用上疑难的案件之外,可能还包括一些特殊类型。我们发现在讨论中国司法实践中的疑难案件时总会面对一些特殊的案件,它们在法律的理解与适用上并不疑难,只是由于一些法律之外因素的介入使案件变得难办。为了兼顾这类案件,一些学者提出了"难办案件"的概念,并意图取代疑难案件的一般提法。如侯猛认为难办案件包括事实难办案件(案件事实认定或确定存在困难)、法律难办案件(法律不清晰、不确定或有漏洞)、影响难办案件(社会影响重大,以刑事案件居多)以及关系难办案件(当事人一方或双方托关系来影响案件的办理)这四类[①],依此将法律自身所导致的疑难案件仅仅视为难办案件的一部分。不难看出,以上这种对难办案件之外延的界定更广,其不仅包括法律上的疑难案件,也包括事实、社会影响等因素所导致的棘手案件。如果实践中遇到了这些类别的案件,法官需要谨慎地检索类案,注意把握好裁判的整体尺度。

第四节 本章小结

并不是在所有情形下,法官都须检索类案。检索类案的目的在于统一法律适用,实现类似案件类似处理。通常,只有在疑难案件中,法律裁判尺度不统一的情况下,法官才有检索类案的必要。案件从理论上被分为简单案件和疑难案件,实践中法官对于二者的界限会有具体的把握,只要对法律适用或裁判结果持有疑义,事实上都有必要去检索类案,研究类案中既已确立的裁判规则,来指导眼下待决案件的裁判。案件承办法官需注意《类案检索意见》规定的四类应当检索类案的情形,严格把握每一类情形的边界,如果需要检索类案而事实上并未检索类案,则可能构成对检索义务的违反。只有准确和适时地检索类案,才能真正向着统一法律适用的理想目标迈进。

---

① 参见侯猛:《案件请示制度合理的一面——从最高人民法院角度展开的思考》,载《法学》2010年第8期。

第四章

类案检索的范围

依据我国案例体系结构，我们可以大致将确定类案检索范围的原则归纳为纵向优先原则、顺位优先原则、时间临近原则和横向相近原则。

《类案检索意见》第 4 条规定,"类案检索范围一般包括:(一)最高人民法院发布的指导性案例;(二)最高人民法院发布的典型案例及裁判生效的案件;(三)本省(自治区、直辖市)高级人民法院发布的参考性案例及裁判生效的案件;(四)上一级人民法院及本院裁判生效的案件"。准此,本章讨论我国案例体系的基本结构、确定类案检索范围的基本原则及检索时应当注意的事项。

第一节 我国案例体系的结构

案例在我国语境下指的是法院审理案件后形成的范例,涵括法院既往作出裁判的一切案例,亦即以法院裁判文书为载体的所有案例。[1] 它主要作为一种理解法律的辅助方法用于法学教育和法学研究领域,当然在司法实践中具有指导和启发意义,不过我们应当明确,案例本身并不是我国正式的法律渊源,不具有法律效力。[2] 但正如诸多学者指出的,不可否认的是,案例在客观上具有事实拘束力。[3] 这种拘束力与发布案例的法院层级、案例包含的说理方法及内容等因素密不可分。

在我国,案例在补充法律与辅助司法裁判中发挥重要作用的历史可谓源远流长。我国古代虽然不存在现代意义上的判例法制度,但历朝历代的审判活动和法律规定都离不开对案例的关注。[4] 其中较具代表性的,一个是中国古代逐渐确立的法典简约化理念与条例成文化技术,形成"律为正文,例为附注"的传统[5];另一个是清代的"因案修例"现象,也即根据司法案件对《大清律例》中的相关条例进行修改完善。[6] 民国时期,北洋政府制定的《法院编制法》第 45 条明确规定,"凡大理院所作出之判词,都具有法律效力,下级法院不得争论"[7]。中华人民共和国成立后,案例的重要性也得到了党和国家的高度重视。1954 年的《人民法院组织法》中规定,总结与编纂典型案例,是各

---

[1] 参见顾培东:《判例自发性运用现象的生成与效应》,载《法学研究》2018 年第 2 期。
[2] 参见张骐:《建立中国先例制度的意义与路径:兼答〈"判例法"质疑〉——一个比较法的视角》,载《法制与社会发展》2004 年第 6 期。
[3] 参见章剑生:《论制定法体系中判例的展开》,载《南大法学》2020 年第 1 期。
[4] 参见汪世荣:《中国古代的判例研究:一个学术史的考察》,载《中国法学》2006 年第 1 期。
[5] 参见张生:《中国律例统编的传统与现代民法体系中的指导性案例》,载《中国法学》2020 年第 3 期。
[6] 参见黄雄义:《清代因案修例的现象还原与性质界定——兼论其对完善案例指导制度的启示》,载《政治与法律》2020 年第 2 期。
[7] 孙跃:《案例指导制度的改革目标及路径——基于权威与共识的分析》,载《法制与社会发展》2020 年第 6 期。

级人民法院审判委员会总结审判经验,讨论重大的或者疑难的案件和其他有关审判工作的问题的方式之一。改革开放后,最高人民法院发布了《人民法院案例选》《中国审判案例要览》以及各类审判参考案例。2010年开始建立案例指导制度,2020年确立类案检索制度。这些都体现出案例在我国法律沿革与发展中的重要作用。

《类案检索意见》第4条规定,"类案检索范围一般包括:(一)最高人民法院发布的指导性案例;(二)最高人民法院发布的典型案例及裁判生效的案件;(三)本省(自治区、直辖市)高级人民法院发布的参考性案例及裁判生效的案件;(四)上一级人民法院及本院裁判生效的案件"。这一规定可以说从两个维度归纳和总结了我国现有法律制度下案例体系:首先,该规定将案例分为指导性案例和非指导性案例,两者的区分标准在于效力层级不同;其次,该规定依照案例所属的法院层级划分了案例层级。因此,要明确类案检索的范围,我们首先应当明确我国案例体系的结构。

一、以指导性案例为龙头的案例体系

从第一个维度,即指导性案例与非指导性案例的划分来看,我国案例体系的一个突出特征,就是指导性案例处于"龙头"的地位。这是由指导性案例所依托的案例指导制度及其效力基础决定的。

指导性案例是由最高人民法院确定并统一发布、各级人民法院审判类似案件时应当参照的案例。它的法律或制度依据主要包括以下文件:(1)《人民法院第二个五年改革纲要(2004—2008)》规定:"建立和完善案例指导制度,重视指导性案例在统一法律适用标准、指导下级法院审判工作、丰富和发展法学理论等方面的作用。最高人民法院制定关于案例指导制度的规范性文件,规定指导性案例的编选标准、编选程序、发布方式、指导规则等。"(2)2010年最高人民法院发布《案例指导工作规定》,标志着我国案例指导制度初步建立。(3)2015年最高人民法院发布《案例指导实施细则》,进一步细化了有关案例指导工作的实施方法。(4)2018年修订的《人民法院组织法》第37条第2款规定:"最高人民法院对属于审判工作中具体应用法律的问题进行解释,应当由审判委员会全体会议讨论通过;发布指导性案例,可以由审判委员会专业委员会会议讨论通过。"《人民法院组织法》第37条第2款的意义不但在于明确案例指导制度为《人民法院组织法》所确认,而且明确指导性案例与司法解释处于并列地位。至2021年3月,最高人民法院发布27批共计156个指导性案例。笼统来说,指导性案例具有

如下四个特征①：

第一，指导性案例是经过改写和编辑的案例，与以裁判文书为载体的英美法系国家的判例法或大陆法系国家的先例制度有根本区别。在一些情况下，与原判决相比，指导性案例的案件事实、裁判理由会有所增删。

第二，指导性案例要经过行政性的挑选过程，案例指导制度的确立离不开行政权威的参与。指导性案例的遴选和发布，要经过法院逐级上报、层层挑选，经由最高人民法院案例指导办公室的专家改写、加工、编辑，最终由最高人民法院审判委员会决定，并以最高人民法院的名义公布。

第三，指导性案例中具有"指导性"的部分被认为集中在裁判要点。这主要体现在《案例指导实施细则》第9条，"各级人民法院正在审理的案件，在基本案情和法律适用方面，与最高人民法院发布的指导性案例相类似的，应当参照相关指导性案例的裁判要点作出裁判"。

第四，指导性案例的法律效力尚处开放状态、使用方式特殊。有关指导性案例的效力，《案例指导工作规定》第7条规定，"最高人民法院发布的指导性案例，各级人民法院在审判类似案件时应当参照"；《案例指导实施细则》第10条规定："各级人民法院审理类似案件参照指导性案例的，应当将指导性案例作为裁判理由引述，但不作为裁判依据引用。"如何理解这里的"应当参照"，学界有不同看法。大体上来说，大家都比较接受指导性案例是一种非正式法源，它不能作为裁判的依据，但是应当作为裁判说理时的理由，具有事实上的约束力或具有制度支撑的说服力。但无论怎样，这都表明指导性案例具备了与其他案例不同的效力基础，成为我们裁判与指导性案例构成类案的待决案件时，必须参照的案例。

具体来说，根据最高人民法院相应的司法文件规定，对指导性案例的参照主要包括三方面内容：首先，它指的是主动查询。在办理案件过程中，案件承办人员应当查询是否存在与本案构成类案的指导性案例；其次，它包括书面回应。在办理案件过程中，当事人如果提出"参照"主张，法院在裁判理由中不可以不提及或不予置评。根据《案例指导实施细则》第11条第2款的规定，"公诉机关、案件当事人及其辩护人、诉讼代理人引述指导性案例作为控(诉)辩理由的，案件承办人员应当在裁判理由中回应是

---

① 参见张骐：《论中国案例指导制度向司法判例制度转型的必要性和正当性》，载《比较法研究》2017年第5期。

否参照了该指导性案例并说明理由";最后,它还包括裁判引述。这指的是:一方面,法官要通过指导性案例说理,增强裁判理由;另一方面,在裁判文书中要引述指导性案例的编号和裁判要点。

非指导性案例指的是我国司法体系中指导性案例之外的案例。① 它们可以被笼统地划分为最高人民法院的案例和地方人民法院案例。

其中最高人民法院的案例可以进一步细分为:(1)《最高人民法院公报》发布的案例,即"公报案例"或"典型案例",它是最高人民法院在地方人民法院生效裁判文书基础上编写而成的②;以及最高人民法院自己审理的案件的裁判文书;(2)最高人民法院各业务审判庭编印的书籍中刊登的案例(裁判文书)或者编写的案例,比如《中国行政审判案例》《行政执法与行政审判》等;(3)最高人民法院在"中国裁判文书网"上发布的裁判文书。

地方人民法院案例又可以分为:(1)由高级人民法院或者中级人民法院编写的案例,这些案例不得使用"指导性案例"或"指导案例"的称谓,一般被称为"参考性案例";(2)地方人民法院在"中国裁判文书网"发布的裁判文书。

非指导性案例与指导性案例相比,并不具有后者那样强的拘束力,也缺乏相应的制度性支撑或司法文件的规定。不过,《类案检索意见》明确了"类案与关联案件"对于审判的意义,提出类案检索的范围应当包括非指导性案例。这在一定程度上承认了非指导性案例对于司法裁判的作用,使之具有一定限度的事实上的拘束力。但无论如何,非指导性案例和指导性案例在使用中,存在着明显差别。我们通过一些司法文件规定的表述可以非常明确地体会到这一点。比如,《人民法院第一个五年改革纲要(1999—2003)》规定,"2000年起,经最高人民法院审判委员会讨论、决定有适用法律问题的典型案例予以公布,供下级法院审判类似案件时参考";2010年最高人民法院《关于规范上下级人民法院审判业务关系的若干意见》第9条第1款规定,"高级人民法院通过审理案件、制定审判业务文件、发布参考性案例、召开审判业务会议、组织法官培训等形式,对辖区内各级人民法院和专门人民法院的审判业务工作进行指导"。对于非指导性案例,这些规定都没有认为司法裁判中法官"应当参照",更多的是一种

---

① 参见章剑生:《论制定法体系中判例的展开》,载《南大法学》2020年第1期。
② 在《类案检索意见》中,并没有提及公报案例,只列出了典型案例。但是根据最高人民法院对公报案例的表述,它可以被视为典型案例的一种表现形式,因此在检索中我们也可以运用公报案例。

"参考",其地位显然要弱于指导性案例。

二、案例体系的纵横结构

依据案例所属的法院层级,我国法律体系中的案例可以被划分为一个金字塔式的纵横结构。纵向上,案例依照所属法院层级由低到高逐级排列,直至最高人民法院发布或审理的案例,这一序列中指导性案例居于金字塔顶端。横向上,每个层级的案例包括了该层级法院发布和审理的所有案例,它们处于相同的效力位阶。依据《类案检索意见》,我们会发现在这个纵横结构中,最为关键的是纵向结构:检索类案时,根据案例效力层级构成的顺位,从上至下依次检索,在前一顺位中检索到类案的,可以不再进行检索。

这一规定是符合我国司法实践的,并与我国法律体系中的审级制度密不可分。《宪法》第132条规定,"最高人民法院是最高审判机关。最高人民法院监督地方各级人民法院和专门人民法院的审判工作,上级人民法院监督下级人民法院的审判工作";《人民法院组织法》第10条第2款规定,"最高人民法院监督地方各级人民法院和专门人民法院的审判工作,上级人民法院监督下级人民法院的审判工作";同时该法第18条第2款规定,"最高人民法院可以发布指导性案例"。根据上述规定,下级人民法院在审理案件时,为了确保自己的判决不被改判,就要在遇到类似问题时,关注上级人民法院对此问题的看法,尽量使得自己的判决同上级人民法院相一致。因此,我们可以说,上述规定虽然针对的是法院的审级,但却对案例效力层级意义重大。我国的法院体系是一个由纵向和横向关系组织起来的行使审判权的架构。在此架构下,保证法律适用的统一,必然要求下级人民法院服从上级人民法院已有的案例。

以上,是我们根据《类案检索意见》第4条对我国现有案例体系进行的概括式分析。接下来,我们来看面对根据上述逻辑建立起来的案例体系,在确定检索类案范围时应当遵循哪些原则。

第二节 确定检索范围的基本原则

在实务中,检索待决案件的类案时,我们遇到的问题往往不是找不到可供参照或参考的类案,而是检索到的案例数目太多,难以取舍,缺乏头绪。这个现象一般来说是由如下两个因素造成的:其一,我们没有清晰界定类案检索的范围,导致检索好似大海捞针,自然事倍功半,难以收获满意效果;其二,我们没有明确类案检索的方法,无论是检索思路还是数据库检索技术,都存在一定不足,导致我们无法得到满意结果。本书第五章和第六章将会分别解决检索思路和技术方面的问题,现在我们来讨论如何清晰界定类案检索的范围。这就涉及我们在检索时应当遵循的原则。

一、纵向优先原则

如前所述,《类案检索意见》第 4 条规定了我国法律体系中案例的层级顺位,并明确指出,在类案检索中,如果上一顺位中已经检索到类案,就可以不再进行检索。在地方性人民法院的规定中,比如 2016 年《重庆市第四中级人民法院关于类案检索参考的规定(试行)》也规定在检索时要"分类检索""逐层检索"。这提示我们在检索时,应当按照我国案例体系的结构依次有序进行。

首先,我们可以按照指导性案例与非指导性案例的划分来检索类案。如果能够在最高人民法院已发布的指导性案例中找到类案,我们就可以停止检索;如果没有找到,就继续检索工作。

其次,继续检索工作时,我们可以按照法院层级来确立不同案例的顺位关系。依次关注最高人民法院发布的典型案例和裁判生效的案件,本省(自治区、直辖市)高级人民法院发布的参考性案例及裁判生效案件,以及上一级人民法院和本院裁判生效的案件。

按照上述逻辑顺位展开,可以做到不重不漏,避免无用功,提高工作效率。我们来看一个实际的例证:比如,我们需要检索民事案例中"交通事故中受害人体质因素对侵权责任认定的影响",就可以登录数据库平台(如,中国裁判文书网、北大法宝等),根据关键词或案由展开检索(具体方法参见本书第六章、第八章)。我们以"北大法宝"为例。在其"类案检索"平台中输入关键词"交通事故""体质"这两个关键词,我们立刻能够看到指导案例 24 号与我们所要检索的问题有关,可能与待决案件构成类案。经过判定,如果两者确实构成类案,我们的检索就到此结束,非常简单、快捷。

但实际上很多时候类案检索并不会这么简单,因为指导性案例毕竟数量有限,供给和需求之间存在较大出入。实务中我们不可避免要检索非指导性案例。我们以民事案例中的"工伤保险待遇纠纷"为例,来看这时如何运用纵向优先原则。我们同样在

"北大法宝"的"类案检索"平台输入"工伤保险待遇",选择"民事"案由。此时,我们可以看到一共有 116545 个类案检索结果。① 我们当然不是参照或参考所有案例,也不需要判断它们是否全部与待决案件构成类案。我们先用"纵向优先原则"对之加以筛选,这就涉及从案例层级角度对之加以分类。网络数据库平台往往会自动做好这一工作。我们只需要点开相应类别进一步甄别确认即可。比如,此时我们会看到如下界面。数据库已经依照案例层级归纳好案例。

图 4-1 纵向优先原则示例

此时我们需要做的就是点开不同层级的案例,比如"公报案例""典型案例""参考性案例""普通案例",逐层甄别判断是否有与待决案件构成类案的案例。当我们找到后,检索即可停止。在一些个别情况下,即使我们遍寻"公报案例""典型案例""参考性案例",恐怕也无法找到待决案件的类案。此时,我们就需要查看"普通案例"。如图所示,这类案例数目非常庞大。此时,我们可以根据"审理法院"这一因素来遴选案例。在本省(自治区、直辖市)的高级人民法院、上一级人民法院或本级人民法院裁判生效的案件中进一步检索类案。这是《类案检索意见》中列明的检索范围。但在实务中,如果我们无法在本省(自治区、直辖市)的高级人民法院、上一级人民法院找到类案,可以

---

① 为便于举例与理解,数量均为检索当时的检索结果数,而非实时检索结果数。检索时间:2021 年 1 月 21 日。

在其他省（自治区、直辖市）的高级人民法院、上一级人民法院中寻找。

二、顺位优先原则

顺位优先原则与纵向优先原则类似，但它更强调我们在检索中应当以《类案检索意见》第4条规定的检索顺序为主。在实务中我们特别要注意不能颠倒顺序，这种颠倒可能有两种情况：

其一，我们为了方便，会首先关注本院或上一级人民法院对于类似问题的看法与立场，根据本院或上一级人民法院的处理方式裁判案件，没有首先考虑指导性案例与最高人民法院的公报案例及其他裁判生效的案件。一般来说，这种检索顺序得出的结果大概率不会出现问题，但由于各种因素，地方各级人民法院同最高人民法院指导性案例和公报案例在法律适用方面可能会有出入。没有按照《类案检索意见》固定的顺位进行检索，检索结果可能并不准确，会影响我们判断类案、作出裁判。

其二，我们在处理类似问题时，可能倾向于首先考虑本院所在地下级法院对该问题的已有看法，其他地区同级人民法院对该问题的既有判断，以及其他地区上一级人民法院的看法或对该地与本院同级人民法院的指示。实务中这类情况也不少见，往往是法官学习和吸收既有审判经验与法律政策的重要方式。但是在类案检索时，这种做法会打乱我们依据案例层级顺位安排的检索范围，稍有不慎就会导致检索工作出现重复和遗漏，反而影响效率和准确度。

我们还是以两个例子来说明这个问题。比如，北京市某中级人民法院遇到了涉及交通事故中受害人体质与侵权责任认定的待决案件。根据"北大法宝"的"类案检索"平台的结果，截至2020年11月，北京市三个中级人民法院审理与此问题类似或相关的案例共计193个。如果检索中我们没有遵循"顺位优先原则"，先去查找这将近200个案例中哪些与待决案件构成类案，那么工作量是非常大的，而且得出的结论也没有意义。因为我们首先要判断指导案例24号是否与待决案件构成类似，如果它们构成类案，我们就没必要再分析这193个案例；即使它们不构成类案，我们也要说明两者存在差异的理由。

再比如，上海市某中级人民法院遇到涉及工伤保险待遇纠纷的待决案件。根据上海市第一中级人民法院在其网站公布的"类案总结"（2020年第38期），该法院对这类问题已经有了相对成熟的应对方案和审判思路。作为与之同级的上海市某中级人民法院,是否可以直接参考它的方案和思路呢?根据《类案检索意见》确立的"顺位优先原则",并不可以这样。法官依旧需要按照案例层级顺位,依次逐级检索类案。如果寻找到类案,还是当以该类案为主,当然同时也可以吸收上海市第一中级人民法院类案总结中提出的成熟方案和思路。

坚持顺位优先原则,能够保证我们案例结构的稳定,避免各级人民法院层出不穷的案例架空我国以指导性案例为龙头的案例体系。正是与审级制度紧密相关的案例体系结构的稳定、完整,确保了最高人民法院在统一法律适用、公正司法方面发挥的作用。①

三、时间临近原则

法律被制定并公布后,会受到修改和废止,因此它具有时效性。依据法律作出的裁判和案例,也具有类似的特征。在法律依据受到修改、废止或替代后,相应的案例也就不再有效,失去了被后来法官参考借鉴的价值。我国正处于社会转型时期,经济社会飞速发展,法律法规的制定与更新周期也非常快,检索类案时,难免会遇到已有案例和当下待决案件所处的社会情境有所差异甚至不相匹配的情形。对此,《类案检索意见》规定,除指导性案例外,优先检索近三年的案例或案件。这就为我们的类案检索提出了一项"时间临近原则"。

时间临近原则主要服务于三个目的:

首先,它可以充当类案法律适用的分歧解决机制(详见第十章)。当我们在检索中发现几个类案在法律适用上有所差异时,可以优先考虑类案的时间因素,看是否能从时间上排除对一些类案的参考,以此解决法律适用上的分歧。

其次,它可以作为法律适应社会发展变化的一种策略。相较于成文法或法典,案例的核心特征在于同案件事实联系紧密,其裁判规则能够很好地体现案件事实与法律规则的协调一致、法律规范对当事人需求的回应。时间临近原则强化了案例的这一特征和功能,更有助于人民群众在每一个案件中感受到公平正义。

最后,它还体现了法律变迁、政策革新以及时代任务对法官的要求。我国正处于社会转型时期,法律法规变化相对频繁,法律政策的发展也比较迅速,不同历史时期法

---

① 参见刘树德、胡继先:《关于类案检索制度相关问题的若干思考》,载《法律适用》2020年第18期。

官的历史使命也有所差异。时间临近原则能够让法官更好地聚焦于当下的法律法规、政策要求以及历史任务。司法裁判中难免需要价值判断,通过关注近三年的案例或案件,把握和领会当下政策走向和发展趋势,有助于法官在类案判断和司法裁判中作出正确选择。

指导性案例并不受时间临近原则约束,是因为我国案例指导制度的确立本身就是相对晚近的事情。结合现在情况来看,并没有发生指导性案例与法律和社会需求明显脱钩的情形。同时,指导性案例本身的特性决定了它具有一定的价值导向、政策引领和宣法释法的意义。比如,指导案例12号"李飞故意杀人案",其裁判要点指出:"对于因民间矛盾引发的故意杀人案件,被告人犯罪手段残忍,且系累犯,论罪应当判处死刑,但被告人亲属主动协助公安机关将其抓捕归案,并积极赔偿的,人民法院根据案件具体情节,从尽量化解社会矛盾角度考虑,可以依法判处被告人死刑,缓期二年执行,同时决定限制减刑。"这就从司法政策层面对死刑及减刑问题作出了规定,并提出应当从"化解社会矛盾"这个角度考虑相关问题。

又比如指导案例4号"王志才故意杀人案",其裁判要点指出:"因恋爱、婚姻矛盾激化引发的故意杀人案件,被告人犯罪手段残忍,论罪应当判处死刑,但被告人具有坦白悔罪、积极赔偿等从轻处罚情节,同时被害人亲属要求严惩的,人民法院根据案件性质、犯罪情节、危害后果和被告人的主观恶性及人身危险性,可以依法判处被告人死刑,缓期二年执行,同时决定限制减刑,以有效化解社会矛盾,促进社会和谐。"该案例同样从"化解社会矛盾"这个角度出发,提出相应的刑事司法政策和价值导向。

这些例证表明,指导性案例不仅包含法官应对具体问题的法律方法,还体现了最高人民法院在宏观上对我国刑事司法政策、司法价值导向的引领,以及宣法释法的功能。政策、价值导向以及对法律的解释和理解,都具有一定程度的稳定性或恒定性,确保一定时期内法律适用的统一。因此,指导性案例并不适用时间临近原则。当然,随着案例指导制度的完善以及社会经济的发展,会出现一些指导性案例不再适应现实需求或与现行法律不再匹配的情况。这也要求我们做到未雨绸缪,积极探索指导性案例退出机制。不过这都是后话,眼下我们需要注意的是时间临近原则只适用于非指导性案例。

四、横向相近原则

在实务中,我们难免会遇到如下比较复杂和棘手的情况,就是根据《类案检索意见》所列的类案检索范围与顺序,我们从我国案例体系的纵向结构中无法找到待决案件的类案。现实中这种情况并不多见,但未必不会出现。此时我们就要将目光投向本院及同级人民法院裁判生效的案件。这一层级顺位中的案件同样数量庞大,我们依然需要一定原则来限定检索范围,这便是"横向相近原则"的用武之地。具体来说,它至少包含如下三个含义:

1. 专业相近原则

在同一级别的法院中,难免会出现在不同案例中对统一法律问题有不同解释和适用的现象。这个时候我们在检索和判断类案时,可以从负责审理案件的专业审判庭角度,寻找与审理本案相同的专业审判庭的案例。以此方法,能够解决我们检索到的案例中有关法律适用的分歧,尽可能保证我们的类案判断以及司法裁判的准确性,同时也在一定程度上提高了工作效率。

2. 地区相近原则

如果在纵向结构上我们无法找到类案而只能诉诸本院或同级人民法院的案例时,则要注意选择的案例所属法院或地区尽可能与本案所属法院或地区情况比较类似。这可以是地理方位的接近,但更主要是文化、历史、风俗和经济社会发展方面的趋同。这些法律之外因素的类似,使得两地法院与法官在解释法律、适用法律和裁判案件时,会形成类似的习惯与规则。我们参考这类案例作出裁判,既容易得到当事人的接受,通常也会得到上级人民法院的尊重与认可。

3. 当事人或案件标的相近原则

这种情况往往在一些保险公司赔偿纠纷中出现,同一家保险公司可能是许多案件的被告,这些案件中可能有一些案件与待决案件构成类案。我们可以任意寻找一个案例,比如"靳某某与中国平安财产保险股份有限公司北京分公司等机动车交通事故责任纠纷案",然后在"北大法宝"数据库的"司法案例"平台中输入该案例,可以看到如下界面:

图 4-2　当事人或案件标的相近原则示例

然后我们点击该检索结果下方的"相似案例"栏,会检索到可能与之构成类案的案例。在这些案例中,又有许多案例是"中国平安财产保险股份有限公司"的分公司作为原告或被告的。此时,我们就可以从原告或被告入手,先从与待决案件原被告相同或类似的案例展开分析判断,从中筛选可供参考的类案。

以上是我们在进行类案检索时确定检索范围时大体上应当遵循的原则。总体来说,我们要以我国案例体系结构为核心展开检索,以纵向优先原则、顺位优先原则为基础,辅以时间临近原则,在一些特殊情况中,我们还可以考虑横向相近原则。在实务中妥当把握和灵活运用这些原则,能够帮助我们准确框定类案检索范围,为构思检索思路并具体展开类案检索和判断提供基础。但需要指出的是,我们在确定类案检索范围时,除了要牢记上述原则外,还有一些需要额外留心的事项。

第三节　需要额外注意的事项举例

规则总有例外,原则就更是如此。在实务中,简便起见,有时我们可能并不会严格按照上述原则展开检索,而是依靠一些自己在工作中形成的经验法则。本部分会简单讨论三个与确定类案检索范围有关的经验法则,并提示它们可能存在的风险。当然,需要指出的是,这里的讨论只是尝试性的,有关需要额外注意事项的提及只是列举而非全面罗列。

一、近因原则有效但未必可靠

如前所述,在实践中检索类案时,一个比较便利快捷的方法就是先判断指导性案例中是否包含待决案件的类案,如果不包含,再继续寻找非指导性案例中的类案。此时,从效率角度出发,我们往往会依赖"近因原则",也即优先考虑与自己法院审级相近(比如本省上级人民法院、本省同级人民法院)、专业相近(同属一个专业审判庭的案例)或时间相近的案例。简言之,我们会优先在同自己法院关系密切的法院或审判庭审理的案件中寻找类案。

不可否认,这一方法往往是有效的,而且是便捷的。按照《类案检索意见》规定的顺位展开检索,最后结果很可能与依赖近因原则得出的结论一致,但是却大费周章、效率低下。这是因为"近因原则"更准确地把握了我国法院审级制度及案例体系的纵横结构。不过一如前文指出的,我们一定要注意近因原则有效的前提,是我们所参考的法院或审判庭适用法律正确、理解政策到位。

换言之,我们在实践中可以通过近因原则来提高工作效率、减轻工作负担,是因为我们默认通过该原则遴选出的案例能够体现法律发展动向和政策趋势,这有助于我们更好地通过司法回应社会需求。但正因如此,我们才不能在运用该原则时忽略对案例进行实质考察,要对其法律适用及体现的司法政策或方针加以分析,确认无误方可列为可供参考的类案。这是因为类案检索机制的核心,在于统一法律适用,确保公正司法,这需要我们认真把握法院审级和以此为依据的我国案例体系结构,遵照最高人民法院和上级人民法院对法律的理解适用和政策安排。

二、一定数量的类案方能具有说服力

在确定类案检索范围时,除了指导性案例具有"一言九鼎"的地位外,如果我们需要检索的是非指导性案例,那么一定要注意最后框定的案例要具备一定的体量。案例数目过多,会导致没必要的重复劳动和过于繁重的工作压力;但案例数目过少,则会影响类案检索的意义,削减类案对裁判待决案件的辅助作用,影响其说服力。因此在实务中要注意把握类案检索结果的数量。比较合适的数量并无一定之规,但应当足以体现出该类案件的裁判规则,以及相对全面呈现出该类案件所涉及的全部法律问题及解决方案。只要满足了这两个条件,不论我们最后检索到的案例是 5 个、15 个还是 50

个,都不成问题。这其实意味着如下两点:

其一,无论检索到多少案例,都需要依照前文提出的原则来逐步限定检索范围,减轻工作负担。同时要有清晰的检索思路和方法,保证检索结果的精准有效。在此基础上,要对检索出的类案按照逻辑顺序加以排列,使之能够体现出其裁判规则和相应法律问题与解决方案。我们可以参考上海市第一中级人民法院网站上有关类案裁判的总结,针对每类法律问题,应包含如下具体内容,即典型案例案情(简略概述案件关键事实与法律问题)、审理难点(提炼实践中难以处理的问题)、审理思路和裁判要点(针对审理难点提出解决方案,往往附以思维导图或审判思路图)以及其他需要说明的问题(交代相关注意事项)。每份总结报告中包含的典型案例数量并不多,但它们都准确地呈现出该报告涉及的法律问题下具体的法律争议和关键事实要件,裁判要点也是围绕这些争议和要件展开分析的。如果我们的检索结果能够具有这一效果,类案检索的目的便能够得到有效实现。

其二,在实践中,类案检索的范围与类案检索的方法、数据库使用技术乃至类案的判断和检索报告的撰写等问题彼此关联,难以清晰区分。在进行类案检索时,我们很难明确划分在哪一阶段我们确定检索范围,哪一阶段构思检索思路,哪一阶段展开检索然后作出判断并撰写报告。实际上不同阶段所使用到的法律方法和思维类型是紧密相关的。我们通过一些原则来确定案例检索的范围、框定一定数量的案例,同时也与我们展开类案检索的思路密不可分,因为我们总要依据一定方法才能展开检索进而落实这些确定检索范围的原则;同时,这一过程离不开我们对数据库的熟练运用,在信息时代智慧司法大背景下的工作中,案例数据库和检索平台可谓如影随形。以上这些工作过程最终又会呈现在我们撰写的检索报告中。因此,我们要注意类案检索工作的系统性和完整性,虽然本书是将不同环节分开阐述的,但实务中却未必如此。

三、在类案检索中体会原则与政策的动态平衡

如前文一再强调的,进行类案检索时,一定要以发现类案中包含的裁判规则、法律政策为目的。这要求我们体会围绕同一法律问题,不同案件的处理方式中体现出来的一致性与差异性,并探究这背后的法律原则与政策之间的互动。这不仅对理解检索到的类案至关重要,还对把握类案判断标准、裁判待决案件很有帮助,同时对知悉法律发展动态和政策趋势、通过司法回应社会需求、通过个案实现公平正义具有积极意义。

法律原则与法律政策,是司法裁判中的经与权。经者,恒久之道也;权者,应变之策也。两者如何能够彼此一致,做到经不离权、权不离经,需要我们认真总结裁判经验与司法智慧。通过类案检索,我们能够更好地汲取前人的经验,体会法律原则和政策之间的动态平衡。这既能避免机械司法的弊端,也能避免自由裁量的恣意,真正实现统一法律适用和公正司法的目的。

这些说法虽然看起来比较宏大和抽象,但在实务中我们不可避免地会涉及相应问题。这就需要我们在理解是非曲直的基础上,做到法律原则、法律政策的融贯汇通,而这背后便是要作出妥当的价值判断。我们以上海市第一中级人民法院有关"工伤认定行政案件"的类案审判思路和裁判要点为例,说明这一点。①

工伤认定是社会保险行政部门根据职工及用人单位的申请,按照《工伤保险条例》规定的条件,在法定期间内作出是否赔付工伤保险待遇的行政确认行为。工伤认定行政案件主要围绕认定或者不予认定工伤行为的合法性进行审查,以监督社会保险行政部门依法行政、维护职工和用人单位的合法权益。在实务中,这类案件的难点在于职工从事的行业类型相对多样,不同工种面临的职业环境风险亦存在差异,工伤认定行为的司法审查比较棘手。这一难点的背后体现着工伤保险在社会中的多重价值:一方面注重对受伤职工的关怀,另一方面考虑督促用人单位改善劳动保护条件,实现社会利益的最大化。事实复杂,加之需要衡量的价值多元,使得工伤认定行政案件在实务中相对棘手。

这就非常需要法官在处理具体案件时,对细节有准确把握,同时要真正体会和了解职工工作的现状,不仅包括在案件中呈现出的事实要素,也包括这些事实要素背后体现出的职工或用工单位为何"不得不如此"行为或选择的理由与原因。这不仅要求法官具有一般性的常情常理与常识,还要对每个案件具体的特殊情况认真对待。

比如,上海市第一中级人民法院指出,在工伤认定行政案件中,有四大难点有待解决:"三工"(工作时间、工作地点、工作原因)因素判断难、工伤认定特殊情形把握难、事实劳动关系证明难以及职工和用人单位之间权益平衡难。其中"三工"因素判断难是因为实务中总会遇到职工主动加班、因工外出以及"八小时"工作制外的时间能否认定

---

① 参见上海市第一中级人民法院审委会办公室编:《工伤认定行政案件的审理思路和裁判要点》,载上海市第一中级人民法院类案总结 2020 年第 36 期(网址:http://www.a-court.gov.cn/platformData/infoplat/pub/no1court_2802/docs/202006/d_3618022.html),访问日期:2020 年 11 月 17 日。

为工作时间的难题。在当下行业环境中,加班文化盛行、职场竞争激烈,此时是否应当对"三工"加以严格解释就颇成问题。工伤认定特殊情形把握难,主要体现在实践中用工形态非常多样,不同领域工作内容差异明显,案件涉及的事实要比法律所列举的情形更加复杂,法官难以把握合适的司法审查标准。事实劳动关系证明难,体现在部分职工受无用工主体资格的单位或个人指派进行工作,只能提供证明效力较低的关联材料,用人单位往往以劳务、承包、租赁、代理等关系否认事实劳动关系存在,甚至以职工在岗前培训期、试用期或招工时提供虚假个人信息等作为否认事实劳动关系的依据。职工和用人单位之间权益平衡难,主要是因为工伤认定行政案件的审理要考虑相应的社会效果,坚持预防为主、康复优先、救助及时的原则,要在保障职工合法权益和减低用人单位负担之间实现平衡。此时,涉案行政争议的实质性化解阻力较大。

这些难点和涉及的价值权衡与判断,都说明了通过类案检索我们需要发现的不只是单纯的裁判规则,更重要的是把握和领会裁判规则背后体现出的有关法律原则、政策和价值选择,以此我们才能够促使案件得到妥善解决,实质性化解争议。

第四节 本章小结

当我们明确一个待决案件应当进行类案检索后,我们就需要考虑类案检索的范围、思路、方法以及检索报告的撰写。本章讨论如何确定类案检索的范围。大体来说,我们检索类案的范围离不开对我国案例体系结构的掌握。在我国当下法律体系中,依托法院审级制度和案例指导制度,我国案例体系结构特征可以被概括为以指导性案例为龙头的纵横架构。其中指导性案例的效力是一种事实上的拘束力或具有制度支撑的说服力,法官在裁判类案时应当对之加以参照;非指导性案例则依托审级制度而具有一定程度的事实上的拘束力,在司法裁判中供法官参考。

依据我国案例体系结构,我们可以大致将确定类案检索范围的原则归纳为纵向优先原则、顺位优先原则、时间临近原则和横向相近原则,其中前三个原则最为主要,是实务中常见的可能情形。横向相近原则往往针对的是特殊情形或例外情况,即类案检索中非常少见的无法在上级人民法院或本院找到类案的情形。

除却这四个原则,确定类案检索范围时还有一些值得我们注意的事项。比如,采用近因原则得到的结果未必可靠,需要谨慎检验;对案例的检索要以明确裁判规则和相应法律问题为标准,尽量勾勒出一系列而非单个或几个孤立的案例;确定类案检索范围还要注重把握类案背后体现的法律原则与政策等。

通过以上分析,我们希望读者能够大体上掌握确定类案检索范围的基本原则。但要想在浩如烟海的案例中不迷路,除了了解检索范围外,还需要熟稔检索思路与方法。相关内容请见下章。

第五章

类案检索的方法

通过分析类案检索的三大方向以及具体的五大思路,示范我们在实践中如何一步步缩小检索范围并最终确定与待决案件构成类似的案件。

《类案检索意见》第 5 条规定:"类案检索可以采用关键词检索、法条关联案件检索、案例关联检索等方法。"本章据此规定,详述类案检索中,法官寻找案例的基本方向与思路。同时,《类案检索意见》第 6 条规定:"承办法官应当将待决案件与检索结果进行相似性识别和比对,确定是否属于类案。"因此,寻找案例是类案判断的基础与前提。本章结合以上规定,讨论如何通过类案检索为类案判断做准备。

第一节　类案检索的三大方向

根据《类案检索意见》的相关规定,法官与律师在处理待决案件时,要注意该案件是否属于应当进行类案检索的情形。如果属于《类案检索意见》所列情形,则应当依据规定展开类案检索。在前面章节,本书依次分析了类案的概念、类案检索的前提与范围。接下来主要讨论如何展开类案检索,也即法官如何寻找到可能与待决案件类似的案例,为类案判断做准备。这一环节涉及两个层面的问题,其一是面对海量案例,法官依据何种方向与思路展开检索(本章);其二是在检索方向和思路既定的前提下,法官如何运用数据库收集案例(第六章)。

法官检索案例的方向与思路,概括来说,指的是比较待决案件和既有案例是否构成类案时所依据的标准或角度。有学者将之称为"比较点"。[1] 只有从比较点出发,据此检索案例,得出的结果才更有可能与待决案件构成类案,既提高了检索效率、减轻了法官负担,同时又为法官进行类案判断提供了基础和准备。

那么我们如何理解比较点、如何寻找比较点呢?

《类案检索意见》第 1 条规定:"本意见所称类案,是指与待决案件在基本事实、争议焦点、法律适用问题等方面具有相似性,且已经人民法院裁判生效的案件。"根据该规定,判断类案的标准主要包括案件的基本事实、争议焦点、法律适用问题等因素。我们可以将这些因素视为"比较点",它是案件事实与法律规则的混合体,法官与律师往往需要往返于法律与事实之间便说明了这一点。

《类案检索意见》第 5 条规定:"类案检索可以采用关键词检索、法条关联案件检索、案例关联检索等方法。"我们在寻找比较点时,不妨先从这一条文中列举的要素入

---

[1] 参见张骐:《论类似案件的判断》,载《中外法学》2014 年第 2 期。

手展开思考。

一、关键词检索

我们往往可以根据待决案件包含的关键词来确定与之相关的类案。关键词可以是案件事实的核心信息,也可以是案件涉及的重要法律关系、法律问题。这一点在我国案例指导制度中体现得非常明显。在我国最高人民法院公布的每一个指导性案例的标题下都附有"关键词"一栏,提示了该案例的核心案件事实与法律关系。

以指导案例1号为例,本案例名称为"上海中原物业顾问有限公司诉陶德华居间合同纠纷案",其关键词为"民事""居间合同""二手房买卖""违约"。假如需要寻找该案例的类案,那么这四个关键词就是展开检索时必须考虑的信息。但在司法实践中,更常见的情形是待决案件并不存在现成的关键词,需要我们在展开检索前,学会从案件中提取关键词。这就涉及我们在研读案件后,对其核心案件事实与法律关系的判断。

一般来说,在储备一定法律知识和实务经验后,对这些因素作出基本判断并不困难。可是由于缺乏清晰的指引,加上司法实践的千变万化,其实很难获得统一的指引规则,我们对于自己的判断往往不够确定,缺乏足够自信。为了消除这种不确定性,可以通过一些方法来验证自己的判断,检验自己的结论是否正确。比较便利和稳妥的一种方法,就是参考其他法官的做法,看其对我们提取关键词检索类案是否有启发。这就涉及"支持性案例"的概念。[①] 它指的是某个先前判决会给法官裁判待决案件提供启发、借鉴与参照。支持性案例与待决案件未必构成类案,但是它所包含的法官裁判说理过程、法官判案的思路以及裁判结果体现的政策性考量,会为我们理解待决案件、识别其核心要素并提炼关键词提供借鉴。

二、法条关联案件检索

在裁判过程中,有关法律的分析其实贯穿于各个环节。这里所说的法条关联案件检索,指的是我们在检索待决案件的类案时,可以分析待决案件涉及的核心法条,通过法条找到指导性案例以及以往生效判决中涉及该法条的案例,进而顺藤摸瓜找到待决

---

① 参见张骐:《论寻找指导性案例的方法:以审判经验为基础》,载《中外法学》2009年第3期。

案件的类案。

我们仍以在司法实践中遇到有关机动车和行人之间发生交通事故的案件为例。《民法典》第1173条规定:"被侵权人对同一损害的发生或者扩大有过错的,可以减轻侵权人的责任。"这就需要我们判定待决案件中行人是否有过错。这个问题涉及《道路交通安全法》第76条第1款第(二)项的规定,"机动车与非机动车驾驶人、行人之间发生交通事故,非机动车驾驶人、行人没有过错的,由机动车一方承担赔偿责任;有证据证明非机动车驾驶人、行人有过错的,根据过错程度适当减轻机动车一方的赔偿责任;机动车一方没有过错的,承担不超过百分之十的赔偿责任"。在确定上述核心法条后,我们可以检索适用该法条的案例,从检索结果中再进一步判断哪些与待决案件构成类案。

以真实案例"中华联合财产保险股份有限公司北京分公司诉曹文等机动车交通事故责任纠纷案"为例。这个案件的事实同样是一起机动车和行人之间的交通事故,涉及的法律规定同样是上述条文。该案中法官需要判断的是交通事故受害人曹文的体质原因,能否成为其承担一定责任的理由。从法条出发,我们可以检索到指导案例24号与之涉及同样的法条,同时两者也构成类案。因此,有关该案的裁判应当参照指导案例24号作出。

三、案例关联检索

在实践中不乏一种可能,就是通过关键词和法条检索,都没能得出充足的或令人满意的结果。这时就需要我们调整思路,综合运用待决案件提供的各种信息,同以指导性案例为龙头的我国案例体系中的众多案例展开比对。

仍以指导性案例为例。每个指导性案例包含七个要素,分别是案例名称、关键词、裁判要点、相关法条、基本案情、裁判结果、裁判理由。据此启发,我们也可以将待决案件划分为这七个部分。从每个部分出发,检索可能与之构成类案的案例,最后将结果整理汇总起来,为类案判断提供丰富的素材准备。

这一过程看似繁琐,但在一些情况中也为我们带来不少便利。比如,经过要素整理,待决案件涉及买卖合同纠纷,在现有指导性案例中,2号、9号和17号案例的名称都涉及买卖合同纠纷。我们就可以判定待决案件与这三个指导性案例是否构成类案,如果结论是肯定的,那么根据《类案检索意见》便不必再检索。可以说,案例关联检索的前提,是对待决案件要素的整理。经过整理过程,我们对待决案件的理解更加清晰,在类案检索和判断上也更加便利。

以上是我们通过确定和寻找比较点来检索类案时,可以思考的三大方向。总体来说,这些讨论还比较笼统。要想在实践中贯彻《类案检索意见》的要求,充分挖掘待决案件的可能类案,还需要一些具体思路的辅助。当然,这里需要表明的是,本章中提到的思考方向或思路都是启发式和示范式的,我们在实务中当然可以在领会类案检索制度的精神的基础上有所发挥与创造。

第二节 类案检索的五大思路

一、辨析案例的性质

在以上的讨论中,不难看到检索类案的核心在于从关键词、法条与案例本身信息出发确定比较点。在实践中,如果我们能够准确把握指导性案例、典型案例、公报案例等既有生效判决的性质,有时会帮助我们更快更准确地寻找到比较点,进而为判定待决案件是否与之类似打下基础。

以指导性案例为例,我们不妨将之划分为造法型案例、释法型案例与宣法型案例。[1] 造法型案例指的是指导性案例补充和发展了既有法律规定;释法型案例是对既有法律规则的细化说明;宣法型案例是对既有法律规则的肯认,也是对司法政策的强调。针对不同类型的案例,我们提取比较点的方式也稍有差异。[2]

先谈造法型案例。针对它的特征,我们在确定比较点时一定要注意将该类案例对法律的补充和发展包括进来。仍以指导案例24号为例,这一案例可以被视为对《道路交通安全法》第76条的补充和发展。它明确指出,交通事故受害人个人的体质因素,并不构成受害人过错。我们在确定比较点时万不可忽略这一点。

再看释法型案例。针对它的特征,我们在确定比较点时一定要注意该类案例对法律抽象规则的具体化或细化。这往往体现为该类案例会在适用某一法律规则时,区分不同事实情形,或者具体化法官在适用规则时应当考量的因素。比如,指导案例47号

---

[1] 参见周光权:《刑事案例指导制度:难题与前景》,载《中外法学》2013年第3期;资琳:《指导性案例同质化处理的困境及突破》,载《法学》2017年第1期。

[2] 参见赵英男:《类似案件判断中比较点的确定:原则、路径与运用》,载《法律适用》2020年第6期。

"意大利费列罗公司诉蒙特莎(张家港)食品有限公司、天津经济技术开发区正元行销有限公司不正当竞争纠纷案",提出了法官在分析何为"知名商品"时应当考虑的因素。该案涉及的法条为1993年《反不正当竞争法》第5条第(二)项的规定,即使用与知名商品相似的包装、装潢,构成不正当竞争。但是该法条并没有具体界定"知名商品"的范围。这一指导性案例指出,我们应当结合商品在中国境内的销售时间、销售区域、销售额、销售对象、宣传时间等因素作出综合判断。与之属于同样类型的指导性案例非常多。又比如针对《侵权责任法》(已失效)第36条第2款规定的"网络服务提供者接到通知后所应采取的必要措施包括但并不限于删除、屏蔽、断开连接"中的"必要措施",指导案例83号"威海嘉易烤生活家电有限公司诉永康市金仕德工贸有限公司、浙江天猫网络有限公司侵害发明专利权纠纷案"指出,"必要措施"应遵循审慎、合理的原则,根据所侵害权利的性质、侵权的具体情形和技术条件等加以综合确定。这类案例中对于法律规则的限定和细化,应当是我们确定比较点时特别注意的内容。

最后是宣法型案例。针对它的特征,我们在确定比较点时一定要注意这类案例传达的政策信息与价值导向。非常明显的一个例子是指导案例4号和12号。这两个案例都涉及故意杀人罪,案件情节都涉及罪犯手段极其残忍、社会危害性极大但同时罪犯个人或其家属有坦白、悔过、赔偿等情节。这两个案例的裁判要点指出,从化解社会矛盾出发,判处被告人死刑,缓期两年执行同时限制减刑。其中"化解社会矛盾"就是刑事政策的体现,这一政策指引着法官的价值选择。面对这类案例,这种政策性和价值性因素,我们不可忽略。

指导性案例如此,典型案例、公报案例乃至各级人民法院的生效判决都可以从上述三种类型出发加以归纳和梳理,从宏观上把握它们各自的核心特征,进而为我们确定比较点和类案判断奠定基础。至2021年3月,我国最高人民法院已经发布27批共计156个指导性案例。直观起见,可以将它们的类型划分如表5-1所示。当然,依旧需要提醒的是,这种划分是尝试性的,仅供参考。

表5-1 154个指导性案例类型划分

案例类型	案例特征	案例编号
造法型案例	补充和发展了既有法律规定	2、6、8、15、16、18、19、21、22、23、24、29、34、38、40、42、45、48、49、50、54、56、57、58、59、70、73、86、88、90、91、95、96、116、117、118、119、120、121、123、124、125

(续表)

案例类型	案例特征	案例编号
释法型案例	对既有法律规则的细化说明	1、3、5、10、11、13、17、25、26、27、28、30、31、32、33、35、36、37、39、41、43、44、46、47、51、52、53、55、61、62、63、64、65、66、67、68、69、71、72、74、75、76、77、78、79、80、81、82、83、84、85、87、92、93、94、97、100、101、102、103、104、105、106、107、108、109、110、111、112、113、115、122、126、127、128、129、130、131、132、133、134、135、136、137、138、139、140、141、143、144、145、146、147、148、149、150、151、152、153、154、155、156
宣法型案例	对既有法律规则的肯认,对司法政策的强调	4、7、12、14、60、89、98、99、114、142

二、把握案例的裁判规则

(一)注重指导性案例的裁判要点

裁判要点是制作指导性案例时对案件体现的法律规则的归纳,也是最高人民法院在相关规定中认为指导性案例具有效力或"指导性"的部分。它是《类案检索意见》第5条规定的类案检索方法中关键词、法条和案例三大核心要素的综合。同时又是对指导性案例法律问题的提炼、概括与抽象。相较于指导性案例的基本案情和裁判理由部分,裁判要点更为凝练简洁,对我们理解一个案例关联的法律问题与关键事实很有帮助。

我们以指导案例24号"荣宝英诉王阳、永诚财产保险股份有限公司江阴支公司机动车交通事故责任纠纷案"为例,来分析实践中研读指导性案例的裁判要点如何为我们提供类案检索的思路。假定实践中我们遇到的待决案件涉及交通事故侵权,根据《类案检索意见》的规定,我们在裁判时需要进行类案检索。我们展开检索的第一序列案例,便是最高人民法院发布的指导性案例。通过简单的关键词检索(比如,交通事故、侵权、过错责任)、法条关联案例检索[比如,《侵权责任法》(已失效)第26条、《道路交通安全法》第76条第1款]以及案例关联检索(实践中一些与我们待决案件涉及同样法律问题的案件,指向了对某一指导性案例的参照),我们可以将与待决案件可能构成类似的案例定位为指导案例24号。接下来我们需要判断,这两者是否确实构成类案,或者说如何判定待决案件应否参照该指导性案例。

这时对裁判要点的分析就派上了用场。该案例的裁判要点指出,"交通事故的受害人没有过错,其体质状况对损害后果的影响不属于可以减轻侵权人责任的法定情形"。这一表述中有两个核心要素值得关注。

其一,它表明该指导性案例的裁判要点所针对的是交通事故中受害人没有过错的情形。如果待决案件中受害人有明显过错,这就与该指导性案例所针对的情况有所不同,即便两者都涉及交通事故情形与侵权问题,也并不构成类案,待决案件的裁判就不应参照该指导性案例。可是如果待决案件中受害人也无过错,那么待决案件与该指导性案例便有构成类案的可能。

其二,它表明该指导性案例的裁判要点所针对的是受害人的体质状况,以及体质状况和侵权人责任确定之间的关系。受害人的体质状况指的是受害人本身的身体健康情况,涉及受害人由于先天遗传以及年龄、性别、生活习惯与营养状况等因素影响下的生理状态。这一状态一方面是高度个人化的,因为每个人的先天遗传因素和后天生长发育及衰老过程是彼此有别的,但另一方面从统计意义上说每个人高度个人化的生理状态差异又是在一定平均幅度或范围内的。当然,也不乏一些人由于疾病使得其生理状态超出常人平均变化幅度或范围。从该指导性案例的裁判要点来看,这两种生理状态或体质状况,都不构成受害人本人过错责任的理由,与侵权人责任的减轻并无关联。在实践中,我们通过研读裁判要点得出如上信息后,将其与我们的待决案件加以比对。如果待决案件也涉及受害人体质因素以及是否减轻侵权人责任的判断,那么指导案例24号就成为我们裁判待决案件时应当参考的类案,也是我们在检索报告中应当予以记述和阐明的内容。

简单总结,指导性案例的裁判要点其实是对该案例涉及法律问题与关键事实的提炼,我们把握住裁判要点其实就是把握住了判断待决案件是否与之类似的关键要素。同时我们也能够看到,根据《类案检索意见》第5条的规定,我们检索类案可以从关键词、法条以及案例入手,这三个大方向虽然正确但难免抽象,根据这些方向确定的待决案件的类案,在仔细考察之下可能会发现它们并不真正构成类似。这也是我们为什么要在这三个方向下细分不同检索思路的理由。

根据裁判要点来检索甚至判断类似案件虽然方便,但在实践中往往会遇到如下情形,即大量待决案件其实没有被最高人民法院公布的指导性案例涵盖,因此寻找裁判要点也就无从谈起。这一情形比较常见,毕竟我国案例指导制度正处于起步和发展阶段,指导性案例的供给与实践需求之间确实存在一定差距。接下来我们就来分析,如果待决案件的可能类似案件并不是指导性案例,那么我们该如何进一步检索并判定类案。

(二)注重其他生效判决的裁判规则

当我们发现依据待决案件涉及的法律问题与关键事实,在指导性案例中无法检索到与之可能构成类案的案例时,就需要扩大检索范围,将目光投向指导性案例之外的其他生效判决。《类案检索意见》第4条规定,类案检索的范围除了指导性案例外,还有最高人民法院发布的典型案例和裁判生效的案件、本省(自治区、直辖市)高级人民法院发布的参考性案例及裁判生效的案件、上一级人民法院及本院裁判生效的案件。这些不同层级的案例都可以成为检索的备选案例。

相较于指导性案例,这些案例(除了典型案例之外)的特征在于它们并没有经过"裁剪",并不是经过最高人民法院遴选和加工发布的,而是在裁判生效后便原样公布。典型案例是最高人民法院发布以阐明法律问题、法律政策的案例,与指导性案例相比,在案件事实、判决理由等方面的表述又过于简略。因此从发布过程来看,这些案例与指导性案例都有实质性不同。发布过程上的差异,最终体现为这些案例的形式与结构与指导性案例有所不同。指导性案例具有统一的格式与结构,对于案例涉及的事实与法律问题的表述也非常简练规整。面对指导性案例,我们需要做的仅仅是找到所需信息运用即可。但对其他生效判决来说,他们的呈现样态主要就是裁判文书或最高人民法院发布的对典型案例的表述,不同法官、不同层级法院的裁判文书风格和体例虽然整体上保持一致,但并不如指导性案例那样整齐划一。这时我们要提取所需的信息,就颇费功夫,特别是当我们想要找到这些判决中类似于指导性案例的裁判要点时,就需要自己去提炼和概括。

面对这种情形,又该何去何从呢?

我们可以寻找这些生效判决中的裁判规则。裁判规则通常也可以被表述为裁判规范,指的是司法机关在司法过程中所形成、存在于案例或司法解释中的对某种争议问题的法律解决方案。① 简言之,裁判规则首先是存在于个案中的、针对个案涉及的争议的解决方案,因此它是法官对于一般性法律规则或原则在个案中的具体解释与适

---

① 参见张骐:《论裁判规则的规范性》,载《比较法研究》2020年第4期。

用;其次,正是在此意义上,具有具体性和个别性的裁判规则,同时又具有一般性与普遍性。它虽然针对的是个案涉及的问题,但却能够加以普遍化并适用于与该个案类似的案件之中。从这个角度理解,指导性案例的裁判要点其实是生效判决的裁判规则在指导性案例中的具体体现。

那么我们如何寻找裁判规则呢?

根据以上分析,裁判规则在逻辑上包含两个要素,即争议问题和法律解决方案。① 我们希望从生效判决中寻找到争议问题,就应当从其涉及的案件事实入手。通过分析案件事实,寻找其中包含的制定法没有明确规定、需要法院裁判的问题。这里可以看出,法律与事实是彼此交融的:只有熟稔相关法律才能够体会到哪些事实构成了有待解决的争议;同时,只有详细把握事实的不同层次和要素,才能够发现哪些要素的存在或缺失,使得现有法律无法为解决该问题提供指引。要寻找法律解决方案,就要关注针对争议问题,该判决中法官是如何提供解决该类问题的行为模式或行为方向的。以下我们通过前文中提及的"中华联合财产保险股份有限公司北京分公司诉曹文等机动车交通事故责任纠纷案"(案例5.2.2)来阐明如何从一个生效判决中寻找其裁判规则。

根据前文分析,本案其实与指导案例24号构成类案。根据《类案检索意见》第4条的规定,类案检索时,如果在前一顺位中检索到类案,可以不再进行检索。因此在实践中,如果我们处理机动车交通事故中受害者个人体质与侵权人责任认定问题,直接援引指导性案例即可,并不会用到本案。但由于多次提及,我们对该案涉及核心法律问题比较熟悉,这有助于简化论证的同时将分析重点放在如何寻找裁判规则这一核心问题上面,同时也有助于我们理解在裁判说理中如何援引指导性案例,因此我们仍以该案为例。

我们以"北大法宝"数据库中可检索到的本案终审——天津市第二中级人民法院的民事判决书为基础展开分析。从判决书来看,终审解决的主要问题涉及一审中对护理期、营养期的认定以及鉴定费是否属于保险赔偿范围,这与我们讨论的责任认定并无关联。我们集中分析二审判决书中有关一审对于交通事故责任认定部分的交代。根据一审认定的事实,当事人刘雄与曹文驾车相撞,造成曹文受伤。事故发生后,曹文

---

① 参见张骐:《论案例裁判规则的表达与运用》,载《现代法学》2020年第5期。

被送往武警后勤学院附属医院、天津市北辰医院住院,经诊断为颈部颈髓损伤、四肢不全瘫等。曹文对自己的医疗费、误工费等提出赔偿请求。同时根据天津市河西医院法医司法鉴定所出具的鉴定意见,曹文的损伤是"事故外力及自身疾病共同造成"的。

针对这一情形,一审判决认为,根据最高人民法院指导案例24号,个人体质状况虽然对损害后果有一定影响,但并不是法律规定的过错,曹文不应因个人体质状况对交通事故导致的伤残存在一定的影响而自负相应的责任。因此,曹文的请求得到法院支持。二审法院肯定了这一判决。

通过该案判决书,我们可以发现该案初审中的争议之一,在于曹文提出的赔偿请求是否合理,能否得到法院支持。要判定这一问题,就需要对交通事故中曹文受到的损害的责任加以确定。根据一审确认的事实,曹文的损害源自事故外力和个人体质。因此,问题就转化为个人体质是否影响对其责任的判定。

这个问题是我们在研读案例判决书中,逐渐梳理出来的争议点,可以说它就是我们要寻找的裁判规则的争议问题部分,对于该争议的解决也相应构成了裁判规则的法律解决方案。根据该案例的判决书,我们看到法院认为个人体质并不属于法律规定的过错。这一法律解决方案,不仅对于本案适用,对于同类型的问题也可适用,兼具特殊性和一般性。由此,我们可以认为"交通事故侵权责任确定中,受害方个人体质并不影响责任判定"是该案的一个裁判规则。

在面对指导性案例之外的案例时,我们通过研读判决书想要寻找的就是这种规则。它既适用于非常具体的个案,是对个案问题的针对性解决,也借助对个案提出的法律问题的解答而具有了一般性,可以适用于同样或类似的法律问题。在寻找和检索类案中,注意把握裁判规则,可以起到"画龙点睛"与"事半功倍"的效果。

(三) 研读案例的法律解释方法

在大陆法系国家的法律传统中,司法判例虽然对法官判决具有拘束力,但准确来说,拘束法官的不是判例本身,而是判例体现的对法律规范、原则、规则的具体化适用。简言之,它的拘束力是一种说服力,依靠的是判例本身的合理性、正当性。在我国,指导性案例并不是正式法源,其他生效判决则更是如此。可以说,指导性案例的"指导性"以及其他生效判决的可参照性,也体现为他们本身具有的合理性和正当性。对于一个判决而言,在某种意义上其合理性和正当性的集中体现,就是法官的说理或推理;更具体地说,就是法官对于法律的解释。通过研读生效判决的法律解释,吃透先前法官的说理思路和解释具体法律概念或规定的侧重点,对于我们把握案例涉及的法律问题,进而寻找和发现类似案件,具有辅助作用。

这里我们还是依托指导性案例,尝试说明如何从法官的法律解释中读出说理思路和解释法律规定的侧重点。比如,我们可以看指导案例47号"意大利费列罗公司诉蒙特莎(张家港)食品有限公司、天津经济技术开发区正元行销有限公司不正当竞争纠纷案"。该案涉及的核心法律问题是法官如何判定一种商品是"知名商品",由此来确定生产类似产品企业是否构成不正当竞争。根据该案发生时所适用的1993年《反不正当竞争法》第5条第(二)项的规定,使用与知名商品相似的包装、装潢,构成不正当竞争。这里的问题在于法官如何理解"知名商品"这个概念。

该指导性案例明确指出,在判定知名商品时要结合如下要素作出综合判断,即该商品在中国境内的销售时间、销售区域、销售额、销售对象、宣传时间等因素。这一表述有三点值得注意。首先,这一解释并非穷尽列举,而是示范性列举,这意味着法官在判断"知名商品"时,也可以考虑列举之外的因素。其次,这一解释要求法官作出综合判断。所谓"综合判断",指的是法官在理解"知名商品"时,切不可只从这些因素中挑选一个或两个,径直得出结论。相反,法官在判断时需要尽可能多地考虑各方面因素,同时又要在内心权衡不同因素在不同情境下的权重比例关系,反复比较考虑后得出稳妥的结论。最后,每一种因素都有一定弹性空间,法官要根据所判断商品的具体特质作出最终决定。譬如,电动牙刷产品中的"知名产品"和普通牙刷产品中的"知名产品"可能在销售时间这一判定标准上并不一致。前者是晚近随着科技发展出现的事物,在衡量"知名"与否时对时间标准的要求一定更为宽松,但普通牙刷是长久以来人们日常生活中几乎必不可少的用品,对其"知名"与否的判断在时间标准上则会更为严格。

简言之,在寻找类似案件时,我们不仅要看法律解释所针对的法律问题是什么以及指向了什么结论,还要像上文这样体会在展开解释时,法官内心的想法与思路可能是怎样的,一些方法选择的背后体现了法官对于具体问题的何种理解等。只有在这个层面吃透一个案例所使用的法律解释方法,才能够"透过现象看本质",从更高层面、更深层次把握两个案件是否构成类案,否则单纯进行事实与法律的比较,极易陷入琐碎的对比和甄别之中,容易只见树木不见森林。有时我们甚至为了"稳妥",会强调"案案有别、件件不同",导致类案类判的想法被架空。

这种方法,在实践中有时也可以被简化为对立法目的的体会与理解。立法者很少完备地解释自己的立法目的,即使解释也往往使用抽象的语言,唯有如此方使法律的生命鲜活而不死板。但在实践中,这往往会让我们无法即刻体会到法律规定背后的考量。具体到对某一个特定条文或概念的理解时,尤为如此。这时也需要我们细致解读既有判例中对于法律概念和规定的理解,甚至对于整部法律背后目的的说明,以此作为我们自己工作的指引和抓手。

比如,指导案例40号"孙立兴诉天津新技术产业园区劳动人事局工伤认定案",该案涉及个人主观过失是否影响工伤认定的问题。法官对该案的推理是:工伤事故中,受伤职工有时具有疏忽大意、精力不集中等过失行为,但工伤保险正是分担事故风险、提供劳动保障的重要制度。这意味着,将个人主观过失作为认定工伤的排除条件,并不符合保障劳动者合法权益的立法目的。因此,劳动者在工作中确实有过失,并不影响其工伤认定。这里其实就体现了在理解具体法律规定乃至整部法律时,法官对于立法目的的体会。更进一步说,借由立法目的,法官在解释法律时作出了价值判断和利益取舍,体现了某种思路以及侧重点。如果我们能在实务中把握住这些内容,同样对于我们检索与判断类案大有裨益。

(四)巧妙运用假设

前文已经提及,我们在检索类案时,构思检索思路的关键,在于提炼出案件中可以用作比较点的信息。这个比较点兼具事实与法律因素,可以是案例的性质、裁判规则或法律解释方法。这三种方法都是一种正向思维,即我们遇到案件、解析案件,通过案件寻找相关法律与事实,进而为我们在案例库中检索类案提供指引。在实践中,有时为了节省时间抑或遇到待决案件相关法律与事实问题不甚清晰明了的时候,我们不妨逆向思考,将上述思维过程颠倒过来,作出如下思考或假定:当某一事实或法律因素发生变动或不复存在时,对于裁判案件是否有所影响?

这种逆向思维方法,不仅对于我们解析待决案件颇有帮助,对于理解既有生效判决,从中提取有效信息来建立比较点也非常有利。在学理上,我们会将之术语化为"反事实推理",意思是说进行推理的前提是建立在某种假设之上,和实际发生的事实相反,也即假定实际发生的某个事实并不存在。英美法系国家的学者与法官在法律推理与司法裁判中相对强调这一点。我国案例指导制度虽然与之有别,但在判断决定案件结果的关键事实和法律问题时,道理却是相通的。以下我们还是用指导案例24号来阐明这个问题。

指导案例 24 号主要解决的争议问题是交通事故中受害人的体质因素是否影响侵权责任的判定。我们根据案情,可以看到,在指导性案例所依托的案件以及适用该指导性案例的类案中,受害人都是行人。可以设想,如果在实践中我们遇到的待决案件的事实是,交通事故中交通工具的一名司机或乘客受到了损害,那么司机或乘客的体质因素是否会影响侵权责任的判定呢?

这时我们就需要作出判断:在指导案例 24 号中,受害人是行人这个事实因素,是否对指导性案例的裁判结果造成影响?

当我们捕捉到这一问题时,其实就是不自觉地作出了假设,并以此展开反事实推理。它基本的步骤是这样的:

首先,我们看到指导性案例的法律推理逻辑如下:(1)交通事故中受害人的体质因素是其受伤原因的一部分,侵权人的外力侵害也是其受伤原因的一部分;(2)法官排除了受害人体质因素对侵权责任判定的影响,认为它并非《侵权责任法》(已失效)中规定的过错情形;(3)法官得出结论,受害人体质不影响侵权人责任的轻重,也不影响侵权人对受害人损失的赔偿。

其次,我们放入提出的反事实假设:如果在该案例中受害人不是行人,而是一名司机或乘客,是否会导致上述推理走向不同的结论?此时,我们就要考察,上述推理中,受害人"身份"状态是否影响了法官推理。我们其实可以看到,受害人无论是行人、司机还是乘客,都不影响上述推理的成立。法官判定体质因素不属于《侵权责任法》(已失效)规定的过错情形,并不是因为受害人是行人,而是基于对事理的判断,也即一个人虽然体质状况与常人平均状态相比可能略有偏差而使得同样外力作用下更可能受伤,但这并不是他个人的过错,将责任附加在其身上,反而会导致造成外力的他人免除了本该担负的注意义务和安全责任。这种对于事理的判断和洞察,在大陆法系传统下又是被称为对"事物本质"的理解和把握。这一概念在学理上或许复杂且无定论,但实践中总是体现为我们对于常情常理的理解。① 就此而言,在反事实假设中,我们离不开这一点。

最后,我们可以判定,根据指导案例 24 号的推理和我们所作出的反事实假设性考

---

① 参见〔德〕卡尔·拉伦次:《法学方法论》,黄家镇译,商务印书馆 2020 年版,第 523—528 页。

察,行人的身份并不构成影响该案例结果的重要因素。这意味着当待决案件中,交通事故受害人一方是司机或乘客时,也可以适用该案例确定的规则,即受害人的体质因素并不影响责任的判定。通过以上例示,我们可以看到,反事实假设在分析案例的关键法律问题与事实时,特别是当实践中面对待决案件提出的新的可能情形时,有助于我们化繁为简地理解既有生效判决,把握决定其裁判结果的核心要素。

(五)留心指导性案例与原案例的差异

以上四种方法都是我们推荐各位读者在实践与研讨中优先使用的,也是我们在实践中可能主要运用的方法,它们不仅适用于对待决案件、指导性案例的分析,也适用于其他一切生效判决。不过,由于指导性案例所具有的"指导性",我们在实践中往往会优先检索并使用它。此时,难免会遇到这样一种情况,即由于指导性案例的制作和发布过程,我们会发现最终公布的指导性案例的裁判要点与基本案情之间有一定出入:原案例包含的信息在指导性案例中可能没有体现,或者指导性案例的裁判要点中包含着原案例中并未体现的内容,还有可能是指导性案例的裁判要点超出了其所归纳的基本案情。这时可能会在实践中给我们带来困惑:我们是完全按照指导性案例中的要素来判定该案例的裁判规则,还是也要兼顾原案例中的要素?

在实践中,这可能需要分情况来看。

比如,已有学者指出,指导案例9号中,案件事实涉及的是有限责任公司中清算义务人怠于履行义务,但在裁判要点中还规定了股份有限公司的董事和控股股东的清算义务。这说明指导性案例的裁判要点其实超出了原案例所涉及的内容。类似的还有指导案例8号和10号,它们的裁判要点都包含与基本案情无关的部分。[1] 法官此时需要从原案例中确认超出指导性案例基本案情的裁判要点,是否同样也不属于原案件事实。如果答案是肯定的,那么在确定指导性案例比较点时,法官就应当忽略这些与基本案情无关的裁判要点。虽然法官应当参照指导性案例的裁判要点,但裁判要点是对案例裁判理由、结果的总结,与案件事实密不可分。脱离案件事实的裁判要点,与案例指导制度的性质背道而驰。[2]

---

[1] 参见曹志勋:《论指导性案例的"参照"效力及其裁判技术——基于对已公布的42个民事指导性案例的实质分析》,载《比较法研究》2016年第6期。

[2] 参见吴建斌:《指导性案例裁判要点不能背离原案事实——对最高人民法院指导案例67号的评论与展望》,载《政治与法律》2017年第10期。

又比如，指导性案例往往会对原案件加以裁剪。指导案例1号中，基本案情与裁判理由都是对于原案例的节选（指导性案例并未提及被告事先获知房屋信息等事实）。① 但通过比对裁判要点和指导性案例的基本案情，我们看到两者可以彼此结合、支持。此时，尽管指导性案例和原案例有所出入，法官仍应当以指导性案例为准。原案例只起到扩大信息源，补充指导性案例中未提供的信息的作用。②

以上，针对《类案检索意见》第5条规定的类案检索方向，我们展开了相对充分的讨论和例示。接下来我们要处理的一个问题是，当通过上述方法进行类案检索时，如何表述我们的检索结果或如何以书面形式体现我们的检索思路。根据《类案检索意见》第7条的规定，这是我们在制作"检索报告"时应当注意的问题。相关内容将在本书第八章详细讨论。这里只解决一个前提问题：我们该如何表述自己寻找到的比较点，如何表述自己的类案检索思路。

第三节　类案检索方法的书面表达

类案检索的核心在于寻找比较点，寻找到可供我们判断哪些指导性案例及生效判决与待决案件可能构成类案的标准。寻找这一标准的路径，便是上文讨论的基本方向和思路。我们可以看到，无论是考察案例的性质、关注裁判规则、注重法律解释方法，还是反事实假设以及对指导性案例及其原案例差异的把握，核心都在于寻找影响甚至决定案件裁判结果的那个法律与事实要素。因此，我们在表述自己的类案检索方法时，未必会明确指出自己到底运用了何种方法（在实践中，我们往往是"多管齐下"，而且各种方法之间的界限也并不完全清晰），但必须指出，通过考察，我们认为何种法律与事实是影响甚至决定该案件裁判的关键要素。

这里推荐各位读者通过研读待决案件、指导性案例以及既有生效判决后，找到案例的比较点也即影响其判决的核心法律与事实要素时，应当按照如下模式表述：

---

① 参见曹志勋：《论指导性案例的"参照"效力及其裁判技术——基于对已公布的42个民事指导性案例的实质分析》，载《比较法研究》2016年第6期。
② 参见赵英男：《类似案件判断中比较点的确定：原则、路径与运用》，载《法律适用》2020年第6期。

事实要件+法律后果

这一表述的好处体现为三个方面：

首先，它从形式与结构上可以提醒我们留心自己的提炼与结论是否妥当。当我们将事实与法律后果通过上述方式加以表述和关联后，言下之意则是我们认为该事实要件导致或引发了该法律后果。简言之，该事实是该法律后果的充分条件。如果我们的结论有误，通过这一表述形式有助于暴露我们在推理过程中尚未察觉的逻辑问题，有助于提升结论的正确性。

其次，它可以帮助我们检查自己对案件关键事实与法律问题的提取是否没有冗余。在一些情况下，我们往往由于谨慎而将过多内容列为关键信息，使得我们的检索思路比较臃肿和杂乱。用这种表述方式，可以帮助我们厘清思路，删繁就简。

最后，它有助于我们在进行类案判定时使用。在判定类案时，我们需要找到待决案件与指导性案例及其他生效判决在关键事实与法律问题上的类似性。比如，我们知道指导性案例的关键事实与法律问题为 a，b，c，而待决案件包含的事实与法律要素为 a_1，b_1，c_1，d，e，如果我们又知道 a，b，c = a_1，b_1，c_1，就可以判定待决案件和指导性案例构成类案，在裁判时就应当参照该指导性案例。

简言之，我们通过"事实要件+法律后果"的形式来表述我们在类案检索时运用到的方法及其结论，同时它也构成我们在检索类案时的思路，并为类案判定奠定基础。接下来，我们将前文谈到的类案检索方法运用到具体案例之中，以相对连贯明确的展示，更直观地阐明应当如何检索类案、构思检索思路。

第四节 类案检索的实操演练

出于阐明方法的目的，我们仍以假设的待决案件为基础，寻找与之可能构成类案的案件。我们设定遇到如下待决案件：在2020年的某一天，张某驾车从南向北行使，撞上当时正从东向南转弯的王某驾驶的公共汽车，造成乘客李某在车上摔倒骨折。经过交通事故认定，张某对交通事故承担主要责任，公共汽车司机王某承担次要责任；同时查明李某的骨折除了由于外力因素外，也与其体质相关。

面对这一案件,根据《类案检索意见》的相关规定,我们在裁判中应当展开类案检索。基于前文分析,我们需要做的有三个步骤:其一,确定类案检索的方向;其二,由方向而确定我们类案检索的方法与思路;其三,我们将自己的方法与思路加以整理后,进行书面表述。我们依次来看该如何操作。

首先,根据《类案检索意见》第 5 条的规定,我们知道类案检索的大方向不外乎就是从关键词、案例以及法条入手。从关键词来看,这个案件涉及的是交通事故、责任认定、体质因素等;从案例入手,我们可以发现指导性案例与生效判决中都有类似的案例。比如,涉及交通事故的指导性案例,就有指导案例 19 号、24 号和 25 号;根据"北大法宝"数据库"类案检索平台",以此为关键词的民事案例中,公报案例就有 21 个,典型案例 54 个,参考性案例 74 个,普通案例 276000 余个。再从关联法条入手,该数据平台显示,判决书全文涉及"《侵权责任法》第二十六条"的民事案例共计 311 个,其中截止到 2020 年 8 月 5 日便有 22 例。①

以上检索印证了本章中的两个判断:其一,《类案检索意见》提供的大方向有助于我们定位与待决案件可能构成类似的案件;其二,从大方向入手,需要筛选比对的案例过多,业务负担略重,这就需要我们构思更具体的类案检索思路。这时,本章提出的五个方法就派上了用场。当然,这不意味着我们在实践中要用尽所有方法,更多情况下是通过一到两种方法来限缩类案检索范围,找到可以使用的类案,再通过其他方法来验证。不过出于展示的目的,我们不妨多尝试几种方法。

其次,就需要我们通过具体方法来构思类案检索的思路了。根据刚才通过大方向划定的案例群,我们可以先使用第一种方法,也即从案例性质出发来寻找类案。根据案例层级划分,我们当然要先从指导性案例入手。我们发现,指导案例 19 号、24 号和 25 号属于不同类型的指导性案例。其中指导案例 19 号和 24 号是造法型案例,指导案例 25 号是释法型案例,指导案例 19 号和 25 号分别阐明了机动车交通事故中的"套牌使用"情形的责任归属以及保险人代为行使被保险人对第三者请求赔偿的权利而提起诉讼时的法律适用问题。从与待决案件相关角度,这两个指导性案例都被排除了,只剩下指导案例 24 号有待我们辨析是否与待决案件构成真正的类案。此时,我们就要从其"造法"的主要内容入手,看到它所解决的核心问题在于交通事故中受害人体质因

---

① 检索时间:2020 年 11 月 17 日。

素是否影响责任归属。这一问题正是我们待决案件需要解决的。因此,指导案例24号与待决案件构成类案。根据《类案检索意见》的规定,在这一层级案例中找到类案后,则无须继续寻找。

除了根据案例性质,我们也可以从案例包含的裁判规则,抑或指导性案例的裁判要点,来缩小类案检索的范围。根据前文分析,裁判规则指的就是案件中具有决定性的争议问题以及对此问题的法律解决方案。待决案件中,争议点在于乘客李某的个人体质是否构成减轻肇事者张某与王某责任的理由。我们将这一问题带入搜寻到的案例群中,当然也是先从指导性案例入手判断。我们看到正是指导案例24号包含了对这一问题的法律解决方案。由此,我们也可以轻松判定两者构成类案。

接着我们还可以从法律解释方法这个角度入手。待决案件毫无疑问涉及《侵权责任法》(已失效)第26条和《道路交通安全法》第76条第1款第(二)项的规定。这里的核心在于,法官如何理解"过错",也即个人体质是否属于法律规定的过错情形。通过阅读指导案例24号的裁判理由,我们可以看到法官认为机动车应当遵守文明行车、礼让行人的一般交通规则和社会公德。体质因素虽然是造成损害后果的客观因素,但却不具有法律上的因果关系。因此,我们在解释"过错"时,应当从这两部法律中相关规定体现的目的,也即社会公德角度出发。根据这一角度,我们也可以判定待决案件与指导案例24号构成类案。

此外,我们还可以运用假设方法来得出结论。这一过程与前文中的分析完全相同,不再赘述。需要补充的是,我们在实践中可以通过反事实假设来验证自己已经得出的结论,以此保证我们对案件关键事实与法律问题的正确理解和把握。

最后,在确定上述检索类案的思路后,我们可以将研究的结论通过"事实要件+法律后果"的形式表达出来。比如,当我们认为待决案件与指导案例24号构成类案时,我们可以将指导性案例的关键事实与法律问题表述为:"交通事故中受害人个人体质因素客观上造成其损害的事实,并不是法律规定的过错,不影响侵权责任的确定。"这不仅清晰地表明我们判定两个案件构成类案的理由,也为裁判待决案件提供了基础。

第五节 本章小结

本章主要针对《类案检索意见》第 5 条展开,分析类案检索的基本方法。更具体地说,本章侧重类案检索时检索方向和思路的确定与厘清。本章通过分析类案检索的三大方向以及具体的五个方法,试图示范我们在实践中如何一步步缩小检索范围并最终确定与待决案件构成类案的案件。接下来,我们将要讨论如何运用数据库来检索案例。

第六章

类案检索中案例数据库平台的使用

智慧司法已成为一大趋势,正确、熟练地使用案例数据库平台辅助类案检索工作将成为我国法律人的基本职业技能。

第一节 概　述

一、国内案例数据库平台建设现状

《类案检索意见》第 12 条规定："各级人民法院应当积极推进类案检索工作,加强技术研发和应用培训,提升类案推送的智能化、精准化水平。各高级人民法院应当充分运用现代信息技术,建立审判案例数据库,为全国统一、权威的审判案例数据库建设奠定坚实基础。"早在《类案检索意见》出台之前,我国就已经意识到案例数据库和智能化建设的重要性。2013 年 7 月,《最高人民法院裁判文书上网公布暂行办法》正式实施。依据该办法,除法律规定的特殊情形外,最高人民法院发生法律效力的判决书、裁定书、决定书一般均应在互联网公布。2014 年 1 月,《最高人民法院关于人民法院在互联网公布裁判文书的规定》正式实施并于 2016 年修订。根据这一司法解释的规定,"最高人民法院监督指导全国法院在互联网公布裁判文书的工作。高级、中级人民法院监督指导辖区法院在互联网公布裁判文书的工作"。此后,最高人民法院就开始通过中国裁判文书网公开各级人民法院的生效裁判文书。与此同时,各地方人民法院系统以及第三方案例数据库平台也开始研发和使用案例数据库。

经过约十年的发展,我国案例数据库平台的建设已经初具规模。在案例数据收录的数量方面,截至 2020 年 9 月 1 日,中国裁判文书网、北大法宝等案例数据库平台收录的裁判文书已突破 1 亿份。在数据类型方面,不少案例数据库平台不仅收录裁判文书,还收录了与之相关的法律法规信息。在主要功能方面,大多数案例数据库平台都具备比较完备的常规检索功能,部分数据库平台还具有高级检索、维度检索、类案智能推送等特殊检索功能。就数据库平台的性质而言,我国面向社会公开的案例数据库平台建设采用了"官方与第三方机构并举"的模式,有效地实现了最高人民法院等官方机构与第三方商业平台的互补。可以说,在人工智能、互联网、大数据等智慧司法科技手段日益普及并飞速发展的今天,类案检索中的大部分工作都离不开案例数据库平台的辅助。不过,相比于西方发达国家(尤其是英美等普通法国家),我国的案例数据库平台建设起步较晚,在技术和运作机制方面尚存一些不足之处。相信随着国家的重视与基于市场良性竞争机制的调节,我国案例数据库平台会有一个广阔而美好的发展前景。

二、案例数据库平台的功能与作用

首先,案例数据库平台有助于降低司法成本并提高司法效率。在案例数据库平台出现之前,类案检索严重依赖纸质文本和人工操作,这往往会消耗巨大的物质和时间成本。案例数据库平台借助现代计算机与互联网技术,改变了传统案例文本的介质,实现了类案检索与使用的"无纸化"与"数据化",从而极大地降低了检索与使用类案的司法成本,提高了司法活动的效率。"案多人少"是我国各级司法机关长期面临的难题,在此背景下运用类案检索数据库平台减轻法官的工作负担,将具有格外重要的现实意义。

其次,案例数据库平台有助于提升司法公开度与精准度。审判公开是现代法治的一项基本原则,因为这有利于公民将公开的法律规范作为自身行动的指引,并形成相对稳定的法律预期。根据以上法理,通过案例数据库平台向社会公开案例及其裁判文书,有助于律师、学者以及广大公民研习案例,从而发挥类案裁判在普及法律知识、提升法律职业队伍整体水平方面的积极作用。同时,案例数据库平台可以较为精准地传播案例文本,并使之在多方主体的有效监督下被妥当地参照适用。这不仅可以避免类案裁判的"暗箱操作",还有助于通过多方主体的参与提升类案裁判的司法精准度。

最后,案例数据库平台有助于司法经验的保存与传承。正如霍姆斯的那句名言,"法律的生命不在于逻辑,而在于经验"[1]。特别是类案检索与使用这种实践活动,其带有鲜明的经验主义气质。在传统认知中,司法经验以具体法律人的大脑为载体而存在,即"经验随人走",这就会影响司法经验的传递与推广,进而影响法律人整体素质的提升和后续法律人才的培养。而案例数据库平台借助科技手段,在一定程度上突破了人类大脑载体对司法经验和知识的垄断,使得司法经验能够以数字存储设备和网络数据库为媒介,更为高效地在法律职业共同体内部传播。不仅如此,随着案例数据库平台的升级迭代,其功能日益丰富,这也有助于类案裁判司法经验的推广与传承。

---

[1] 〔美〕霍姆斯:《普通法》,冉昊、姚中秋译,中国政法大学出版社2006年版,第1页。

三、国内主要案例数据库平台

目前国内较为常见且面向社会公开的案例数据库平台主要有两类：其一为官方案例数据库平台；其二为第三方机构开放的案例数据库平台。所谓官方案例数据库平台，是指由我国各级司法机关或其直属单位开放的案例数据库平台，主要包括最高人民法院主导建立的中国裁判文书网和最高人民法院直属单位建立的中国法律应用数字网络服务平台。相比于官方案例数据库平台，由第三方商业机构开发运营的案例数据库平台起步更早，且大多拥有颇具特色的主打功能和良好的用户体验。

（一）官方案例数据库平台

最高人民法院于2013年7月开通中国裁判文书网（https：//wenshu. court. gov. cn）。2013年11月，中国裁判文书网与各高级人民法院裁判文书传送平台联通，标志着全国四级法院裁判文书统一发布的技术平台搭建成功。截至2015年6月底，全国31个省（自治区、直辖市）及新疆生产建设兵团的三级法院已全部实现生效裁判文书上网公布，即案件类型全覆盖、法院全覆盖。2016年8月，最高人民法院公布修订后的《关于人民法院在互联网公布裁判文书的规定》，加大了裁判文书公开力度，围绕如何减轻各级人民法院裁判文书公开工作量、降低上网裁判文书出错风险、强化对此项工作的精细化管理等增设了一系列配套制度。中国裁判文书网除拥有检索、查看、收藏、分享、下载的主体功能外，还提供用户注册、登录、建议、留言等附加功能。除中国裁判文书网外，官方案例数据库平台还包括中国法律应用数字网络服务平台"法信"（http：//www.faxin. cn）。相比于中国裁判文书网，"法信"平台除收录了大量裁判文书外，还收录了法律文件、法律释义、法律观点、图书论著、期刊论文、文书范本、行业标准等资源。"法信"除具备中国裁判文书网的基本检索功能外，还具有"类案智能推送"与"法律智能问答"等特殊功能。

（二）第三方案例数据库平台：以"北大法宝"为例

1999年，北京大学法学院创办北大英华科技有限公司，并将其法律数据库产品正式命名为"北大法宝"（https：//www. pkulaw. com），成为我国第一家案例数据库平台。在二十余年的发展过程中，北大法宝系列产品内容不断丰富、功能日益完善，已经成为我国第三方法律与案例数据库中影响力最大、用途最为广泛的数据库之一。

在数据内容方面,北大法宝收录了法律法规、司法案例、法学期刊、检察文书、行政处罚文书、法律外文文献、律师实务资料、法律视频资料等不同种类的法律数据,其内容全面、类型丰富程度在各类法律与案例数据库中居于领先地位。在法律与案例检索方面,北大法宝具有全库检索、高级检索、定位检索、标题检索、全文检索、智能检索、结果中检索、页面内检索、同条检索等功能,可以满足多元化的检索需求。在类案检索方面,北大法宝开发了专门系统提供相关专项服务,该系统基于人工智能和大数据,对输入的基本案情进行智能提取案件要素和情节,检索案例大数据中与本案相似的案例进行匹配,按照指标权重进行相似度由高至低排列,可以一键生成案例检索报告,其具有统一案例数据标准及规范、自动修正判断误差、数据可跨平台提取和分析、快速定位相似案件、智能提取案件要素模型、精准查询量刑解释、权威案件要素知识库等方面的优势。总体来说,相对于官方案例数据库平台,第三方案例数据库平台的主要功能均以付费的方式提供,其具有数据库更加全面、访问更加流畅、功能更加丰富、升级迭代速度更快等特点。

第二节　类案检索中案例数据库平台的使用方法

一、确定检索内容

(一)中国裁判文书网

使用案例数据库平台进行类案检索的第一步是确定检索内容,也就是确定在检索框中输入的具体文字信息。根据《类案检索意见》第 5 条的规定,类案检索可以采用关键词检索、法条关联案件检索、案例关联检索等方法。因此,确定检索内容应当优先从关键词、法条关联和案例关联几个角度出发。根据《关于编写报送指导性案例体例的意见》的规定,"关键词"是指那些"反映指导性案例涉及的最关紧要的法律适用问题或者其他核心内容"的词或词组。通常,最高人民法院在编纂指导性案例、公报案例、典型案例时都会对关键词进行提炼并附带相关案例一并公布。以指导案例 24 号为例,该案的关键词分别为"民事""交通事故""过错责任"。有些指导性案例的关键词并不能完全准确地概括该案的核心内容,如指导案例 24 号的裁判要点中有一个关键概念"体质状况"就未被列入其关键词。因此,在使用案例数据库平台时,用户需要尽可能多且准确地概括案例的关键词。关于类案检索中关键词的归纳方法,可以参见本书第五章的相关内容。

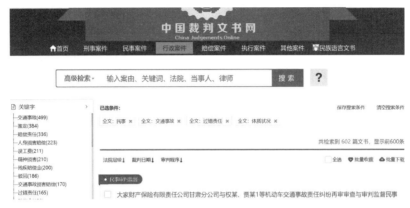

图 6-1　关键词检索

除关键词检索外,还可以使用法条关联检索来查找类案。例如,指导案例 24 号的相关法条为《侵权责任法》(已失效)第 26 条和《道路交通安全法》第 76 条第 1 款第(二)项。这一检索方法比较适合那些能够明确具体适用法律条文的待决案件。

图 6-2　法条关联案件检索

此外,还可以直接使用案例关联检索的方法。这一方法比较适合检索与指导性案例具有一定相似性的类案或那些知道类案裁判文书具体编号的类案。例如,输入"指导案例 24 号",即可检索到那些引述了该案的裁判文书。

第六章 类案检索中案例数据库平台的使用

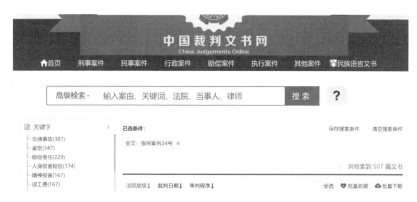

图 6-3 案例关联检索

在初次检索之后,还可以继续在搜索框中输入关键词或其他信息进行"结果中检索"。在列表页检索框中输入或选择新的检索条件,默认在当前检索结果的基础上检索裁判文书。

图 6-4 结果中检索

在检索结果显示方面,通过点击"概要"可以查看与本案相关的信息,点击"关联"可以查看庭审和执行的信息。点击案由后面的"点击了解更多",会出现法律法规释义、经典案例等相关内容。

(二) 北大法宝

除具备中国裁判文书网的所有基本检索功能外,北大法宝等案例数据库平台还具有根据"指导性案例实证应用""案例裁判规则检索""权责关键词检索"进行类案检索的功能,这些功能提供了传统的关键词检索、法条检索和关联案例检索之外的新的检索方式。

图 6-5　北大法宝司法案例检索基本界面

所谓"指导性案例实证应用"功能,是指使用该功能可以查看最高人民法院指导性案例在公开裁判文书中的应用情况,从而可以为指导性案例的类案判断及参照方式提供参考。

图 6-6　指导性案例实证应用检索

所谓"案例裁判规则检索",是指根据案例中总结出的裁判规则的相似性来寻找类案。例如,在司法案例数据库选项中选择"裁判规则",然后检索"买卖合同",就可以检索到与买卖合同纠纷相关的裁判规则及案例信息。

第六章　类案检索中案例数据库平台的使用

图 6-7　案例裁判规则检索

所谓"权责关键词检索",是指先不提供具体案例信息,而是先分析待决案件中的主要法律问题,然后以这些问题作为关键词,在已经完成案例分类的数据库中进行检索。例如,如果待决案件与无权代理相关,就可以按照"民商事——权责情节——代理——无权代理"的顺序选择权责关键词。

图 6-8　权责关键词检索

在检索结果显示方面,北大法宝除了展示案由、审理法院、法院级别、文书类型等基本要素的筛选之外,还提供参照级别、终审结果、关键词等多项人工深入加工识别的要素聚类筛选项,目录列表除标题之外还附注本案的基本信息以及裁判依据、相关论文、历审文书等重要关联信息。同时提供了"切换图表"信息可视化功能。

图 6-9　北大法宝案例检索结果显示

图 6-10　北大法宝案例检索结果可视化显示

二、使用逻辑符号链接检索内容

除确定检索内容外,有时还需要通过运用逻辑符号来调整多个关键词之间的关系,以提高检索的效率和准确度。以北大法宝为例,该案例数据库的逻辑符号运用方式如下。

第六章 类案检索中案例数据库平台的使用

查询要求	符合或字	范例
包含所有多个关键词的文件	*或空格	在标题查询框中输入：证券*上市，查询结果为所有标题中同时包含"证券"和"上市"两个关键词的文件。
至少包含多个关键词之一的文件	+	在法规全文或文件全文框中输入：证券+上市，查询结果为所有正文中至少包含"证券"或"上市"其中一个关键词的文件。
不包含运算符号后的关键词的文件	!	在法规全文或文件全文框中输入：证券！上市，查询结果为所有正文中包含"证券"但不包含"上市"其中一个关键词的文件。

注意事项：全文查询中尽量不要单独使用助动词如"的、地、得"、简单的数词如"1、2"等查询。

备注：排除功能的运算符"！"目前只适用于法宝V6版本，其他版本仍使用"-"。

图 6-11　案例检索常用逻辑符号

在默认情况下，我们通常使用空格或"＊"来链接检索关键词 A 和关键词 B，此种情况下显示的检索结果是包含"A 且 B"的内容。如果要检索包含"A 或 B"的内容，就需要使用"+"。例如，在司法实践中部分裁判文书对最高人民法院指导性案例的表述并不统一，有些使用的是"指导案例"，有些则使用的是"指导性案例"。为了能够尽可能多地检索到类案，可以输入"指导性案例+指导案例"。

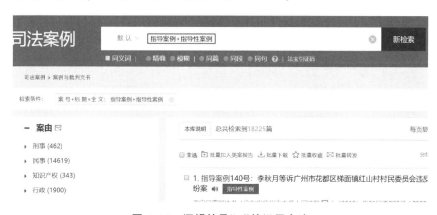

图 6-12　逻辑符号"+"的运用方法

同理，如果要显示"包含 A 但不包含 B"的内容，就需要使用"！"。例如，在检索框中输入"故意杀人罪！死刑"，就可以检索到那些虽然认定被告人构成故意杀人罪但并没有被判处死刑的案例。

图 6-13 逻辑符号"！"的运用方法

如果在两词之间输入"~N"，表示检索结果两词之间间隔不能超过 N 个汉字，标题、全文和定位检索都可以限定。若有词间间隔限定，例如"指导案例~3号"即表示"指导案例"和"号"两词之间的间隔不超过 3 个汉字，这样就可以检索到所有三位数以内编号的指导性案例。

图 6-14 逻辑符号"~"的运用方法

三、高级检索

（一）中国裁判文书网

所谓高级检索，就是通过使用案例数据库平台的高级检索功能为类案检索设置一定的条件，从而缩小检索范围、提高检索的效率和精确度。以中国裁判文书网为例，点击检索框左侧的"高级检索"，在下拉列表中就可以对全文检索、案件名称、法院名称、案件类型、文书类型、案件类型、律所或代理律师、案由、案号、法院层级、审判程序、裁判日期等条件进行设置。

第六章 类案检索中案例数据库平台的使用

图 6-15　中国裁判文书网高级检索

例如,要检索 2015 年 1 月 1 日至 2020 年 1 月 1 日期间在裁判理由部分引述了指导案例 24 号的机动车交通事故民事判决书,就可以在全文检索一栏的右侧选择"理由"并输入"指导案例 24 号",并将案件类型限定为"民事案件",将文书类型限定为"判决书",将案由限定为"机动车交通事故责任纠纷",将审判程序限定为"民事二审",将裁判日期限定为"2015 年 1 月 1 日至 2020 年 1 月 1 日"。

图 6-15(续)　中国裁判文书网高级检索

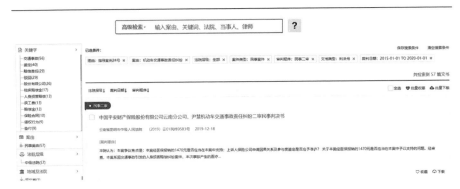

图6-16 中国裁判文书网高级检索结果

(二)北大法宝

相比于中国裁判文书网,北大法宝等第三方案例数据库提供了更加丰富的高级检索功能。如北大法宝的高级检索选项中的"全文检索"可以进行"同篇""同段""同句"等更为精确化的设置。例如,在设置检索条件时选择"同段",则会在检索出所设关键词同时出现在同一段中的数据。北大法宝还针对刑事案例的检索增设了"判定罪名""刑罚"等选项。例如,我们将判定罪名设置为"故意杀人罪",将刑罚设定为"死刑缓期二年执行",就可以检索到那些被告人被认定构成故意杀人罪且被判处死刑缓期二年执行的类案。

此外,北大法宝还提供了"同义词检索""精确检索""模糊检索"等模式。精确检索是完全匹配的默认检索模式,准确、严格地按照输入关键词的逻辑、位置关系检索。模糊检索则是对用户输入的关键词进行分词处理,忽略词之间的位置关系进行简单的逻辑运算,检索命中范围广。因此,实践中部分裁判文书可能存在表述不规范的现象,有时为了扩大检索范围,可以选择"同义词检索"或"模糊检索"。

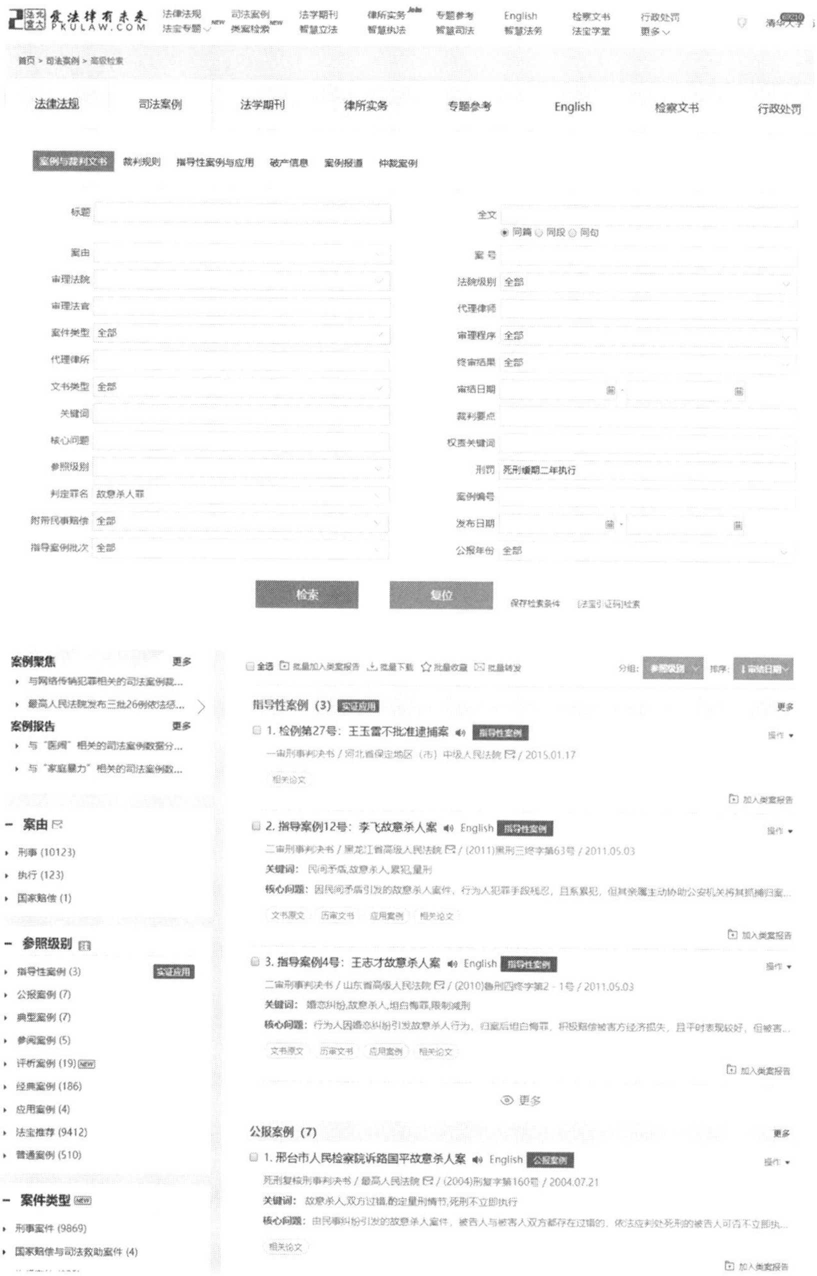

图 6–17　北大法宝高级检索

图 6-18 北大法宝同义词检索

四、类案智能检索

近年来,随着人工智能、大数据等科技手段的发展及其与智慧司法的融合,有些案例数据库已经具备了"类案智能检索或推送"的功能。此类功能一般是指用户可以输入待决案件的基本信息或直接上传裁判文书,来检索相关类案,也就是《类案检索意见》中所称的"案例关联检索"或"以案找案"。例如,北大法宝的"类案检索平台",就可以依据基本事实、争议焦点、法律适用等主要类案要素,通过智能检索实现上述功能。

图 6-19 北大法宝类案检索平台

在浏览器中输入网址 cases.pkulaw.com 或在"北大法宝 V6"官网点击"类案检索"按钮,就可以进入类案检索平台首页。用户首次登录类案检索平台,需填写"职业身份"及"关注领域",同时可以在个人中心更改关注信息。

类案检索平台除具备前文已经介绍的基本检索功能和高级检索功能外,还具备"智能检索"功能。点击"智能生成报告"进入智能检索,用户可在编辑框中输入案情或上传文档式文书。点击"智能检索",系统可根据用户输入的案情,智能识别案件类型、案由、审理法院、案情要素、相似案例等内容。根据相似模型及相似系数,系统会结构化展示案例信息及详细案例相似度,并按照相似度倒序显示。

图6-20　北大法宝类案检索引导选项

图6-21　北大法宝智能生成报告

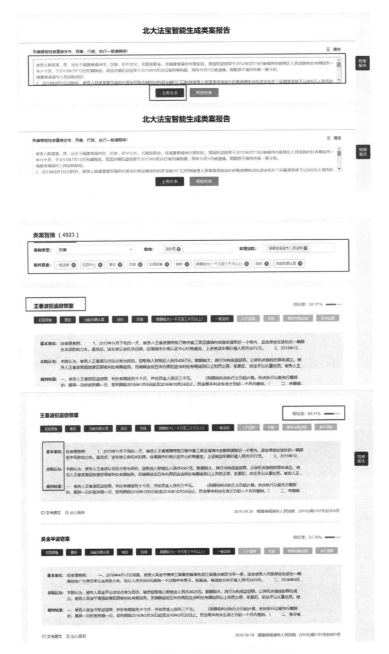

图 6-22　北大法宝智能生成类案报告

需要强调的是,类案检索及其相似性判断需要多种法律方法的综合运用,并不可避免地会掺杂价值判断和经验判断,这些都需要法律人的智慧和技艺。因而,现有案例数据库平台中的相关功能主要适用于简单案件的类案检索。对于那些疑难、复杂案件的相似性判断依然需要人工参与,此方面的法律方法可以参见本书第四章、第五章、第七章的相关内容。

五、检索结果与方案的保存

(一) 中国裁判文书网

在完成类案检索后,可以对检索结果进行收藏或保存。中国裁判文书网和北大法宝都具有收藏、下载裁判文书等选项,用户在注册并登录账号后,可以对检索结果进行收藏或保存。以中国裁判文书网为例,在用户登录状态下,可以将检索条件收藏为查询模板、将裁判文书收藏至案例包以及对查询模板和案例包进行增加、删除、查询、名称修改的操作。登录状态下,在列表页中点击"收藏检索条件"按钮,可以将当前检索条件收藏至个人中心——我的收藏——查询模板。登录用户可以在个人中心——我的收藏——查询模板中实现对查询模板的查询、删除、名称修改;点击模板名称链接,可以跳转到以该查询模板为检索条件的列表页;点击个人中心——我的收藏——查询模板中的查询模板列表中的"查看信息",可以查看用户从上次登录到此次登录期间,该查询模板条件下,新增加的文书数量。

图 6-23　中国裁判文书网检索条件保存与检索模板

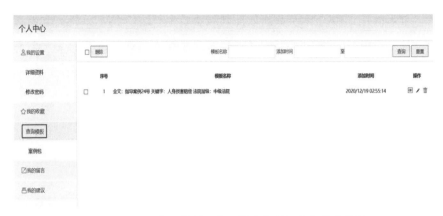

图 6-23(续)　中国裁判文书网检索条件保存与检索模板

登录状态下,在列表页中点击"批量收藏"按钮,弹出"选择案例包"窗口。用户选择或新增案例包,可以将文书收藏至个人中心——我的收藏——案例包。登录用户可以在个人中心——我的收藏——案例包中实现对案例包的查询、删除、名称修改。登录点击个人中心——我的收藏——案例包中的案例包名称,进入收藏文书列表页,可以查看、下载收藏的文书。

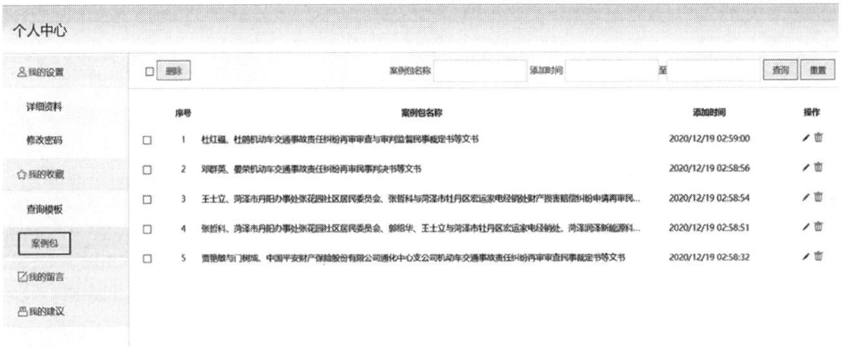

图 6-24　中国裁判文书网案例包

(二)北大法宝

与中国裁判文书网类似,北大法宝也具备保存和收藏检索条件或方案的功能,检索方案被命名后在个人中心——检索记录——检索条件中可查看,点击条件名称即可检索出对应结果。此外,还可以用二维码的形式将检索方案分享给他人。

第六章 类案检索中案例数据库平台的使用

图 6-25 中国裁判文书网案例检索分享

六、导出检索报告

使用案例数据库平台进行类案检索的最后一步是导出检索结果,从而实现检索结果的"可视化"并形成正式法律文书或检索报告,以便司法机关和诉讼参与人进行查阅研读。此处以北大法宝为例演示如何将检索结果导出为类案检索报告。在完成类案检索后,可以选取加入类案检索报告的案例,并选择右侧的"类案报告"。然后按照系统提示编写类案检索报告并自动生成。关于类案检索报告的制作方法和具体体例格式,参见本书第八章的相关内容。

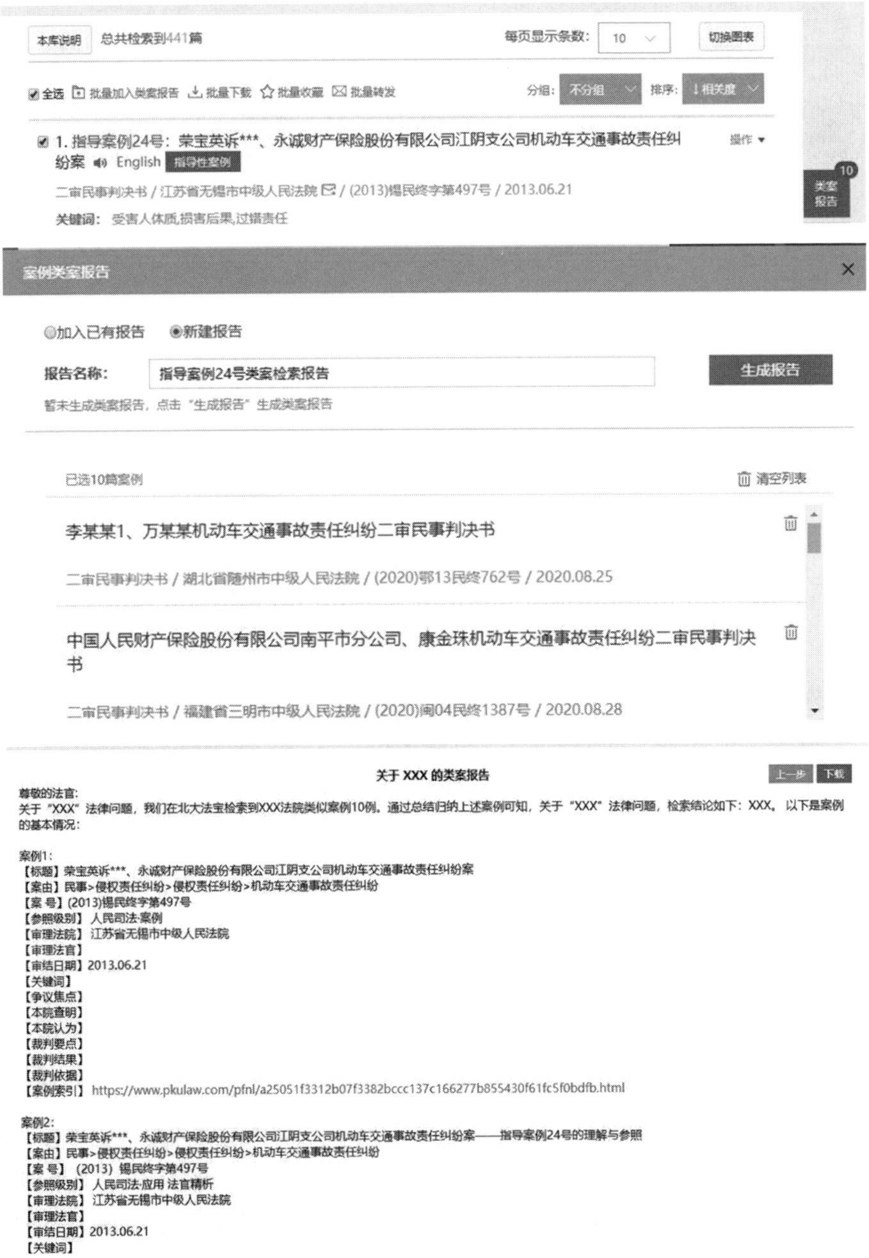

图 6-26 北大法宝生成文字类案检索报告

第六章 类案检索中案例数据库平台的使用

除文字类型的类案检索报告外,有些案例数据库还可以生成图表化的类案检索报告。如北大法宝的"案例可视化"功能,就可以生成类案检索的图标信息,从而使得相关结果更加直观和生动。通过筛选案例、选择报表、生成报告三个步骤的简单操作,并完成对必要文本信息的填写,就可以生成图文并茂的检索报告。

图 6-27　北大法宝类案检索分析可视化报告

图 6-27(续)　北大法宝类案检索分析可视化报告

此外,北大法宝的"类案检索平台"及其"智能检索"功能也能生成类案检索报告,其步骤与上述内容基本相同,但在类案检索报告的形式体例上略有差别,用户可以根据自身需求进行选择。

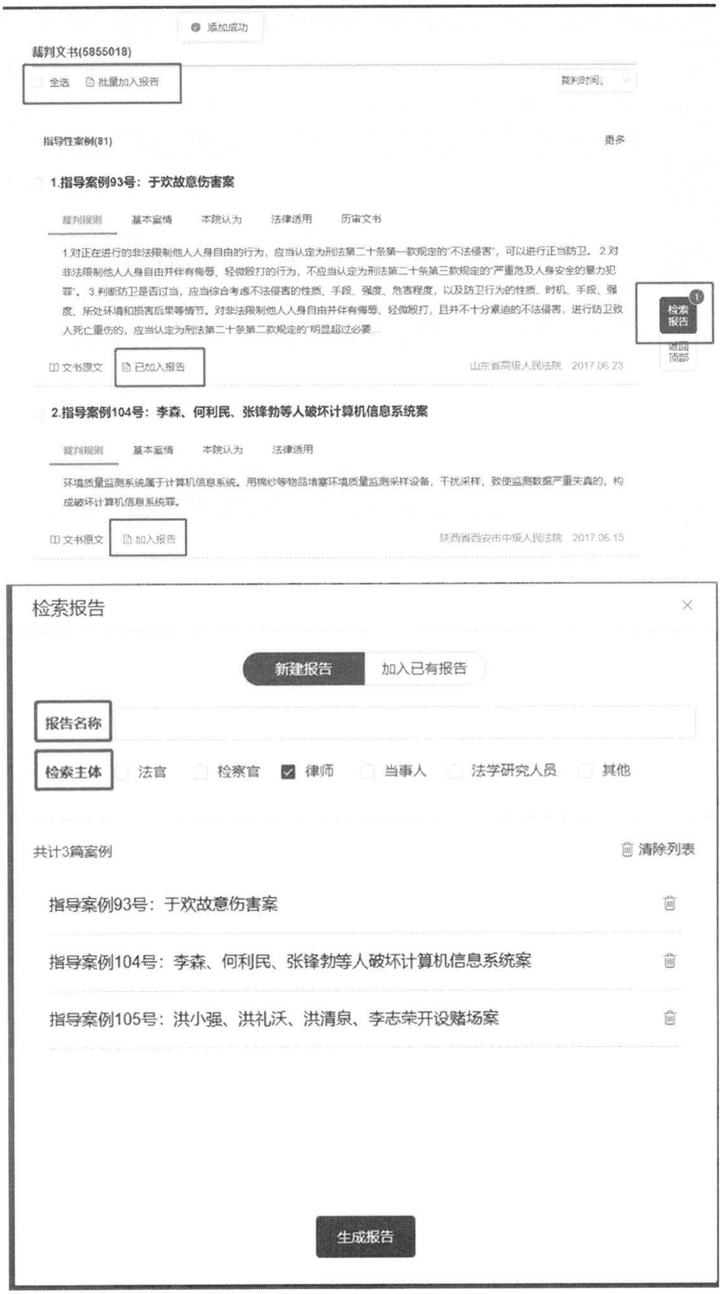

图 6-28 北大法宝类案检索分析报告

图6-28(续) 北大法宝类案检索分析报告

第三节 本章小结

"工欲善其事,必先利其器"。随着现代科技的发展,智慧司法已成为一大趋势,正确、熟练地使用案例数据库平台辅助类案检索工作将成为我国法律人的基本职业技能。本章在介绍我国案例数据库发展情况以及主要功能和作用的基础之上,以中国裁判文书网、北大法宝等案例数据库平台为主要例证,从检索内容的确定、逻辑符号的使用、高级检索与检索条件设置、类案智能检索、检索结果与方案的保存、导出检索报告等角度出发,对使用案例数据库平台进行类案检索的基本技巧和主要方法进行了介绍。需要强调的是,本章的检索方法需要配合本书其他章的法律方法使用,并随着案例数据库功能的变化和升级进行调整。

第七章

类案的判断标准与判断方法

判断类似案件有两个关键之处：一是在类比推理时对比较维度的选取；二是当存在多个类似但判决结果各不相同的案件时如何选取和参考。

为统一法律适用,提升司法公信力,《类案检索意见》规定,类案是指与待决案件在基本事实、争议焦点、法律适用问题等方面具有相似性,且已经人民法院裁判生效的案件。对于类案进行检索并制作检索报告,使之发挥类案指导审判、统一裁判尺度的作用,既是对审判工作的明确要求,也是全面落实司法责任制,维系社会共同价值,建设社会主义法治国家的应有之义。

在类案检索报告机制中,明确"类案"的判断标准是关键,也是实现统一法律适用的核心。类案的判断标准是一个宏大但又多少有些模糊的话题,其中既包括法律逻辑上的困难,也包含制度设计上的困难。从法律逻辑上讲,只要有相似案由往往就被认为是同一类案件(广义的类案),但是究竟需要满足何种程度的"类似"才需要"类似审判",是实践中最容易产生争议的问题,也是类案能否解决疑难案件审判的关键所在。因此,明晰类案的判断标准是类案指导制度能否具有生命力的基本前提。从制度设计上讲,有些问题法官依靠法律推理能够解决,有些则需要依赖一套完备的审级制度、司法理念、政策解读和价值判断才能够解决。因此,明确类案的判断标准,实现类案的指导功能,既需要解决法律逻辑上的困难,也需要克服制度设计上的难题。本章通过案例分析和实证研究相结合的研究方法,对"借名买房"类案件进行比较分析,探索法院在审理待决案件时如何从类案中获得关键事实和裁判规则,确立类案的判断标准,继而指引待决案件的审理。

在人类文明的进程中,"同案同判"和"法律面前人人平等"都是人们对公平正义的朴素向往。其中,"同案同判"由于表达方式欠缺精准曾引起很多误解。古希腊哲学家克拉底鲁说,"人不能两次踏进同一条河流"。寻求两个完全相同的案件,无论是从客观事实上,还是从哲学逻辑上,确实都是一种奢望。但是类似的案件无疑是存在的,甚至可以说,生活中大多数案件都可以以某种方式进行归类。近年来,很多学者或法官从思辨哲学的角度认为由于"不存在完全相同的案件"[①],从而得出"同案同判"是伪命题的结论,这无疑是一种语言逻辑上的诡辩。法律系于生活,虽然生活极少精确重复自身,但相似性的倾向和程度还是鲜明的。司法类案在实践中不仅存在,而且是大量、广泛地存在。通常意义上讲,实践中普遍认为民事案件中案由相同的都属于同类案件,在案由相同的基础上如果核心情节相近毫无疑问就是类似案件。调研中,基层人

---

① 周少华:《同案同判:一个虚构的法治神话》,载《法学》2015年第11期。

民法院法官们普遍反映,其日常受理的约 90% 的案件属于法律适用简单,并且在生活中大量重复出现的案件。① 这类案件多属于人类社会生产、生活中广泛存在的情况,比如普通的扒窃行为,正因其在人们生活中司空见惯,它们在争议焦点、关键事实乃至行为后果等方面都会表现出高度的相似性,从而展现出一种类似案件应当得到类似审判的公平对待的必要性。当然,案件的类似性有程度上的区别,更存在类似和不相似之间的边界问题。也即亚里士多德在《尼各马可伦理学》中所说,所有的相同性难题终将汇入相似性难题中。因此,对"类似"的判断和把握是解决类案类判的核心问题,也是法律根本的核心难题②,更是实现类案机制所追求的"公平与效率"价值的基石。

屈茂辉教授直指"类似性只是一个程度的问题"③。判断类似案件的主要标准是争议点相似和关键事实相似;辅助标准是案由和行为后果相似。围绕争议点并借助裁判规则来检视关键事实是判断类案的主要方式。具体而言,类案的判断在法律推理方面主要涉及三个层面:通过案件的争议点来确定比较维度;围绕比较维度判断相似性的相关性和法律依据;通过对事实、法律和价值的综合考量作出是否构成类案和是否需要类似审判的结论,以便克服反向推理导致的结果不可知。

例如,在英国,一个由于姜汁啤酒瓶内存有死蜗牛而使原告受到侵害的案件,与一个由于生产商的粗心大意而使过量硫黄进入内衣裤商品从而导致购买者饱受皮炎之苦的案件是否类似?如果单从作为重要事实之一的产品上讲,一个是饮料,一个是衣物,两个案件不类似;但是如果从"由于生产者疏忽生产了缺陷产品而导致受害者身体受到侵害"这点看,两个案件是类似的。因此适用于先前案例的法律解决方案,也应当适用于当下案件。当年的英国法院就是如此审判的。④

第一节　确定比较点

确定类似案件的比较点就是确定案件的争议问题是否具有同类性。⑤ 事物类似的

---

① 在四川省某中级人民法院座谈中,多位法官提出了这一判断。
② 参见〔德〕亚图·考夫曼:《类推与事物本质——兼论类型理论》,吴从周译,学林文化事业有限公司 1999 年版,第 65 页。
③ 屈茂辉:《类推适用的私法价值与司法运用》,载《法学研究》2005 年版第 1 期。
④ 参见〔英〕鲁伯特·克罗斯、J. W. 哈里斯:《英国法中的先例》(第四版),苗文龙译,北京大学出版社 2011 年版,第 55 页。
⑤ 参见张骐:《论类似案件的判断》,载《中外法学》2014 年第 2 期。

方面可以是无限广泛的。对解决案件争议有帮助的类似性,是相关的类似性,即这种类似对于解决待决案件有直接帮助。由于类似性判断是人的一种有特定目的的认识活动,所以判断两个或数个案件是否类似需要确定案件的比较点,以便确定案件在何种意义上类似。这种比较点是比较者进行案件比较的支点,也是决定类似性是否相关的支点。

判断待决案件与源案例是否类似的途径有三种:第一,待决案件争议点与源案例争议点的比较;第二,待决案件的案情与源案例案情的比较;第三,待决案件的关键事实与源案例的关键事实进行比较。

一、比较点的内容

(一)基本事实

所谓案件的"关键事实",就是与案件争议点直接相关的案件事实。在有些情况下,案情方面的不同点在形成有关解决争议的法律判断方面不具有实质意义,法官需要在把握关键案件事实的基础上进行比较。

(二)争议焦点

类似案件指的不仅是案情类似,更重要的是争议焦点类似。[1] 争议焦点是联结待决案件和源案例之间的桥梁。实践中争议焦点相似、案情相异的类似案件比比皆是,如本章表7-1中整理的有关借名买房类案件的裁判,多是以借名买房后房屋的所有权归属为争议焦点,但具体又呈现出各种不同的案件情节。

(三)法律适用

类似案件所适用的法律应当存在同一或相关性。也即,判断两个案例是否相似,不需要所适用的法律完全相同,而是在争议焦点相同的基础上,借助法律适用综合评判。比如对"借名买房"类案件进行比较分析时,各个案件中的案由可能存在差别(既有买卖合同纠纷,也有物权保护纠纷等),但法官在审理待决案件时可以选择从"借名买房后房屋的归属问题"入手检索关键事实。

(四)示例:麦当劳餐厅顾客物品丢失案

待决案件是于2004年11月13日发生在北京市朝阳区农光里麦当劳餐厅的顾客

---

[1] 参见胡云腾主编:《最高人民法院指导性案例参照与适用》,人民法院出版社2012年版,第293页。

物品丢失案。原告在餐厅就餐时丢失了挎包及包内的手机、现金等,原告要求被告赔偿。被告麦当劳餐厅以自己不存在违反经营者的合同附随义务和安全保障义务等情况为理由,拒绝承担赔偿责任。朝阳区人民法院在审理该案时,参考了北京市崇文区人民法院(2001)崇民初字第2780号和北京市第二中级人民法院(2002)二中民终字第1043号民事判决书。"崇文区麦当劳案"的案情是:2001年8月14日,一位顾客与其10岁的儿子在位于崇文区的北京市麦当劳食品有限公司前门老车站餐厅就餐时,装有照相机、变焦镜头、闪光灯等物品的手提包丢失。顾客作为原告起诉餐厅赔偿,在一审、二审中都败诉。刘作翔、徐景和两位教授在分析了两个案件的相同事实和不同事实,以及两案原告的主张与两案被告的主张后指出:"在这两个案件中,双方当事人争议的焦点是:被告是否具有保管消费者所携带的物品的附随义务,被告是否存在违约行为以及是否承担违约责任。承担违约赔偿责任必须具有违约行为、财产损失、因果关系的构成要件。违约行为、财产损失、因果关系属于案件的基本事实。在'朝阳区麦当劳案'与'崇文区麦当劳案'中,上述三个方面具有完全的相似性。所以,按照崇文区案的判决,朝阳区人民法院判决驳回原告的全部诉讼请求,第二中级人民法院驳回上诉,维持原判。"①

此处的关键是经营者的合同附随义务包括哪些?显然,法院并不认为为顾客看管物品属于经营者的合同附随义务。因此,作为经营者的麦当劳餐厅就不存在由于顾客物品丢失而违约的行为,两个案件因此相似。②

二、确定比较点的路径

(一)初步假定

初步假定是指法官通过所掌握的信息大致判定待决案件可能会与哪个源案例类似。在初步假定步骤中,法官需要作出的只是一种概然性判断,更确切地说,这个阶段为法官进行实质对比提供了前提条件。法官无论是提取关键事实,还是将之与待决案件加以比较,都需要先确定可能与待决案件类似的指导性案例。其次,通过概然性判断,法官在实践中初步筛选出可能与待决案件类似的指导性案例,并且直接排除不构

---

① 最高人民法院研究室编:《审判前沿问题研究——最高人民法院重点调研课题报告集》,人民法院出版社2007年版,第441页。
② 参见张骐:《论类似案件的判断》,载《中外法学》2014年第2期。

成类似的案例,提高工作效率。通过从案件、争点、法律三个大方向出发,法官大致可以定位到可能与待决案件构成类似的指导性案例。需要注意的是,初步假定过程中获得的结论并非最终结论。①

(二) 实质比对

实质比对是指对初步假定所得结论进行检验和分析。此时法官需要非常细致地构建源案例的关键事实,并将之同待决案件事实加以比对。实质比对意味着法官需要仔细研读已经确定的指导性案例,从中提取出关键事实并将之与待决案件的事实进行比较对照,以便最终判定两者是否构成类似案件。②

第二节 类案的判断标准

在逻辑上,如果两个案件在所有要素方面均相同或相似,则无疑属于类似案件。这类情况在实践中可能并非没有,但是就类案指导制度所期望达到的目的和作用而言,各个要素完全类似的、在生活中大量重复的简单案件往往早已由法律给予了明确的规定,或者由法院发布过相应的司法解释,法官审理此类案件时对类案的需求是随之减弱的。正如调研时得到的反馈情况显示,很多基层人民法院法官认为,随着自己审判经验的积累,绝大多数案件都可以划归为"简单案件",这类案件是不需要类案支撑的;相反,需要检索类案和关联案件的案件多属于新型、疑难的案件。但既然是疑难、新型、复杂的案件,其同类案件的数量自然是相对少的,它们在事实特征、法律特征、争议焦点、裁判结果和制约因素等方面,或多或少存在区别。这就迫使我们在判断类似案件时需要从以上诸多比较维度中,找出究竟哪些要素对于类案比较是具有实质意义的。如此才能推动类案检索和报告机制对于疑难案件的处理发挥预期的作用,提高法官审理案件的效率,推进司法责任制全面落实。

一、根据争议焦点确定类案比较的维度

类案的判断是一个多维度、多因素综合作用的过程。首先,类案判断的结果取决

---

① 参见张骐:《再论类似案件的判断与指导性案例的使用——以当代中国法官对指导性案例的使用经验为契口》,载《法制与社会发展》2015 年第 5 期。
② 参见张骐:《再论类似案件的判断与指导性案例的使用——以当代中国法官对指导性案例的使用经验为契口》,载《法制与社会发展》2015 年第 5 期。

于比较的角度。英国尼尔·达克斯伯里教授指出,由于并没有两个绝对相同的案件,"区别"总在某种或者另一个意义上是可能的。①在我国,法官对类案进行判断时需要依循一套符合法律逻辑和司法规律的标准来确定类案判断时核心的比较维度,也被称为中点或比较点。正所谓"类比的关键在于确定比较点,而类比的结果取决于比较点的选择"②,如果抛开语境去讨论女人与男人、飞机与船、狗与熊是否类似,将很难得出结论,因为女人和男人在作为人的意义上是相同的,但是在性别意义上有区别。因此关于类似的判断往往不是运用纯粹逻辑就能够推理得出的③,比较点的确定包含了权力运用和理性认知因素的共同作用,这就意味着对两个案件是否类似的比较过程中包含了"选择"的成分。

在我国,关于司法类案的比较维度,很多学者进行了深入研究,例如王利明教授提出类似性应当包含四个方面,即案件的关键事实、法律关系、案件的争议点、案件所争议的法律问题④;黄泽敏博士与张继成教授认为,要判断待决案件与指导性案例是否做到了相似案件相似审判,需要了解事实特征、法律特征、裁判结果和制约因素四类要素,但其中"最终标准是实质理由论证"⑤;雷磊教授指出,当两个具体案件在重要特征上完全相同时,应当对它们作出相同的判决⑥;段文波教授认为,狭义的同案指的是诉讼标的相同;张骐教授总结的比较维度包括争议点、案情、关键事实和是否属于狭义的指导性案例,其中基本的比较点是争议点和关键事实⑦;张志铭教授主张在案例比较中对(与法律适用直接或间接相关的)案件事实进行定性分析,对案件情节进行定量分析⑧;四川高院与四川大学联合课题组主张以裁判要点为判断类案的基准,检验相关联

---

① See Neil Duxbury, *The Nature and Authority of Precedent*, Cambridge University Press, 2008, pp. 113-114.
② 雷磊:《为涵摄模式辩护》,载《中外法学》2016 年第 5 期。
③ 参见〔德〕亚图·考夫曼:《类推与事物本质——兼论类型理论》,吴从周译,学林文化事业有限公司 1999 年版,第 81 页。
④ 参见王利明:《成文法传统中的创新——怎么看案例指导制度》,载《人民法院报》2012 年 2 月 20 日第 2 版。
⑤ 黄泽敏、张继成:《案例指导制度下的法律推理及其规则》,载《法学研究》2013 年第 2 期。
⑥ 参见雷磊:《为涵摄模式辩护》,载《中外法学》2016 年第 5 期。
⑦ 参见张骐:《再论类似案件的判断与指导性案例的使用——以当代中国法官对指导性案例的使用经验为契口》,载《法制与社会发展》2015 年第 5 期;张骐:《论类似案件的判断》,载《中外法学》2014 年第 2 期。
⑧ 参见张志铭:《司法判例制度构建的法理基础》,载《清华法学》2013 年第 6 期。

的必要事实和法律问题是否具有相似性。①

我们将上述研究中提到的案例比较之维度进行归类总结,其中包括但不限于:争议焦点、关键事实(事实特征)、法律关系、法律特征、法律问题、裁判结果、实质理由、制约因素、诉讼标的。案件中的事实要素涉及生活中的方方面面,不可能完全相似,在真正的案情比对时也无法全部、逐一地进行检视。

尤里乌斯·斯通教授以"Donoghue v. Stevenson"案件为例表明,在案件中,很多事实要素的更改或者替换,均不会改变判决的结果,那么这些要素就不是实质性的事实,比如:案件中的死蜗牛可以替换成任何其他蜗牛,或者任何使人恶心的肢体,抑或是非物理形态的其他元素;案件中的不透明姜汁啤酒瓶,也可以是其他不透明的饮料瓶,或者任何饮料瓶,或者任何其他容器;案件中造成当事人个人身体的伤害,也可以是心理、精神上的伤害,或者任何伤害。② 毋庸置疑,判断两个案件是否类似需要对两个案件进行分别的分解,其中势必有大量的事实要素相同,但是有更多的要素不同。这其中很多要素与两个案件在法律上的争议点无关,可以被随意替换并且不影响判决的实质。这种实质性的本质就是具有法律上相关的相似性,需要从案件的必要事实和实质构成要件来判断。③ 也即寻找"实质性事实"或与案件的事实关系"有密切关联的核心意思(本意、要旨)"④,从而防止因边缘事实不同而架空先前案例的含义。此时,根据争议点可以筛选很多细枝末节的事实要素,使得比较更为集中。因此,类案判断要围绕争议点,对具有相关性的关键事实进行重点分析和比较,由此构成判断两个案件"相关相似性"的基础。

二、类案判断的核心焦点

事物类似的方面可以说是无限广泛的,在选取比较维度时,只有"相关类似性"对于解决待决案件有直接的帮助。因此,判断类似案件的核心焦点是争议点相似和关键事实相似。争议点是进行类案判断的重要出发点,只有从相关的争议点出发才能判断

---

① 参见四川省高级人民法院、四川大学联合课题组:《中国特色案例指导制度的发展与完善》,载《中国法学》2013年第3期。
② See Julius Stone, "The Ratio of the Ratio Decidendi", 22 *The Modern Law Review* 597-620(1959).
③ 参见于同志:《论指导性案例的参照适用》,载《人民司法》2013年第7期。
④ 周光权:《刑事案例指导制度的发展方向》,载《中国法律评论》2014年第3期。

关键事实是否相似。比如对"借名买房"类案件进行比较分析时,各个案件中当事人可能有不同的诉请、提供了不同的证据,甚至案由也可能存在差别(既有买卖合同纠纷,也有物权保护纠纷等)。但是如果法官在审理待决案件时,唯一想了解的就是"借名买房后房屋的归属问题",那么此时就需要从这一点出发,围绕借名买房的相关要素检索关键事实。关键事实相似是判断待决案件与先前案件是否构成类似案件的核心比较维度。如果围绕同一争议焦点的关键事实不同,则两个案件必然不构成类似案件。比如,在借名买房类案件中,关键事实是借名人是否全部出资以及是否存在实质上的借名合意,如果两个案件在以上关键事实上存在不同,则不构成类案,不具有类似案件类似裁判的必要性。

三、类案判断的辅助标准

判断类似案件的辅助标准和检验方式是案由和行为后果相似。其中,案由相似并非绝对标准,但是案由代表案件的类型,绝大多数情况下也决定了案件的争议焦点,在司法实务中有人甚至直接认为案由相似的案件就构成类案。本书采取类案的狭义理解,案由相同或类型相同是进行类案判断的首要步骤,也是排除大量不相关信息最有效的方式。行为后果的相似性也是判断是否构成类案、是否需要类似审判的重要因素。如果相似的行为和情节造成截然不同的行为后果,在法律上也会有不同的评价。譬如就刑法中故意杀人而言,如果两个案件中的行为、情节相近,但一个仅仅造成未遂的后果,另一个却造成了杀人既遂的后果,那么两个案件通常不构成类案,审理案件的法官也不再受到类似审判的约束。

其他诸如案件情节、法律关系、非核心的案件事实等要素是判断类案时的参考性因素。

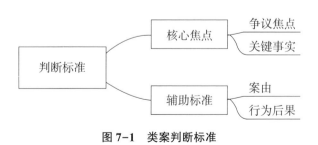

图 7-1 类案判断标准

第三节　类案的判断方法

一、案件类型的确定

类案首先应当是类型化事实相似①的案件,这一环节需要评判者依据其日常生活经验或者简单的审判经验加以判断。以"非法持有枪支罪"是否存在司法偏差的研究为例,邹兵建博士从赵春华日常经营气球射击摊为典型案例出发进行类案的比较分析,将"非法持有枪支罪"作为案由,以"气球"为关键词,在中国裁判文书网上进行搜索,获得了 22 个与"赵春华案"类似的案件。通过研读确认,这些案件都是因为经营气球射击摊而被检察机关以"非法持有枪支罪"提起公诉的案件。但我们认为经营气球射击摊只是行为人持有玩具枪或仿真枪的一种情形。为加深研究,全面考察行为人因持有玩具枪或仿真枪而被法院判决构成非法持有枪支罪的情形,邹兵建博士又进一步采取了"'非法持有枪支罪'+'玩具枪'"的组合方式进行检索,得到判决书 47 份,以及用"'非法持有枪支罪'+'仿真枪'"的组合进行检索,得到判决书 406 份。② 以上检索得出的结果成为其研究法官在审理"非法持有枪支罪"类案件中对主观故意这一要件如何处理时的研究素材。

在该研究中,确定案件中的"案件类型"(非法持有枪支罪)与"关键词"(气球)这一检索搭配属于只能由法官依靠日常生活经验才能够完成的工作。而且,是否将气球的概念替换为玩具枪或仿真枪,也需要法官依据直觉、生活经验、审判经验进行综合判断。在此基础上,法官再从待决案件中通过案由的判断来识别关键事实和核心争点。

二、关键事实的判断方法

从争议焦点着手,可以识别出哪些是类案判断中具有实质意义的关键事实。对其进行比较和判断的方式主要有以下几种:

第一,依靠经验判断。虽然在普通法国家待决案件与先例案件之间的相似判断被

---

① 参见周光权:《刑事案例指导制度的发展方向》,载《中国法律评论》2014 年第 3 期。
② 参见邹兵建:《非法持有枪支罪的司法偏差与立法缺陷——以赵春华案及 22 个类似案件为样本的分析》,载《政治与法律》2017 年第 8 期。

认为是遵循先例原则的"心脏",但对于何为"类似"并无确切定义,法官主要依据自己的审判经验并借助区分技术来判断案例之间是否存在"类似性"。实践中一个很常用且有效的方法就是通过经验(包括感知经验)来判断。黄泽敏和张继成提出,"若通过感知经验可以直接判断待决案件的案件事实符合裁判要点的描述时,只要不存在实质理由论述形式,即可判定待决案件与指导性案例相同"。但前提是双方当事人能够达成一致。对于通过感知经验无法直接判断待决案件的案件事实是否符合裁判要点的描述,需要符合"实质理由论述形式"①时,可判定待决案件与指导性案例不相同。

第二,围绕争议焦点,借助裁判规则定位关键事实。一个案件中具有实质意义的关键事实可能不止一个,在判断类案时只有围绕作为争议焦点的关键事实进行比较,才具有相关性与意义。因此,围绕争议焦点判断关键事实是事半功倍的方式。与此同时,判断是否构成类案的认识论依据是规则,作为类比依据的比较点实际上也是规则。例如"浓盐酸"与"手枪"的共同点在于它们都属于"能给人身造成伤害的危险工具"。所以,要将适用于手枪的法律后果类比适用于浓盐酸,首先要确定一条规则——"所有能给人身造成伤害的危险工具都是武器"②。因此,在对两个以上案例的事实特征进行比较时,需要抽象出先前案例的裁判规则,再检验关键事实,这体现了关键事实与裁判规则之间的辩证关系。"通过比较大量的相关判例,阐明某项规则,如果可以的话,还要将规则协调一致地适用于所有相关判例,并且依据事实检验这一阐释是否违背形式上可能有所变化的规则。"③正因如此,司法实践中法官通常以裁判规则为判断类案的基准,检验待决事实与裁判规则中所包括的必要事实是否具有相似性,以及待决案件所要解决的法律问题与裁判规则涉及的法律问题是否具有相似性。最高人民法院近期发布的"类案与关联案件检索报告模板"中,第一部分内容即裁判规则,并且专设"裁判规则指引"栏目。可见,确定裁判规则既是判断类似案件时的关键,也是类案检索报告最终的目标。

第三,运用"否定判断法"检验是否属于关键事实。由于案件之间总有或大或小的差异,因此在进行类案筛选和比较时需要确定哪些是类案比较时实质的维度或者方面。正因如此,英国学者沙龙·汉森提示我们关注下列议题:"(1)如果存在些微的事

---

① 黄泽敏、张继成:《案例指导制度下的法律推理及其规则》,载《法学研究》2013年第2期。
② 雷磊:《为涵摄模式辩护》,载《中外法学》2016年第5期。
③ 〔美〕卢埃林:《荆棘丛:关于法律与法学院的经典演讲》,明辉译,北京大学出版社2017年版,第67页。

实差异,情况将会如何?(2)如果存在一系列些微的事实差异,该案还充分相似吗?"①在英美法国家,法官经常使用的方式是:提炼一个法律命题,将它变换为否定陈述,将否定陈述适用到该案件中,如果结果相同,则所确定的法律命题不是该案件的判决理由;如果结果不相同,则确认的法律命题是该案件的判决理由。本章第四节将通过"借名买房"类案件的比较研读展示如何通过这一方法检验关键事实。

三、行为后果的相似性判断

由于案件事实和情节的复杂多样性,案件中的行为后果无法一一对应,在类案判断中更没有逐一仔细核对的必要。在完成案件类型或案由、关键事实相似的判断后,可对行为后果进行补充考察,此时只从粗略的分类角度进行判断即可:分析两个案件造成结果的严重程度、危害大小是否足以影响类似案件的判定。比如同样是在电梯里劝阻他人吸烟,造成严重法律后果(例如"田九菊诉杨帆生命权纠纷案")的案件与其他毫无法律后果的情形就不构成类似案件。

图 7-2 类案的判断步骤

四、如何对待不同点

对类案进行判断时运用类比推理是一个自然而然的选择。类比推理是一种"从特殊到特殊"的推理,因此相较于演绎推理"从一般到特殊"的推理,前者在逻辑上面临的问题更多,其可证成性需要克服逻辑上的困难。这其中的根本问题是如何对差异点的相关性加以确定。

---

① 〔英〕沙龙·汉森:《法律方法与法律推理》,李桂林译,武汉大学出版社 2010 年版,第 71—72 页。

(一)比较与辨异的方法

如果案件的大多数要素相似,究竟何种差异会导致法院作出不同的裁判?卢埃林指出,"完美无缺的比较与区分"是无法实现的,需要借助"比较与辨异的逻辑方法"。类比推理本身不是严谨无歧义的,它依赖于对比较维度的选择,包含对相似之处和不同之处进行比较和权衡,而且两个案件的比较点必须具有法律依据。如我们所看到的,我们或许可以掌握一种科学的预测方法,并且可以在材料允许的范围内使用这种方法。但即便如此,我们没有一门可以非常准确地预测类推结果的科学。

(二)反向推理及其克服

反向推理在逻辑上一直是可以取代类似推论的。卡尔·恩吉施认为,"相似性"判断的根本难题是如何处理不同点所引发的反向推理,如何从前提的不同性推出法律结果的不同性。[1]《学说汇纂》中提供了一个经典的例子,根据《十二铜表法》的规定,"四足动物"的所有者,对动物因其野性引起的损害负有责任(相当于如今的"动物饲养者"的责任)。那么,所有者对两足动物,如非洲鸵鸟因其野性所造成的损害是否负有责任?[2] 如果进行严格解释,两足动物,比如鸵鸟,也具有相当大的野性。如果适用的是类比推理,那么答案是肯定的;如果适用反向推理则答案正相反。

1. 类比推理的模式

大前提:如果一只四足动物因其野性造成损害,那么其所有者有义务进行赔偿。

相似性:两足动物也可以具有与四足动物一样的野性。

结论:当一只两足动物因其野性对他人造成损害时,其所有者有义务进行赔偿。

2. 反向推理的模式

大前提:如果一只四足动物因其野性对他人造成损害,那么其所有者有义务进行赔偿。

不同点:两足动物不是四足动物。

结论:当一只两足动物因其野性对他人造成损害,其所有者不需要进行赔偿。

这两个框架的区别在于中间句:"两足动物也可以具有与四足动物一样的野性"与"两足动物不是四足动物"。这两种推理的结果从逻辑上都能够自洽,因而,想获得有

---

[1] 参见〔德〕卡尔·恩吉施:《法律思维导论》,郑永流译,法律出版社2014年版,第181页。
[2] 参见〔德〕卡尔·恩吉施:《法律思维导论》,郑永流译,法律出版社2014年版,第181页。

说服力的判断毋宁需要实质性的论证。① 在纯粹形式逻辑上,这两种将导致完全不同结果的推理都是同等合理的。人们既可以说:四足动物不是重点,重点是危险动物因其野性造成的损害,两足动物与四足动物在"具有野性"方面是完全相同的;也可以推断,只针对四足动物所规定的法律,不能适用于其他动物。由此,法律人经常面临着"是类比推理还是反向推理,应置何种推理于优先地位,以便利用它来在逻辑上彻底地怀疑这种法律论证"的困惑。

在解决反向推理时,第一,不同点涉及的是否是关键事实。以前述汽水中发现蜗牛的案件为例,案件事实发生在星期一还是星期二,受害者头发是红色还是棕色,并不是关键性事实,这种不同点对案件而言没有实际影响。第二,不同的程度是否产生实质上的影响。案例中的海藻、头发、蜗牛、蟑螂、人的手指头、有毒物质,介质不同的时候,饮料中喝出蜗牛还是蟑螂并没有实际影响。总之,需要通过对立法者原意的解读等判断方法来确定对不同点采取何种态度。

第四节 类案判断的实例分析

类案的指导意义是从多个类似案件的比较中展现出来的。"任何判例都不可能孤立地有意义!孤立地对待判例,不会给你们提供任何指引。"②在对类案进行检索和报告时,需要对大量同类案件进行比较分析,通过提取裁判规则来比较关键事实。在此以"借名买房"类案件为例,展示类似案件在实践中的判断方法。

"借名买房"是日常生活中经常发生的情形,是指房屋的实际出资人借用他人名义购房,并以他人名义登记房屋所有权的行为。"借名买房"通常发生在熟人或者亲人之间,但是现实生活中经常出现纠纷。对于如何理解和适用《民法典》第209条规定的物权公示原则,法官、学者和社会大众之间一直存在较大的认识分歧。根据物权变动的公示公信原则,为避免给交易相对人带来不可预见的损害,维护交易安全和稳定,物权的所属应当进行公示,其中不动产的公示方式是登记。根据《民法典》第209条的规定,"不动产物权的设立、变更、转让和消灭,经依法登记,发生效力;未经登记,不发生

---

① 参见〔德〕卡尔·恩吉施:《法律思维导论》,郑永流译,法律出版社2014年版,第181页。
② 〔美〕卢埃林:《荆棘丛:关于法律与法学院的经典演讲》,明辉译,北京大学出版社2017年版,第61页。

效力,但是法律另有规定的除外"。对此,可以理解为不动产物权必须经过登记始发生物权效力,一经公示,即产生公信力。但也有人认为,《民法典》并未在立法上确认物权行为的无因性,不动产物权变动仍应以有效的债权行为作为前提。对于此类法律没有明确规定,但实践中大量存在的法律情形,检索类案进行参考是法官最常见的选择。此时,假设一名法官通过对待决案件案情的初步了解,将本案的争议点归纳为"借名买房后房屋的归属",以期从类案和关联案件中获得审判指导,他可以通过下述方式获得此类案件的裁判规则,进而对关键事实进行分析和评价。

我们以"借名买房"作为关键词在中国裁判文书网上进行搜索,共得到判决书 2668 份。从审级划分,其中最高人民法院 1 份,高级法院 196 份,中级人民法院 1216 份,基层人民法院 1255 份;从地域划分,其中北京 1289 份,广东 218 份,江苏 138 份,天津 125 份,其他所有省份的判决书数量均不足 100 份。[①] 据此分析,"借名买房"情况出现的频繁程度与经济发展程度,譬如拆迁、限购限贷政策、反腐力度等因素关系密切。

通过随机抽取六个案例的比较分析(其中最高法院 1 个、北京高院 2 个、北京一中院 1 个、天津高院 1 个、广西高院 1 个)可以了解到,在裁判文书中由双方当事人举证时提到的事实要素有很多,各个案件中的重要情节也丰富多样,包括但不限于以下事项:出资情况、贷款还款情况、借名合意(是否有书面协议,其真实性如何;是否有口头协议,如何举证)、借名买房时相关法律是否已经出台、对于借名的事由能否提供合理解释、房屋由谁居住、房屋由谁装修、水电费及物业费由谁缴纳、房产证由谁持有、当事人之间何种关系(亲兄妹、外祖孙、夫妻)等。其中,法院判决理由中提到的事项有:出资情况(包括首付款的交付和贷款还款情况)、借名合意、借名买房时相关法律是否已经出台、关于借名事由能否提供合理解释、出资人装修并实际使用等因素。由此可以印证前文的判断,在进行类案检索和比较时有可能会出现非常多的事实要素,对其进行全部、逐一检视势必导致类比推理结果的不可知。此时,从众多具有参考意义的事实中识别和提取出关键事实就成为重中之重。

[①] 检索时间:2020 年 5 月 31 日。

表 7-1 "借名买房"类案件的比较分析

案例	借名原因	出资情况	贷款情况	借名购买意思表示	实际使用情况	房产证持有人	判决归属
刘桂兰与马春梅、马连英所有权确认纠纷申请再审民事裁定书	规避二套房限贷政策影响	借名人向第三人借款付首付	大多为借名人还款,两个月由出名人还款	无合约	借名人居住	借名人持有	出名人
商龙合同纠纷申诉、申请民事裁定书(案例7.4.1)	国家机关工作人员,"担心会有不必要的麻烦"	借名人出资	无贷款	口头合约	出名人居住	出名人持有	以出资比例共有
谭万兴与雷广志、深圳市京达旅业有限公司房屋确权纠纷民事裁定	未提及	借名人出资	有贷款(借名人提供转账汇款表等全套凭证)	有,真实性待确认	出名人付消防改造费、装修费	未提及	借名人
汤治房屋买卖合同纠纷申诉、申请民事裁定书	北京经济适用房购房资格	借名人出资	有(借名人偿还,有《按揭合同》为证)	无	借名人长期实际控制	未提及	借名人
陈一童与王福顺房屋买卖合同纠纷二审民事判决书	房屋拆迁,性质为经济适用房	借名人出资	无	口头合约	借名人装修并居住	借名人持有	借名人
陈容、襧品武物权保护纠纷再审审查与审判监督民事裁定书	经济适用房的购房资格	借名人出资	未提及	借名买房协议书	借名人子女居住	未提及	借名人

一、关键事实的判断

需要说明,在对借名买房类案件进行判断时,对关键事实的识别和选取会受到选取案件的数量、层级、地域、案件的准确性和特殊性等诸多要素影响。由于以上六个案件均未涉及"第三人"的问题,因此在此类案件的比较时就没有增加"第三人"这一比较维度。但如若待决案件中涉及保护善意第三人的相关问题,那么法官在选取和检索此类案件的关键事实时也会随之调整,其归纳的裁判规则也会进一步细化和深化。这也是类案指导制度富于变化、快速及时的表现所在。

类案判断时涉及的要素非常多,如果对多个案例进行多维度比较,排列组合的结果将会浩如烟海,结果的指导性和说服力也会相应减弱。此时可以采用前文的"否定判断法"对关键事实进行判断。具体而言,在诸多判决理由中寻找法官重点分析了哪些问题,以此作为线索展开判断。当出现某一事实要素难以断定其是否属于关键性的事实时,可以采取否定判断法,反问:"如果回答是'否',是否可以直接得出相反结论?"如果能直接得出相反结论,则该事实往往是关键事实。比如在多个案件中,只要法官判定不存在借名买房之合意(口头及书面协议均无),则直接判决其不属于借名买房的情形,那么"是否存在借名买房之合意"则必然是关键事实。如果答案是"不一定""并不绝对""还要考虑其他情况",比如房屋是否为借名人实际居住以及房产证的持有人这一类事实,在六个案件中既有借名人持有房产证且实际居住,但判给出名人的,如"刘桂兰与马春梅、马连英所有权确认纠纷案";也有出名人实际居住,但当事人主张借名人所有的,如"商龙合同纠纷案";也有根本未提及的。那么,综合几个案件可以发现,是否持有房产证、是否实际居住,并非判断"借名买房"类案件的关键事实。

二、借名买房中的关键事实

依循以上的方法,本文通过对六个案件的比较分析,从诸多事实要素中区分出判断是否构成借名买房案件的关键事实和仅仅具有参考意义的非关键事实。

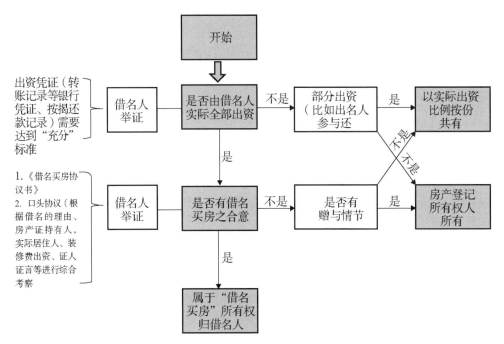

图 7-3 "借名买房"中关键事实的判断

从上图的"否定判断法"可以推断,在此类借名买房类案件中:

1. 核心的关键事实有两项

第一,双方是否存在借名买房之合意。

第二,借名一方能否充分证明其支付了全部价款(包括按揭购房中的贷款是否由借名人全部实际支付)。

2. 其他事项均非关键事实(但具有参考意义)

第一,借名事由并不关键。马一德教授对 50 个借名买房类案例进行了实证分析,其中重点分析了借名买房的房屋类型:政策房(16 个)、商品房(四种不同事由,合计 28 个)、商品房(三种不同事由,合计 6 个),在对以上 50 个案件进行比较研读后,得出借名购买政策房获得支持的占 25%,借名购买商品房获得支持的 88%[①],但是细究其各类型案件支持或否定的理由时又是五花八门的。我们认为,该研究展现出了法律适

---

① 参见马一德:《借名买房之法律适用》,载《法学家》2014 年第 6 期。

用不统一的现象,更说明了借名买房的房屋性质以及借名事由不是关键的因素。尽管在多个案件中都有当事人提出借名买房行为违反当时限购政策,进而主张不予认定效力的情况,但这并不属于判断此类案件的关键事实。例如,由"陈容、禤品武物权保护纠纷再审案"可以推测,法律默许通过借名的方式规避限购限贷政策,同理,即便是为了规避申报等理由借他人姓名买房,仍然可以以实际出资为重要的判断依据。当然,借名的事由虽然并非关键事实,却在很多案件中具有重要的参考意义,尤其是双方在对"书面借名买房合意"的真实性,以及是否存在"口头借名买房"事实存在不同意见时,法官确实会重点参考能提供合理解释的一方所提出的理由。诸如借用回迁指标、经济适用房购房指标等,都是日常中经常出现的借名买房事由,对于法官的证据采信具有重要参考价值。

第二,由谁居住以及房产证的持有人是谁,都不是关键。这一点与物权登记制度的立法本意是一致的,不以实际占有为判断依据。但是在审理借名买房的案件时,实际由谁长期居住,对于法官综合判断当事人之间的关系也是重要的参考。以"陈一童与王福顺房屋买卖合同纠纷案"为例,法官将持有房产证并且实际长期居住作为判断双方是否有"借名买房"的口头协议的重要依据,对判断"借名合意"是否真实存在具有一定的意义(出名方无法为其多年来始终不主张权利提供合理解释)。

由此可知,借名原因、出名人是否承认、由谁居住、谁持有房产证等均属于非核心事实。至于当事人和代理人经常举证的一些其他事项,比如当事人的关系、房屋的具体地点、借名购房纠纷中常见的"换房"情节、由谁装修、物业水电费的支付、消防改造费由谁支付等,均不是法院考虑的情节。

通过比较研读以上生效案件,对关键事实和非关键事实进行区分,可以得出此类借名买房案的裁判要旨,即:双方存在"借名买房"的真实合意,且有充分的证据证明诉争房产首期房款、按揭款以及其他相关款项等实际由借名人支付的,可认定登记在出名人名下的房屋属于代持有性质,房屋所有权不归出名人所有,而应归借名人所有。

三、政策与价值的综合考量

以上结论表明,在审理借名买房类案件时,法院倾向于将实际出资情况和当事人关于借名买房的约定作为主要的判断依据。本书在此并不评判法院审判思路正确与否,但是在法律对此有立法保留时,法官作出此类判决背后无疑是有价值选择的:判定房屋属于借名人所有,符合实际的出资情况,但却构成对《民法典》中登记制度的消极反应。况且,实践中借名买房行为的背后往往有各种各样的案外事由,比如为规避国家房贷、税收、登记等相关法规政策;借用他人资格享受某种购房优惠;转移财产以逃避债务;领导干部为规避申报转移资产等,这些行为本质上是为了对抗国家政策,如果判决房屋归借名人所有,等同于为政策的执行开了口子,会造成竞相效仿的后果。另一方面,如果能证明借名人实际全部出资,且具有借名买房之合意(比如口头协议,但另一方矢口否认),此时如果又有借名人出钱装修、长期持有房产证、实际长期居住等情节,此时判定房屋归登记人所有,不符合目前的司法惯例,也将严重违背诚实信用原则,不利于保障善意相对人基于物权公示公信力产生的信赖利益,与社会主义法治国家通过法律实现公平正义的目标相背而行。因此,虽然完成了类案的检索,但究竟是鼓励诚实守信而作出符合实质正义的判决,还是维护法律和政策的权威,依据物权行为无因性来判决案件?法官在实践中一直在进行价值判断。

当然,反观类案指导制度,它的优势恰恰在于及时、迅速地适应社会变化。无论是个人的价值判断、审判实践中的惯例还是国家政策的导向,都处在不断变化之中。2017年8月4日最高人民法院发布的《关于进一步加强金融审判工作的若干意见》第18条明确规定:"依法保障房地产市场平稳健康发展,防范房地产市场的金融风险传导。高度重视房地产市场波动对金融债权的影响,依法妥善审理相关案件,有效防范房地产市场潜在风险对金融稳定和金融安全的传导与冲击。统一借名买房等规避国家房产限购政策的合同效力的裁判标准,引导房产交易回归居住属性。"虽然该条并未明确此类合同效力,但从其所使用的"规避""回归"等词语的感情色彩上可以判断相关部门有从严监管的倾向,这意味着对于借名买房规避国家房产限购政策的合同在未来恐将无效。因此,随着新的指导性案例、典型案例以及法官根据新的情况作出的新判决,关于借名买房的司法裁判规则也会随之发生变化。而上述的类案判断标准则是适应这种变化的方法论基础。

第五节　本章小结

综上,通过司法类案指导司法实践,对于统一法律适用,全面落实司法责任制具有关键意义。判断类似案件有两个关键之处:一是在类比推理时对比较维度的选取,也即对关键事实和非关键事实的辨别。此时需要综合运用日常生活和审判经验,借助裁判规则和否定判断法来考察不同点对案件影响之权重。二是当存在多个类似但裁判结果却各不相同的案件时,如何选取和参考。卢埃林说:"为了使一个一般性命题具有意义,具体的例证、具体例证的积累、当前对诸多具体例证的鲜活记忆,是必不可少的。如果没有具体的例证,一般性命题就会成为阻止前进的累赘、障碍和废物。"在美国,虽然各个州主要遵循各自的权威规则,"50个州最高法院加上诸多联邦法院一起运作,偶尔出现互相冲突的规则,是无法避免的"①。在这种情况下,之所以还能实现"共同适用的法律",原因在于三方面:有一个规模庞大的基础性组织机构体系;有非常相似的对待法律权威的方式,包括思维方式,运作方式,解读判例、依据判例或制定法进行推理的方式等;州法院会将难有定论的案件诉诸联邦法院裁决,后者从整体上相当于一个共同适用的法律库。② 在我国,依靠大数据迅猛发展带来的技术支持,法律逻辑和法律知识更为全面扎实的法律人共同体,以及一套以案例为依托、以统一法律适用为目标的法律解释机制,必将实现类似案件类似裁判的司法形式正义,实现"让人民群众在每个案件中感受到公平正义"的目标。唯有在更高站位、更深层次、更宽领域,以更大力度深化新时代人民法院司法体制综合配套改革,全面落实司法责任制,形成系统完备、科学规范、运行有效的制度体系,全面提升司法能力、司法效能和司法公信,方能推动公正、高效、权威的中国特色社会主义司法制度更加成熟、更加定型,使法治在国家治理体系和治理能力现代化中扮演更加重要的角色,发挥更加基础性的作用。

---

① 〔美〕卢埃林:《荆棘丛:关于法律与法学院的经典演讲》,明辉译,北京大学出版社2017年版,第4—5页。
② 参见〔美〕卢埃林:《荆棘丛:关于法律与法学院的经典演讲》,明辉译,北京大学出版社2017年版,第64—65页。

第八章

类案检索报告的制作

类案检索报告是类案检索机制以及统一法律适用标准工作的落脚点,应当充分重视,并从形式和实质两方面严格把握报告质量,使之为法官裁判提供实质性帮助。

《类案检索意见》第 7 条规定:"对本意见规定的应当进行类案检索的案件,承办法官应当在合议庭评议、专业(主审)法官会议讨论及审理报告中对类案检索情况予以说明,或者制作专门的类案检索报告,并随案归档备查。"据此,法官在进行类案检索后应当撰写检索报告,对检索情形加以说明。同时,《类案检索意见》第 8 条规定:"类案检索说明或者报告应当客观、全面、准确,包括检索主体、时间、平台、方法、结果,类案裁判要点以及待决案件争议焦点等内容,并对是否参照或者参考类案等结果运用情况予以分析说明。"本章据此讨论检索报告的基本内容与制作方法。

第一节 类案检索报告的基本要素

通过第六章、第七章的讨论,我们熟悉了案例数据库平台的使用以及类案的判断标准。它们分别针对如何运用现有互联网平台检索案例,以及判定检索得到的案例是否与待决案件构成类案这两个问题。本章处理的问题是我们如何通过案例检索报告将上述工作呈现出来,以辅助裁判、归档备查。《类案检索意见》第 8 条比较详细地规定了我们在撰写类案检索报告时应当包含的必要信息,以下我们分而述之。

一、检索主体

根据《类案检索意见》的规定,应当进行类案检索的人员是审判案件的法官,因此法官是类案检索的首要主体,需要针对待决案件的特点检索并判断与之构成类案的指导性案例或其他生效判决,并从中提炼出裁判规则,作出裁判。这意味着类案检索是辅助法官裁判的重要方式,因而在司法实践中检察官、律师、当事人从工作和个人利益角度出发,也会加入类案检索的行列中来,甚至法学研究人员都会非常关注类案检索。在这个意义上,检索主体是十分多样的。不同的主体,关注类案的目的有所不同,对类案检索的需求也比较多样。这进一步意味着不同检索主体笔下的检索报告可能不尽相同,虽然它们都会包含必要信息,但会根据自身检索目的有所侧重。本章主要讨论从法官角度出发的类案检索报告的制作。

二、检索时间

任何信息都具有时效性,网络平台与数据库中的信息尤为如此。比如:新法规生效或司法解释出台后,网络数据库中的相关信息可能并没有及时更新,就会给我们的检索结果带来一定误导;新法规或司法解释与旧有规定有所差别,但由于操作不慎,我们将依据旧有规定作出的裁判纳入检索结果,也会给我们的判断带来误导;由于数据库的更新,使得我们在不同时段检索相同的关键词得到的结果可能会有所差异,影响检索结果的说服力;检索技术更新换代,使得我们的检索结果存在差异;等等。此外,随着社会发展和法律变迁,我们会看到与待决案件时间相距较近的案例,其说服力往往比相距较远的案例更强,因为无论从法律法规的更新还是社会经济发展的角度来看,较近的案例总是与我们当下的需求或面对的问题更为贴合。这就表明我们需要关注类案检索的时间或时段,在类案检索报告中明确检索的时间以及检索案例的时间范围。《类案检索意见》第4条也规定,"除指导性案例以外,优先检索近三年的案例或者案件",由此可以看出检索时间的重要性。

三、检索平台

检索平台决定了我们类案检索时运用的数据库范围。不同的平台,数据库的内容也有所不同;而且在数据库相同的情况下,不同平台对于同样信息的处理或分类也有差异。在使用感受上,最直观的就是我们会发现不同平台的功能并不一致。比如,在英美法系国家盛行的 LexisNexis 和 West Law 数据库,虽然都是面向法律人的相关法规与案例检索平台,但在用户口碑或评价中,两者却各有特点:LexisNexis 在案例检索方面更占优势,而 West Law 在法规检索方面比较突出。我国相关数据平台尚在蓬勃发展和逐渐完善阶段,但也逐渐体现出各自的侧重点或彼此之间的差异性。比如,"中国裁判文书网"的优势在于数据齐全、资料权威;"北大法宝"数据库的优势是数据呈现更为完整、多元,除了我们检索的信息外,还有历审案例、相关论文、相似案例等信息提示。在检索中,我们需要注意根据检索任务来选择检索平台,同时也要注意使用多种平台来交叉验证我们的检索结果。

四、检索方法

检索方法是我们类案检索时检索思路的体现。本书第五章讨论了如何从关键词、法条关联案件检索、案例关联检索这三大方向出发构思检索思路。这体现在对数据平台的运用或检索方法上,其实就是如何选择精准且恰当的关键词。关键词选择范围过窄,会影响我们对可能类案的收集,导致我们无法判定类案;关键词选择范围过宽,会使我们检索到的案例集内容过多,同样影响类案判断。这就需要我们非常熟稔待决案件可能涉及的法律或事实问题,对其所需的裁判规则有所认识,这样才能在检索中做到有的放矢。

不过借助智能化检索平台,我们的压力可能会减轻一些。比如,以"北大法宝"开发的"类案检索平台"为例,我们可以先进行一般性的检索,然后通过"高级检索"选项在检索的结果中进行筛选。所谓的"高级检索"实际上就意味着设定一些更具体的检索条件。比如,我们可以补充案由、案号、类案层级、法院级别、审判人员、代理律所、裁判规则、终审结果、文书类型、审理程序、当事人、法律依据等信息。通过逐步添加条件来限缩案例范围,最后将检索结果收束在可能构成类案的有限案例范围内,再进行类案判断并得出结论。

五、检索结果

实践中一个待决案件往往可以找到许多与之构成类案的案例。这就需要我们将这些类案加以整理汇总,以书面形式有条理地写出我们根据何种方法(即何种检索条件)检索到这些类案。具体内容包括每个类案的案由、案号(审结时间)、案例来源(参照级别)、审理法院(审理程序)以及裁判结果。在理想的条件下,我们应当通过一张表格汇总这些信息,使得法官无论在合议庭评议还是在专业法官会议中参考时,都能够一目了然地知晓我们检索得到的信息。

六、争议焦点

争议焦点是指导性案例或其他生效判决所要解决的法律问题。在案例检索报告中写明争议焦点,主要有两个目的:首先,表明争议焦点可以证明检索得到的案例确实与待决案件构成类案,它不仅提醒类案检索人注意验证自己的结论,也有助于其他阅读报告的人士检验该结论;其次,表明争议焦点能够非常清晰地让法官知晓与待决案件类似的案件所欲解决的法律问题,有助于法官作出裁判。争议焦点的得出,不仅需要我们分析检索到的每一个案例,还需要针对这些案例从全局展开通盘考量,分析它们在法律问题上的共性与差异,在求同存异中找到它们所涉及问题的核心或关键点。这既要求我们熟悉检索到的案例的基本案情和法律问题,也要求我们吃透待决案件涉及的法律与事实问题,在反复比对和思考后,才能够判定它们是否构成类案,以及构成类案的基础亦即争议焦点到底是什么。

七、裁判要点

裁判要点类似于一个案件的裁判规则,是法官针对案例涉及的法律问题给出的法律解决方案。类案的裁判要点,往往成为我们裁判待决案件时应当参考和遵循的对象。在制作案例检索报告时,我们不仅要对争议焦点做出清晰、明确和具有说服力的归纳,对于裁判要点同样也要如此。在实践中,我们常常会发现,出于各种原因,即便是争议焦点类似的案件在裁判上也有所差异。如何处理这些差异,或者如何从差异中找出共性,比较考验我们的司法智慧和生活经验。面对裁判要点上的差异,我们要辨析差异是源自对法律规范的解释适用,还是案件当事人的不同情况,抑或案件发生地域的社会经济环境等因素,在此基础上把握这些类案的裁判要点中包含的恒定性、共同性要素,将之加以归纳。在必要时,我们甚至需要总结类案的不同裁判观点和相关案例,并对裁判类案的主流观点或倾向性观点加以介绍评析。

八、参照的结果

在案例检索报告中,还要对我们是否参照检索到的案例加以说明。这意味着我们在检索到案例后,要对案例的争议焦点和裁判要点加以梳理,最后要基于其争议焦点和裁判要点对这些案例是否与待决案件构成类案作出判断。如果它们构成类案,我们当然应当参照;反之,则无须参照。这需要我们载明合议庭评议后或经专业法官会议讨论后拟采用何种裁判意见,并说明理由。如可能创设新的裁判规则,应当充分说明理由。[①] 可以说,这是整个检索报告中最有价值的部分,体现着法官对于类案裁判方法的总结。在一定程度上,上海市第一中级人民法院已经在这方面做出了富有价值的探索。它们形成了规范有序的撰写、论证、审核、讨论以及发布类案裁判方法的程序,在撰写中比较重视观点的校验,确保总结出的结论符合司法规律和裁判共识。相关内

---

① 参见上海市第一中级人民法院课题组:《司法责任制背景下统一法律适用标准研究——以类案同判为目标》,载《中国应用法学》2020年第5期。

容,读者可参考上海市第一中级人民法院网站中的"类案总结"板块。①

以上八个要素是《类案检索意见》中明确列举的案例报告中应当包含的必要信息。在这些信息之外,如果还有我们认为有助于裁判的要素,也可以纳入其中。像前文中列举的案例来源、参照级别、审理法院、审理时间、基本事实、法律依据甚至我们对检索到的案例和待决案件之间的对比分析,都可以纳入报告中。简言之,检索报告的目的在于呈现我们检索案例、分析案例、判断类案的整体过程,如实、细致地展现这一过程即可。接下来,我们谈谈在形式上如何安排这些要素。

第二节 类案检索报告的形式要求

在明确类案检索报告至少应包含哪些内容后,我们还需要注意安排这些内容的形式问题。这是因为"报告"的主要目的是服务于法官的司法裁判,能够通过类案的总结梳理,帮助法官面对疑难复杂案件形成充足的内心确信,帮助其对相关法律形成更全面的理解,提供充足信息以免形成不当裁判。因此,报告的形式应当尽可能地兼具全面完备和简明清晰的特质。从这个角度出发,在形式方面,报告应当包含以下要求。

一、突出类案的要点内容

根据以上有关类案检索报告内容的分析,一份报告的核心在于检索到的类案的争议焦点、裁判要点和参照结果,这三个要素是撰写报告时必须加以明确的。具体来说,在写作时,需要注意如下三个原则②:

其一,突出争议。撰写报告时,一定要围绕待决案件的法律争议,指出与待决案件构成类似的案例是如何为该争议提供法律解决方案的,这些方案之间是否存在差异,在解释和使用法律规范时存在哪些争议点。明确类案所争议的法律问题,为法官何时参照、遇到何种问题参照类案指明了方向。

---

① 参见:http://www.a-court.gov.cn/platformData/infoplat/pub/no1court_2802/swhlazj_37002/index.jsp,最后访问日期:2020 年 11 月 11 日。

② 参见齐晓丹、史智军、王天水:《类案检索报告制作和运用中的四个重要问题》,载法制日报——法制网,http://www.legaldaily.com.cn/zfzz/content/2020-05/06/content_8186718.htm,最后访问日期:2020 年 11 月 11 日。

其二,突出差异。撰写报告时,一定要关注对类案的不同解决方案,在"求同"的过程中也要"存异",甄别和比较这些差异的原因。① 比如,有些差异是法律规范本身体系性不足造成的。在《民法典》实施之前,有关"无权处分"合同效力问题,主要由《合同法》(已失效)第51条以及《最高人民法院关于审理买卖合同纠纷案件适用法律问题的解释》第3条加以规定。一般认为,前者采纳"无权处分"合同无效的观点,而后者认为"无权处分"不影响合同效力。面对同样的"无权处分"情形,法官自然会在类案检索时发现不同的处理思路和方法。但这种分歧会随着法律规范的体系化而逐渐得到消除。《民法典》生效后,这一问题也就得到了根本解决。

再比如,对于同样的行为,法官对其性质的认定有所差异。实践中很常见的一个情形是对当事人所订立的合同性质的判定。法官往往会在类似合同属于有名合同还是无名合同,是何种有名合同的问题上存在不同认识。对行为的性质判定不同,选择的法律规则就不一样,这也会影响类似案件的处理结果。我们无法期待法律规范的体系化来解决这种差异,也无法强求所有法官对同一行为性质的判断一致,这其实是我们实践中统一法律适用的难点和重点。在撰写报告时,我们必须要针对这些差异及其背后的法理加以梳理和辨析。

此外,在一些情况下我们发现规范竞合也会导致类似的情形得到不同的处理。比如,当事人违反合同的违约行为,可能同时也涉及侵权和不当得利。此时当事人可以根据合同制度提起诉讼,也可以根据侵权责任制度或不当得利制度提起诉讼。这三种制度在归责原则、构成要件、赔偿范围上有所不同,当事人选择的策略不同,法官裁判的方案自然也就不同。这种不同诉讼策略造成的差异,是法律允许的法律适用的不统一,在撰写报告时,简要说明理由即可。

其三,突出新意。撰写报告时,我们要注意发现和寻找各个类案裁判规则中对既有法律规范的发展,以及面对新型案件或疑难案件时法官提出的新的法律解决方案。这些经验可供法官裁判时参考,有助于拓宽思路和提供启发,为法官进一步总结裁判经验、提炼司法智慧以及发展法律规则提供契机与起点。

二、依照层级顺序排列类案

《类案检索意见》第4条规定,类案检索范围依次包括:最高人民法院发布的指导

---

① 参见李群星、罗昆:《论法律适用统一的判断标准》,载《中国应用法学》2020年第5期。

性案例、最高人民法院发布的典型案例及裁判生效的案件、本省(自治区、直辖市)高级人民法院发布的参考性案例及裁判生效的案件、上一级人民法院及本院裁判生效的案件。该规定在一定程度上表明了我国案例体系的结构与层级,撰写报告时也要根据这一顺序来排列检索结果,使得类案的总结分析一目了然、简洁清晰。具体来说,实践中我们可以根据检索结果的参酌力按照如下方式排列案例:

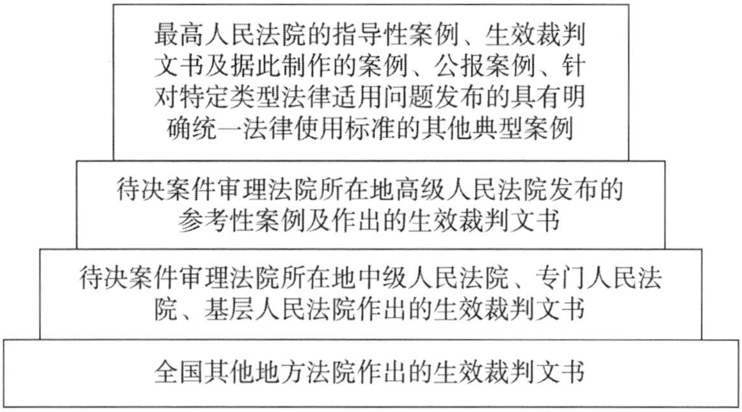

```
最高人民法院的指导性案例、生效裁判
文书及据此制作的案例、公报案例、针
对特定类型法律适用问题发布的具有明
确统一法律使用标准的其他典型案例

待决案件审理法院所在地高级人民法院发布的
参考性案例及作出的生效裁判文书

待决案件审理法院所在地中级人民法院、专门人民法
院、基层人民法院作出的生效裁判文书

全国其他地方法院作出的生效裁判文书
```

图 8-1　案例参酌力层级

上述排列方式不仅使得法官能够准确、便捷地知晓具有不同参酌力的类案的相关信息,还能够为法官解决法律适用中的分歧提供一定思路,而且对于法官全面、准确把握类案体现的价值指向和政策导向有所帮助。

三、类案信息标记齐全

撰写报告时,我们应当切记不要遗漏《类案检索意见》中列举的核心信息,应当在简明、清晰的前提下尽可能完备地将类案相关信息整理在检索报告之中。在呈现方式上,我们可以充分利用文字、图表等形式,力图准确、便捷地体现类案检索的结果。

文字式表达更适合对类案加以精细分析和总结。我们可以像撰写审理报告一样,针对案件的争议焦点、裁判要点和参照结果,从法律规定、学术观点、裁判经验以及法律解释方法等方面展开全面分析,并对法官应当如何参照类案、采用何种观点提出建议或思路。此时,文字所具有的严谨性和逻辑性优势能够得到有效发挥。

图表式表达更适合在对类案加以概括总结时使用。图表的特征是直观、清晰、整洁,我们可以对多个类案展开比较,选取一个或多个要素,展现这些类案在这些要素上的差异或相同之处,进而从中把握某种共性或规律性结论。这同样对于我们裁判待决案件有所帮助。

除了考虑我们自己撰写外,也可以充分运用既有数据库中类案报告的模板,在此基础上通过修改和完善制作类案检索报告。以"北大法宝"的类案检索报告模板为例,通过它的"类案检索平台",我们可以在网站上自动生成检索报告(具体过程详见下文)。该报告分为两类,一类是"类案检索分析报告",另一类是"类案检索结果汇总表"。就前者而言,报告的基本格式是针对每一个案例展开多维度分析,比如梳理案例来源、参照级别、审理法院、裁判要旨、基本事实、争议焦点、裁判理由、法律依据、裁判结果等信息;后者则是对所有类案的汇总,将前述检索结果都整理在同一个图表之中,并载明每个类案的裁判结果和相应法律依据,以此体现不同类案之间在裁判结果及依据上的异同。司法实务中我们可以考虑利用上述模板,在数据库自有的报告基础上加以修改完善,既节省时间、减轻工作压力,同时又提高了报告的准确性。

四、关键类案后附裁判文书

案例检索报告中对案例的呈现,不可避免是具有选择性的。我们在撰写时,必然要对案例展开分析和判断,对其中重要内容加以提炼和摘录,对事实与法律问题加以总结和归纳。在实践中,我们有时会遇到较为新型的案例,也会遇到争议较大的法律问题。为了便利法官阅读参考,我们在撰写报告时可以考虑附上这些案例的裁判文书,以便更全面地呈现案例包含的事实和法律问题,以免法官只参考类案检索报告作出裁判而有所遗漏。在附带裁判文书时,要以官方和权威的数据库为基础,除了法院内部案例系统外,应当以中国裁判文书网的内容为准。特别要注意保留下载后的二维码,以便校验和确保文书内容的准确性和权威性。

以上四点要求,是我们撰写类案检索报告时在形式方面应当注意的内容。总体来说,我们在明确报告应当载明的内容后,需要通过一定形式来呈现这些内容。在此过程中,应当注意把握类案的要点、类案的层级、类案信息的齐全以及关键类案的裁判文书。接下来我们来看在具体撰写时,应当注意哪些实质性问题。

第三节 类案检索报告的实质要求

一、依据检索主体明确检索目的

依据《类案检索意见》规定，法官是类案检索的主体，但检察官、律师、当事人也会出于工作和利益关系展开类案检索并提交检索报告。在撰写报告时，我们要明确自己的身份和目的，以此来指导自己的写作，做到有所取舍、有的放矢。比如，法官撰写报告的主要目的是为司法裁判提供辅助，因此，通过类案检索洞悉既有裁判背后体现的价值导向、司法政策、利益平衡以及对法律规范的理解适用便非常重要。我们可以以《上海第一中院审判委员会审判经验及类案裁判方法通报》第 20 期《未成年人校园人身伤害类案件审理思路和裁判要点》为例来理解这一点。[①]

针对未成年人校园人身伤害案件，上海市第一中级人民法院认为在审理中难点主要体现为三个方面，即学校责任比例确定难、校园体育运动伤害责任比例确定难、赔偿金额确定难。有关学校责任比例的确定，他们认为法院在查明事故发生事实时，要注意学校是否进行安全教育、学校安全防护设施是否到位、事故发生时教师是否在场并进行有效管理，以及学校救助是否及时。这些因素决定了学校责任比例问题。同时，在确定学校责任时，还要注意如下政策导向或价值指引，即"司法裁判应当鼓励学校积极组织学生开展体育运动，在校园体育运动伤害事故案件中对于学校责任比例的认定需更加谨慎"。这是因为在篮球、足球等身体对抗激烈的体育运动中，碰撞的发生具有即时性，教师难以提前干预和及时制止。如果学校已经尽到必要的教育、管理责任，则不应承担责任；如果学校存在一定的过错但并不严重，不是事故发生的直接原因，学校责任一般不应超过 30%。

以上便是身为裁判者的法官从工作角度出发，通过总结类案提出的审判思路和裁判标准。它需要具体到法官在查明事实时应当考虑的因素、法官在判定责任归属时的比例划分以及法官裁判所依据的价值或政策。

在实践中，律师如果需要制作检索报告以便为当事人提供合理预期、为法官理解

[①] 参见：http://www.a-court.gov.cn/platformData/infoplat/pub/no1court_2802/docs/201911/d_3558525.html，最后访问日期：2020 年 11 月 11 日。

待决案件涉及的法律与事实问题提供辅助,上述政策或价值方面的考量可能就不在其撰写的报告之中,有关法官应当如何查明事实、如何分配责任比例的问题也不是其报告的重点。法官的报告应当集中于分析类案与待决案件在事实和法律问题上的相关性,通过对类案结果的汇总和梳理,体现主审法院及其上级人民法院在处理该问题时的一贯思路,并对相关问题的主流观点加以归纳和分析。

总而言之,我们在撰写类案检索报告时,要明确自己的写作目的,根据写作目的调整我们的写作安排,以便发挥类案检索报告的预期效果。

二、裁判要点的标准化书写

类案检索的核心,在于发现类案中包含的法官对类似法律问题提供的法律解决方案,亦即裁判规则。因此,撰写检索报告时,我们应当特别注意对裁判规则的整理和书写。本书第五章推荐在检索案例、构思检索思路时就应当将裁判规则提炼为"事实要件+法律后果"的形式。在撰写报告时,我们也应当将之加以贯彻,针对每个类案的具体事实和相应的法律解决方案提炼符合每个类案的裁判规则,最后在这些裁判规则基础上提炼出相对一般化的有关这一类案件的裁判规则。

在分析每个类案时,可以运用简单的法律推理方法。比如我们可以根据三段论的大前提、小前提和结论这三个步骤,来对类案的说理和裁判理由加以拆分,通过梳理类案判决结构的推理过程,发现和提炼该案例的裁判规则。我们也可以运用类比推理的方法,先找到一系列类案中事实相对清楚、法律问题相对简单明确的案例,辨析其事实要件与法律后果,然后将其他类案与之比对,寻找这些案例构成类案的核心要素。这些核心要素,往往就是我们试图寻找的裁判规则的要点。

我们仍以《上海第一中院审判委员会审判经验及类案裁判方法通报》为素材,来看一下具体应当如何表述裁判要点。在该通报第 39 期《夫妻共同债务类案件的审理思路和裁判要点》中:首先法官界定了"夫妻共同债务"的含义,即"夫妻双方合意举债或者其中一方为家庭日常生活需要所负的债务。一方超出家庭日常生活需要所负的债务且未用于夫妻共同生活、生产经营的,不属于夫妻共同债务"[1]。

其次,有关这一法律概念,法官总结了实践中经常涉及的四个争议问题,并附上了

---

[1] 参见:http://www.a-court.gov.cn/platformData/infoplat/pub/no1court_2802/docs/202009/d_3645567.html,最后访问日期:2020 年 11 月 11 日。

简要的案例。这四个问题依次是债务真实性的认定、债务是否用于共同生产经营的认定、分配举证责任以及婚姻不安宁期间夫妻一方举债性质认定。

再次，法官指出审查夫妻双方共同债务的方式。主要包含五大步骤，即夫妻共同债务案件的前置审查步骤、认定为夫妻共同债务的情形及审查要点、认定为个人债务的情形及审查要点、举证规则（根据不同情况合理分配举证责任）以及涉夫妻债务案件中集中特殊情形的审查。每一个步骤下，法官又针对具体情况加以细分，并指出相应的裁判策略与方法。

最后，法官提炼出审理夫妻共同债务的原则，即平等保护原则（不能让夫妻一方承担不应该承担的债务，也要防范夫妻双方串通损害债权人利益，要通过举证责任合理分配平衡保护各方当事人利益）、一般性和特殊性相结合原则（各地经济发展不平衡、不同家庭成员构成存在较大差异，法院要根据当地一般社会生活习惯和夫妻共同生活状态作出正确认定和恰当裁判）以及配套使用原则（《民法典》并未就夫妻共同债务作出全面系统的规定，审理中应当结合其他法律和司法解释的有关规定）。

由此，我们可以看到在撰写检索报告时，对于裁判要点亦即裁判规则的书写，要结合事实和法律，要兼备具体性和一般性。我们要在把握核心争议问题的基础上，梳理检索到的类案在事实上的差异，并考察这些差异对于我们处理该类问题有何影响，简练又完备地提炼出裁判规则，以辅助裁判工作。

以上是我们撰写类案检索报告时在实质方面应当注意的问题。相较于形式方面，实质要求并不复杂，但却决定了我们所撰写的报告的品质。一份报告，能否发挥预期的作用，能否有助于司法裁判、总结和提炼审判经验与司法智慧，在相当程度上都取决于本章提到的两个实质性要求。如何根据检索目的调整报告侧重内容、如何简练且完备地标准表达我们从类案中发现和提炼的裁判规则，都决定了报告的成败，也在一定程度上影响着裁判的质量。在某种程度上，我们可以说，类案检索机制的最终落实，就体现在类案检索报告的撰写上，而其效果则体现在司法裁判中。如何通过个案实现公平正义，如何统一法律适用及其标准，案例检索报告的撰写在其中发挥着重要作用。对此，我们不可等闲视之。接下来，我们通过一个范例来具体阐明如何撰写类案检索报告，如何将上述要求落实在工作中。

第四节 类案检索报告撰写示范

为了明确类案检索报告的撰写方法,我们以"北大法宝"数据库的"类案检索平台"为依托,并以"交通事故中体质因素对侵权责任的影响"为例,向读者示范在找到类案后,如何撰写报告。

一、登录

我们登录"北大法宝"(www.pkulaw.com)平台,在检索内容中选择"类案检索";或者我们直接登录"类案检索平台"(cases.pkulaw.com)。如果是首次登录的用户,此时平台会要求填写"职业身份"和"关注领域",这部分信息对应前文提到的"检索主体"。目前"北大法宝"提供的"职业身份"包括法官、检察官、律师、当事人、法学研究人员和其他这六个选项,在"关注领域"方面包括刑事、民事、行政、执行四大类别。这些信息在填写后,可以在"个人中心"后续进行修改。

二、检索

在完成注册和信息填写后,我们就可以展开类案检索了,具体思路与方法在第五章和第六章已经介绍过。简便起见,我们以关键词搜索作为方法,在搜索框中输入"交通事故 体质",并将检索范围限定为"民事案件",以此检索与"交通事故中体质因素对侵权责任的影响"相关的类案。需要提醒读者注意的是,在实践中,如此简单的关键词检索对于结果的准确性来说是远远不够的。我们需要运用多种关键词交叉检索,或者利用"高级检索"功能,从"裁判规则""法律依据""全文检索"等多个维度搜寻案例,以免遗漏类案。但由于本章主要关心的问题是如何撰写类案检索报告,我们权且找到一些案例可供报告使用即可。

通过以上方法,我们能够在"北大法宝"的"类案检索平台"找到裁判文书共计7053份。[①] 此时,我们要注意检索的时间或者检索的时间节点。这些内容构成了我们撰写报告时需要记录的检索平台、检索方法与检索时间。

---

① 检索时间:2020 年 11 月 11 日。

面对如此多的检索结果,我们肯定需要在结果中进行筛选,最后遴选出有限几个可供使用的案例。这一遴选过程,涉及《类案检索意见》第 4 条规定的类案检索范围。如前所述,该条规定指出了我国案例体系层级,同时表明:除指导性案例外,优先检索近三年的案例或案件;前一顺位中检索到类案的,可以不再进行检索。

"北大法宝"的"类案检索平台"在设计上考虑到了这一点,我们可以从检索结果中发现这些案例被自动分为两档:指导性案例和普通案例,普通案例以时间顺序排列,最新裁判的案例排在首位。

图 8-2　类案平台检索示例

我们可以看到,上述搜索结果界面左边栏还有对于案件案由、类案层级、审理法院和审理程序等信息的分类汇总,根据实践中的不同需求,我们可以进一步添加搜索条件,在上述搜索结果中遴选所需类案。此外,上述搜索结果界面在展示案例时,还有对指导性案例或普通案例的基本案型、法院裁判结果以及法律适用等信息的汇总,可以为我们判断类案、遴选案例提供进一步帮助。

第八章　类案检索报告的制作

三、在报告中添加案例

在我们遴选出与待决案件构成类案的案例后，我们就需要将它们加入案例检索报告。"北大法宝"平台提供了两种添加方式：一种是我们在阅读每个案例后，直接点击"加入报告"；另一种是我们在勾选多个案例后，点击页面上方的"批量加入报告"。当案例被加入报告后，可以看到页面有如下变化。

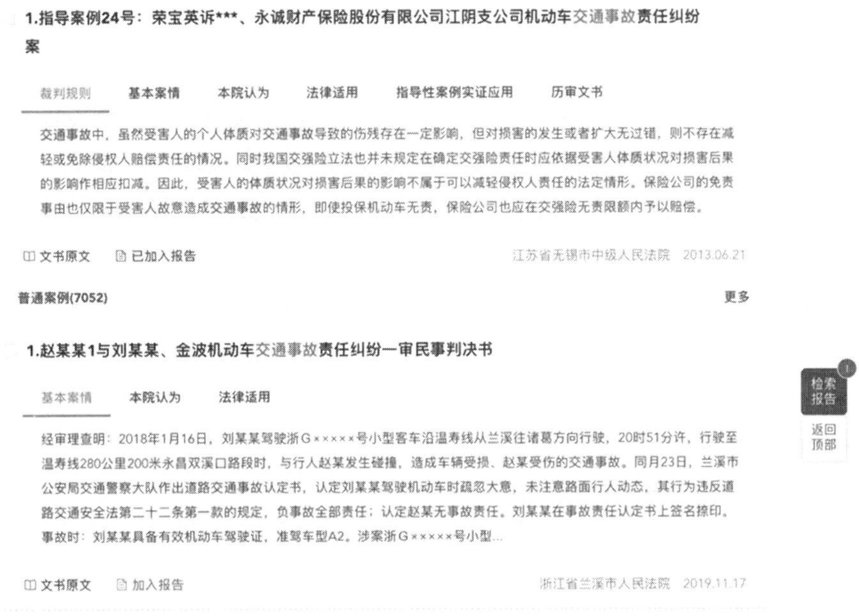

图 8-3　加入检索报告示例

被加入报告的案例下方显示为"已加入报告"，同时界面右栏中"检索报告"的浮标上显示出已添加案例的数量。由于我们选择的检索内容与指导案例 24 号所解决的法律争议相同，因此在实践中我们其实只需要在报告中写入该指导性案例即可。不过从示范角度出发，我们可以继续添加几个案例，然后点击"检索报告"这个浮标。此时系统会进入如下页面，要求我们对相应信息补充完整。我们可以选择"新建报告"或"加入已有报告"，然后补充"报告名称"和"检索主体"信息，最后点击"生成报告"。

图 8-4 检索报告信息录入

四、生成报告

点击"生成报告"后,会进入到如下界面,供我们选择类案检索报告的不同呈现形态,也即先前提到过的"北大法宝"提供的两套不同模板。

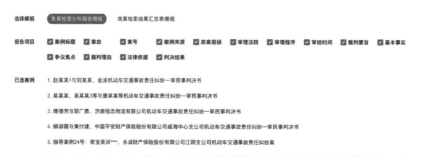

图 8-5 检索报告生成示例

如图所示,我们可以选择从不同维度来呈现已选案例的信息。在实践中,我们要以检索主体及其报告所服务的对象为出发点来精确选择相应的呈现信息。从示范角度,我们不妨全选,来看一下最后生成的报告样态。

当我们选择"类案检索分析报告模板"后,下拉界面,可以看到一个可以编辑的文本框。这个文本框中是"北大法宝"平台对我们选择的案例信息加以智能提取汇总后形成的案例分析报告模板。我们进一步需要做的是对该报告的名称、检索主体、检索方法等内容加以补充,同时根据检索的结果,得出我们的检索结论与参考情况。这其实对应着我们在类案检索报告中应当提供的"参照结果"部分。

图8-6 类案检索分析报告

我们在补充完整相应信息后,可以点击界面上方右侧的"预览",此时系统会生成类案检索报告的最终形态,并附有二维码,以供其他读者查阅核验。如果我们没有继续修改的地方,就可以点击"下载报告"。平台同样提供了两种格式选项,即word或pdf版本。我们可以下载word版本的报告,在网站既有信息的基础上加以增删改定,提高工作效率。

接下来我们尝试一下"类案检索结果汇总表模板"。回到添加案例这个步骤,在我们选定将要加入报告的案例后,点击"检索报告"这个浮标,进入生成报告的界面,勾选"类案检索结果汇总表"。我们会看到供我们编辑的文本框格式发生了变化。不再是上述文字式的表述,而是以图表为基本表现形式。

图 8-7　类案检索结果汇总表

在这一模板中,同样有一些信息是系统自动生成的,也同样有一些内容需要我们手动补充完整。对比"类案检索分析报告模板",这两种模板下我们补充的信息其实是一致的,没有任何差别,因此两种模板只是在呈现方式上有所不同,实质内容都是一样的。在实践中,我们不用担心自己选择的模板会遗漏掉可能信息。只要我们在制作模板时,对呈现信息的选择是全面的,就不会出现最终呈现内容不完整的情况。

在填补完整信息后,我们点击"预览",就可以看到报告的最终形态。该报告的结尾同样包含系统生成的二维码,以便其他读者查阅核验。如果我们没有继续修改的地方,就可以点击"下载",将自己需要的 word 或 pdf 格式的报告加以保存。在此基础上,可以做进一步增删改定。

五、报告模板

以下是"北大法宝"数据库提供的有关类案检索报告的两种模板内容。我们在实践中可能也会使用其他数据库或类案检索平台,但在报告撰写制作方面,与这里示范的内容多有相同之处。读者不妨参阅借鉴。

关于(案件简称,用户填写)的类案检索分析报告

【检索主体】(用户填写)_____

【检索时间】____年____月____日(系统生成)

【检索平台】北大法宝类案检索平台

【检索方法】(关键词检索、法条关联案件检索、案例关联检索或其他方法,用户填写)_____

【检索结果】(系统生成)

通过上述方法,共检索出____个类案,包括最高人民法院发布的指导性案例____个,最高人民法院发布的典型案例____个,最高人民法院裁判生效的案件____个,高级人民法院发布的参考性案例____个,高级人民法院裁判生效的案件____个,中级人民法院裁判生效的案件____个,基层人民法院裁判生效的案件____个。其中,____个类案为近三年判决/裁定生效。

【检索结论】(依据检索的案例得出的相对客观的结论,用户填写)

【对比分析】(类案基本信息及与待决案件的对比分析,类案详情由系统生成,分析部分由用户填写)

1. (案例名称,系统生成)

案由	
案号	
案例来源	
类案层级	
审理法院	
审结程序	
审理时间	
裁判要旨	
基本事实	
争议焦点	
裁判理由	

(续表)

案由	
法律依据	
判决结果	
对比分析	

【参考情况】(通过检索与比对,得出办理待决案件对类案的参考情况,用户填写)

【其他说明】(用户认为其他需要说明的情况,用户填写)

关于(案件简称,用户填写)的类案检索结果汇总表

【检索主体】(用户填写)

【检索时间】____年____月____日(系统生成)

【检索平台】北大法宝类案检索平台

【检索方法】(关键词检索、法条关联案件检索、案例关联检索或其他方法,用户填写)

【检索结果】(系统生成)

通过上述方法,共检索出____个类案,包括最高人民法院发布的指导性案例____个,最高人民法院发布的典型案例____个,最高人民法院裁判生效的案件____个,高级人民法院发布的参考性案例____个,高级人民法院裁判生效的案件____个,中级人民法院裁判生效的案件____个,基层人民法院裁判生效的案件____个。其中,____个类案为近三年判决/裁定生效。

【检索结论】(依据检索的案例得出的相对客观的结论,用户填写)

本次检索的所有类案详情如下:

序号	案由	案号/审结时间	案例来源/类案层级	审理法院/审理程序	判决结果	法律依据
1						
……						

【参考情况】(通过检索与比对,得出办理待决案件对类案的参考情况,用户填写)

【其他说明】(用户认为其他需要说明的情况,用户填写)

第五节　本章小结

最高人民法院在《统一法律适用意见》中规定,要完善类案和新类型案件强制检索报告工作机制。具体包含以下两点内容:

其一,规范和完善类案检索工作。要求承办法官应当按照《类案检索意见》的要求,做好类案检索和分析的工作,对于拟提交专业法官会议或者审判委员会讨论决定的案件、缺乏明确裁判规则或者尚未形成统一裁判规则的案件、院庭长根据审判监督管理权限要求进行类案检索的案件,应当进行类案检索。对于应当进行类案检索的案件,承办法官应当在合议庭评议、专业法官会议讨论及审理报告中对类案检索情况予以说明,或者制作类案检索报告,并随案归档备查。

其二,规范类案检索结果运用。法官在类案检索时,检索到的类案为指导性案例的,应当参照其作出裁判,但与新的法律、行政法规、司法解释相冲突或者为新的指导性案例所取代的除外;检索到其他类案的,可以作为裁判的参考;检索到的类案存在法律适用标准不统一的,可以综合法院层级、裁判时间、是否经审判委员会讨论决定等因素,依照法律适用分歧解决机制予以解决。各级人民法院应当定期归纳整理类案检索情况,通过一定形式在本院或者辖区内法院公开,供法官办案参考。

上述规定明确了类案检索报告的强制性和必要性,同时也明确了类案检索的重要意义:它是法官作出裁判的重要辅助,是对审判经验的总结和对司法智慧的提炼,是最高人民法院完善统一法律适用标准工作机制的重要组成部分,是统一法律适用标准、保证公正司法、提高司法公信力、加快推进审判体系和审判能力现代化的重要抓手。

在此背景下,类案检索报告是类案检索机制以及统一法律适用标准工作的落脚点,在实践中,我们应当充分重视类案检索报告的撰写,从形式和实质两方面严格把握报告质量,使之为法官裁判提供实质性帮助。根据本章论述,这就要求我们在内容上尽可能全面地反映检索信息,不应遗漏《类案检索意见》中列举的各项内容;在形式上做到突出类案要点、依照层级次序排列类案、类案信息标记齐全以及关键类案后附裁判文书;在实质上做到依据检索主体明确检索目的、标准化书写裁判要点;在实际操作中充分运用现有数据库平台,增强类案检索报告的准确性和可信度。

第九章

当事人、律师或公诉机关检索和使用类案

为了支持己方的诉讼主张,当事人、律师或公诉机关应当从利己性、相似性、权威性、时空近缘性等角度出发来确定类案使用的基本顺位。为了否定对方使用类案支持其主张,律师等诉讼参与人可以分别从类案相似性和类案本身两个角度出发进行驳斥和抗辩。

第一节 概 述

《类案检索意见》第 10 条规定:"公诉机关、案件当事人及其辩护人、诉讼代理人等提交指导性案例作为控(诉)辩理由的,人民法院应当在裁判文书说理中回应是否参照并说明理由;提交其他类案作为控(诉)辩理由的,人民法院可以通过释明等方式予以回应。"可见,检索与使用类案不仅是司法机关的一项义务,还是当事人、律师、公诉机关等诉讼参与人的一项司法诉讼权利。在对实践操作方法进行探讨之前,有必要对当事人、律师、公诉机关检索与使用类案的意义与特点进行概述,以帮助我们更好地理解上述规定的制度机理。

一、当事人、律师或公诉机关检索和使用类案的意义

首先,当事人、律师或公诉机关检索和使用类案,有助于依法保障公民权利。无论是公民还是作为公民诉讼代理人的律师群体,在司法公权力面前都属于某种意义上的弱势群体,如果司法权力无法得到有效制约和规范,公民的权利将很容易受到侵害。类案检索与使用有助于"同案同判"的实现,从而可以在一定程度上制约司法公权力,以促进公民权利的保障。此外,在刑事诉讼与行政诉讼中,除司法审判机关外,检察机关、行政机关也处于相对强势的地位,参照适用类案在一定程度上也可以对他们产生制约作用,从而防止较为强势的一方利用公权力影响司法公正。

其次,当事人、律师或公诉机关检索和使用类案,有助于司法共识的形成,从而形成统一法律适用和实现司法公正的合力。无论从司法诉讼程序的角度还是法律思维运作的角度来看,现代司法裁判活动都不是一个封闭、独断的过程,而是一个相对开放并允许多元主体参与的过程。在这一过程中,多方诉讼参与人通过对话、沟通、论辩、博弈,最终形成司法共识,这一共识不仅有助于对司法机关的权力进行监督,还有助于司法判决法律效果与社会效果的统一。所谓"真理越辩越明",当事人、律师等主体运用类案参与诉讼,为司法诉讼提供了一种新的论辩形式,从而有助于防止司法权力的恣意与专断。

最后,当事人、律师或公诉机关检索和使用类案,还有助于类案检索制度本身的完善和发展。通过当事人、律师、公诉机关的持续参与,案例资源不再是静态的、一成不

变的司法文本,而是变成了动态且持续迭代的"活物"。那些优质的案例经过长期的司法适用并被不断调整和发展,最终融入我国的法律规范与司法解释规范体系,成为经典的裁判规则;而那些质量不佳或无法适应时代需求的案例将会因无人问津而被淘汰清退。通过多方主体的共同参与,我国的案例资源才能实现"流水不腐,户枢不蠹",案例指导制度与类案检索制度才能永葆活力。同时,对类案的检索与使用也会促进律师、检察官等法律职业方法论意识的觉醒与法律专业能力的提高,从而在整体上提升我国法律职业共同体队伍的水平,助力我国法治建设与司法体制改革的推进。

二、当事人、律师或公诉机关检索和使用类案的特点

其一,法律职业思维的"家族相似性"。如果不考虑那些没有受过专业法律训练的诉讼当事人,而是将律师或公诉机关的检察官们作为主要考察对象,就会发现他们在检索与使用类案的思维方式上与法官具有诸多共同之处,这就是法律职业共同体在思维方式上的"家族相似性"。这一特点有助于法官、律师、检察官通过检索与使用类案达成最基本的共识,防止类案适用的混乱无序以及"方法论上的盲目飞行"。

其二,立场倾向性与对抗性。当事人、律师或公诉机关在司法诉讼程序中所处的位置存在差异,他们的诉求与利益不尽相同,由此必然导致他们在检索与使用类案时带有强烈的立场倾向性,而非像法官那样尽力保持中立状态。立场倾向性或利己性会进一步导致各方在诉讼中尽可能寻找对己方有利的类案,进而形成将类案作为理由进行对抗与辩论的局面。一方面,有些诉讼参与人会尽力寻找那些"进攻型"类案来支持自己的主张,如民事诉讼中的原告、刑事诉讼中的公诉人、行政诉讼中的非行政机关一方;另一方面,有些诉讼参与人会尽力寻找一些"防御型"类案来抗辩对方的主张,如民事诉讼中的被告、刑事诉讼中的辩护人、行政诉讼中的行政机关一方。

其三,自发性或主动积极性。事实上,为了实现特定诉讼利益或目的,当事人、律师、公诉机关往往会自发性地检索或使用类案,而且这种行为的出现早于类案检索制度建立。近年来,受到裁判文书上网、法律案例数据库建设加速等因素的影响,司法实践中,各主体自发运用判例参照比附待诉、待决案件的现象,正在我国悄然而广泛地兴起。[①] 尤其是律师群体,出于为当事人争取最大化利益和满足执业利益等需求,他们

[①] 参见顾培东:《判例自发性运用现象的生成与效应》,载《法学研究》2018年第2期。

一般会更加主动积极地检索和使用类案。① 以上特点对于类案检索与使用是一把"双刃剑"。一方面，当事人及律师自发、主动地使用类案有助于督促司法机关对类案裁判的重视；另一方面，这一行为如果缺乏程序与法律思维规则上的规范，容易造成类案的误用或滥用，降低司法效率。

第二节 当事人、律师或公诉机关检索类案的方法

根据《类案检索意见》第 1 条的规定，类案是指"与待决案件在基本事实、争议焦点、法律适用问题等方面具有相似性，且已经人民法院裁判生效的案件"。《类案检索意见》第 5 条规定："类案检索可以采用关键词检索、法条关联案件检索、案例关联检索等方法。"由于律师、公诉机关与法官在职业思维上具有"家族相似性"，因而对于类案检索的一般方法，可以参见本书第三章至第五章的内容，此处不再赘述。同时，当事人大多未必受过专业法律思维训练，其实践做法参考意义不大；公诉机关参与的案件主要是刑事案件以及部分非刑事类的公益诉讼案件。相对而言，律师群体参与的案件类型最为丰富，故本节将以律师思维为主要视角（同时兼顾刑事诉讼中的公诉机关），分别结合民事、刑事、行政等不同类型的诉讼活动阐述类案检索的方法。

一、民事诉讼中的类案检索

民事案件是司法实践中数量最多、类型最为丰富的案件类型。从程序法的角度来看，民事案件是指那些适用民事诉讼程序的案件。从实体法的角度来看，民事案件不仅涉及对民商法的适用，还可能涉及知识产权法、劳动法、经济法等不同法律部门。除一般意义上的类案检索与相似性判断方法外，律师在民事诉讼中检索类案还要用到法律关系分析法和请求权关系分析法。

（一）基于法律关系分析的检索

所谓法律关系分析法，是指通过理顺不同的法律关系，确定其要素及变动情况，从而全面地把握案件性质和当事人权利义务关系，并在此基础上适用法律作出正确判断

---

① 参见彭中礼：《司法判决中的指导性案例》，载《中国法学》2017 年第 6 期。

的一种方法。① 法律关系分析法运用的主要步骤包括：第一步，明确与案件争议焦点相关的法律关系性质。第二步，分析法律关系的要素，主要包括主体、内容（权利和义务）、客体。② 第三步，考察法律关系要素变动的情况并确定适用的法律。如果律师运用法律关系分析法来进行民事诉讼中的类案检索，就可以按照以上步骤，逐步判断类案与待决案件之间各个要素的相似性关系，并最终找到与待决案件相似的案件作为裁判理由。此处以指导案例15号（案例9.2.1）为例来说明法律关系分析法在民事类案检索中的运用步骤。

第一步，确定类案争议焦点及其相关法律关系的性质。

根据指导案例15号的裁判理由，该案的争议焦点为：川交机械公司、瑞路公司与川交工贸公司（一审被告、二审上诉人、债务人）三家关联企业是否人格混同，应否对川交工贸公司的债务承担连带清偿责任。本案的案由为"买卖合同纠纷"，其主要适用的法律规范为《民法通则》（已失效）、《公司法》、《合同法》（已失效）等，因而与该案争议焦点相关的法律关系是"合同债权债务法律关系"。因此，如果待决案件涉及债权人与关联企业之间的合同债权债务法律关系，则本步骤案件相似性成立。

第二步，分析类案法律关系的各个要素。

在主体方面，指导案例15号中的川交机械公司、瑞路公司与川交工贸公司虽然属于形式上相互独立的企业法人，但由于三家公司存在人员混同、业务混同、财务混同的情况，因而被法院认定为"各自财产无法区分，已丧失独立人格，构成人格混同"。在法律关系的内容方面，徐工集团工程机械股份有限公司（一审原告、二审被上诉人、债权人）与川交机械公司、瑞路公司与川交工贸公司之间的买卖合同合法有效，前者依法依约享有合同债权，后三者则应当承担对应的合同债务。在客体方面，双方合同法律关系所指向的对象是货物和货款。

第三步，考察法律关系要素变动的情况并确定适用的法律。

在指导案例15号中，川交机械公司未履行买卖合同约定长期拖欠徐工集团工程机械股份有限公司的货款，根据《合同法》（已失效）的相关规定，其应当承担支付货款及预期利息的责任。同时，根据指导案例15号的裁判要点以及《公司法》第3条第1

---

① 参见王利明：《法学方法论》，中国人民大学出版社2012年版，第265页。
② 在必要的情况下，不仅要考虑民事实体法律规范的要素，还要考虑民事程序性法律规范的要素。

款、第 20 条第 3 款的规定,川交机械公司、瑞路公司与川交工贸公司构成人格混同且严重损害债权人利益,其相互之间对涉案债务承担连带责任。

综上可见,指导案例 15 号的法律关系中两个关键的要素分别是"关联公司是否存在人格混同"以及"关联公司是否利用人格混同损害债权人利益"。律师在代理相关案件时,就可以按照以上步骤逐步抽取待决案件的要素,并检索与之具有相似性的类案。作为债权人一方的代理律师,其需要论证待决案件同时符合债务人一方存在"关联公司是否存在人格混同"以及"关联公司是否利用人格混同损害债权人利益"的情形。例如,在(2017)内 01 民再 34 号民事判决书(案例 9.2.2)的裁判理由中,司法机关就按上述思路参照指导案例 15 号作出了裁判。反之,债务人一方的代理律师就需要论证待决案件以上两个要素中至少有一个不成立,如"关联公司不存在人格混同"或"关联公司虽然存在人格混同但并未利用人格混同损害债权人利益"。例如,在(2019)赣民终 429 号民事判决书(案例 9.2.3)的裁判理由中,司法机关就认定本案中的"股东交叉关系""联合运营土地关系""股东约定权益比重关系"与指导案例 15 号中的人员混同、业务混同、财务混同不具有相似性,并否定了对指导案例 15 号的参照适用。

(二)基于请求权基础分析的检索

近年来,受到德国、日本民法学理论的影响,我国法学界与法律实务界越来越多的人开始接受并使用"请求权基础分析法"作为民事法律适用的主要方法。所谓请求权基础分析法,是指通过寻找请求权基础,并将案件事实归入请求权基础相关的法律规范,来判断请求权能否得到支持的一种案例分析方法。① 这种方法的主要步骤包括:第一步,判断请求权关系的存在,即明确民事诉讼究竟是确认之诉、形成之诉还是给付之诉。一般而言,只有给付之诉才能适用请求权关系分析法。第二步,请求权的检索与定性,即通过分析案件事实确认请求权的性质,按照合同请求权、缔约过失请求权、物权请求权、无因管理请求权、不当得利返还请求权和侵权请求权的顺序逐步检索确定与类案相关的请求权性质,同时考察是否存在不同类型请求权之间的竞合问题。第三步,确定请求权基础。民事案件中的请求权基础主要包括法律规范与合同约定两类。就法律规范而言,还要具体分析请求权基础的构成要件,包括积极构成要件和消极构成要件。第四步,将案件事实归入请求权基础,以判断当事人的请求能否成

---

① 参见王泽鉴:《法律思维与民法实例》,中国政法大学出版社 2001 年版,第 200 页。

第九章 当事人、律师或公诉机关检索和使用类案

立。① 此处以指导案例 24 号为例,来展示上述方法在民事类案检索中的使用方法。

第一步,判断请求权关系的存在。根据指导案例 24 号的案由和基本案情,本案属于机动车交通事故责任纠纷,交通事故的受害人要求侵权人承担赔偿责任,因而属于给付之诉,可以使用请求权基础分析法进行判断。因此,如果待决案件属于给付之诉,则本步骤的相似性判断成立。

第二步,请求权的检索与定性。民法学界一般认为,应当按照合同请求权、缔约过失请求权、物权请求权、无因管理请求权、不当得利返还请求权和侵权请求权逐一检索,确定案件请求权性质。② 按照以上顺序进行检索,可以发现指导案例 24 号中的请求权属于侵权请求权,且不存在请求权竞合的问题。因此,如果待决案件属于侵权请求权,则本步骤相似性判断成立。

第三步,确定请求权基础。首先要考察构成侵权的积极构成要件。指导案例 24 号中的侵权人(机动车一方)存在侵权行为,主观上具有过错,对受害人(非机动车一方)造成损害事实,且行为与损害事实之间的因果关系成立,故侵权行为成立。然后还要考察构成侵权的消极要件,也就是侵权人可以进行抗辩或免责的法律事由。根据《侵权责任法》(已失效)第 26 条的规定,"被侵权人对损害的发生也有过错的,可以减轻侵权人的责任";又根据《道路交通安全法》第 76 条第 1 款第(二)项的规定,"机动车与非机动车驾驶人、行人之间发生交通事故,非机动车驾驶人、行人没有过错的,由机动车一方承担赔偿责任;有证据证明非机动车驾驶人、行人有过错的,根据过错程度适当减轻机动车一方的赔偿责任"。但是,根据指导案例 24 号的裁判要点和裁判理由,尽管受害人的特殊体质状况与损害结果之间存在一定的因果关系,但这种关系不能被认定为"受害人存在过错",因而不属于可以减轻侵权人责任的法定情形。

第四步,将待决案件事实归入指导案例 24 号裁判要点以及《侵权责任法》(已失效)、《道路交通安全法》规则中的构成要件之下,得出"侵权人一方以受害人体质状况对损害后果存在影响作为减轻责任抗辩理由是不能成立"的判断结论。

按照上述分析步骤,律师可以逐步判断待决案件是否与指导案例 24 号具有相似性或检索其他类案。作为受害人一方的代理律师,需要论证待决案件与指导案例 24

---

① 参见王利明:《法学方法论》,中国人民大学出版社 2012 年版,第 282—293 页。
② See Dieter Medicus, Bürgerliches Recht, Carl Heymanns Verlag, 1999, p. 6.

号属于类案,从而尽可能地维护受害人获取侵权赔偿的权益。作为侵权人一方的律师,则可以运用逆向思维来否定待决案件与指导案例24号之间的相似性。例如,司法实践中有部分侵权人或保险公司一方的律师从案件事实角度出发,以"受害人患有疾病不等于受害人存在特殊体质"或"受害人特征状况对受害情况发挥的作用不同"为由对抗受害人一方的请求权主张,并得到了司法机关的支持(案例9.2.4和案例9.2.5)。也有律师从法律适用的角度出发,通过否定侵权人行为与受害人损害结果之间的因果关系(如主张因果关系中断)来对抗受害人的请求权主张以达到减免责任的目的。

最后需要强调的是,尽管请求权基础分析法日渐成为民法方法论中的主流方法之一,但其与法律关系分析法也并无绝对优劣之分,两者之间无法互相替代。有研究者认为,法律关系分析法与请求权基础分析法在司法实践中可以被融合运用,律师可以先正向分析当事人之间可能存在的各种法律关系,检索可以提出的请求权,然后再进行逆向分析,尝试从法官中立的立场出发来判定哪些主张可以得到支持。① 此外,律师在检索民事类案时不仅要灵活运用以上两种方法,还要将其与类案检索和判断的一般方法进行结合,以产生良好的效果。

二、刑事诉讼中的类案检索

在刑事诉讼中,公诉机关(检察官)与辩护律师往往会围绕着被告人定罪与量刑的问题展开对抗与辩论,因而刑事诉讼中的类案检索可以从定罪与量刑两个方面展开讨论。当然,刑事诉讼还可能包括刑事自诉和刑事附带民事诉讼,考虑到前者与公诉机关的思路相似,后者与民事诉讼相似,故此处不再单独讨论。此外,由于最高人民检察院也发布了指导性案例,因而刑事类案检索还涉及"'两高'指导性案例"的协调使用问题。

(一)基于定罪的类案检索

从类案检索的角度来说,辩护律师和公诉机关都首先要围绕刑事诉讼中被告人的犯罪是否成立、罪数形态、具体罪名等问题展开类案检索,从而为认定被告人罪的有无以及罪的性质寻求理由。从刑事实体法适用的角度来看,我国目前关于犯罪构成的方法论主要有三种:第一种为受到苏俄刑法学影响的"四要件说",即通过犯罪的主体、客

---

① 参见陈金钊等:《法律方法论研究》,山东人民出版社2010年版,第653页。

体、主观方面、客观方面来判定犯罪是否成立。① 第二种为近年来开始被引入我国的德日"三阶层说",即通过构成要件的符合性(该当性)、违法性与有责性来判定犯罪是否成立。② 第三种则是国内有研究者提出的"二阶层说",即从行为的违法性和有责性角度来判定犯罪是否构成。③ 考虑到近年来"三阶层说"和"二阶层说"的犯罪构成理论日益成为主流,且"二阶层说"是对"三阶层说"的整合,其具有思维简约、内涵丰富、易于掌握等特点,故基于定罪的类案检索可以优先采用此种理论。根据该理论,判断行为是否构成犯罪,需要首先对该行为在客观上的违法性进行判断,主要包括积极的构成要件(行为、对象、结果、构成身份、因果关系等)以及是否存在违法阻却事由等消极要件(正当防卫、紧急避险等);然后对行为的有责性进行判断,包括责任的积极条件(故意、过失等)和责任的消极条件(刑事责任能力等)。因此,公诉机关和辩护律师可以分别从上述两个阶层四个方面逐次递进地归纳案件事实,并以此作为刑事类案检索的基本依据。

从目前最高人民法院发布的刑事指导性案例来看,大多数指导性案例的裁判要点都以违法性中积极构成要件的判断为重点关注对象,只有少数刑事指导性案例的裁判要点关注违法阻却事由(如指导案例93号"于欢故意伤害案")的法律适用问题或纯粹的刑事程序类法律适用问题(如指导案例63号"徐加富强制医疗案")。因此,公诉机关和辩护律师在检索刑事类案时,应当重点关注类案中关于违法行为构成要件符合性认定的裁判规则和重要事实。此处以指导案例32号(案例9.2.6)为例,演示如何运用犯罪构成理论辅助刑事类案检索。通过对该案进行初步分析,可以发现该案在有责性判断上并不存在疑难点,也不存在违法阻却事由,该案法律适用的关键点在于如何理解《刑法》第133条之一第1款规定的危险驾驶罪的违法构成要件。

根据《刑法》第133条之一第1款规定,在道路上驾驶机动车追逐竞驶,情节恶劣的,构成危险驾驶罪。那么,如何理解"追逐竞驶"和"情节恶劣"呢?从客观行为上看,二被告人驾驶超标大功率的改装摩托车,为追求速度,多次随意变道、闯红灯、大幅超速等,严重违章;从行驶路线看,二被告人约定了竞相行驶的起点和终点;从主观驾

---

① 参见〔苏联〕特拉伊宁:《犯罪构成的一般学说》,王作富等译,中国人民大学出版社1958年版,第48—49页。
② 参见陈兴良:《刑法教义学》,中国人民大学出版社2010年版,第123页。
③ 参见张明楷:《刑法学》(第五版),法律出版社2016年版,第97—100页。

驶心态上看,指导案例32号中的二被告人出于追求刺激、炫耀驾驶技能的竞技心理。综上,可以认定二被告人的行为属于危险驾驶罪中的"追逐竞驶"。

同时,二被告人追逐竞驶行为,虽未造成人员伤亡和财产损失,但从以下情形分析,属于危险驾驶罪中的"情节恶劣":第一,从驾驶的车辆看,二被告人驾驶的系无牌和套牌的大功率改装摩托车;第二,从行驶速度看,总体驾驶速度超速达50%以上;第三,从驾驶方式看,反复并线、穿插前车、多次闯红灯行驶;第四,从对待执法的态度看,二被告人在民警盘查时驾车逃离;第五,从行驶路段看,途经道路均系城市主干道,沿途交通流量较大,行驶距离较长,在高速驾驶的刺激心态下和躲避民警盘查的紧张心态下,极易引发重大恶性交通事故。上述行为,给公共交通安全造成一定危险,足以威胁他人生命、财产安全,故可以认定二被告人追逐竞驶的行为属于危险驾驶罪中的"情节恶劣"。

通过对指导案例32号的裁判要点和裁判理由进行分析,可以发现其对刑法相关规定的违法构成要件事实进行了解释和细化。对于危险驾驶罪中的"追逐竞驶",可以从客观行为和主观心理上进行分析;对于危险驾驶罪中的"情节恶劣",则可以从驾驶的车辆、行驶速度、驾驶方式、对待执法的态度、行驶路段等角度加以考察。因此,公诉机关或辩护律师在检索涉嫌危险驾驶罪的类案时,就可以从以上几个角度来提取案件事实,并以此作为类案相似性判断的主要比较点。

(二)基于量刑的类案检索

从律师的角度来看,刑事辩护可以分为两种:一种是无罪辩护,另一种是罪轻辩护。罪轻辩护又可以分为两种:一种是为被告人争取较轻罪名的判决,另一种则是在被指控罪名不变的前提下为被告人争取从轻或减轻量刑。① 因此,刑事类案检索不仅关注定罪,还应当关注量刑问题。在司法实践中,量刑的依据除刑法规范之外,还包括最高人民法院、最高人民检察院发布的司法解释以及最高人民法院和各省(自治区、直辖市)高级人民法院制定的量刑类案检索意见。可以预见的是,随着案例指导制度和类案检索制度的发展,类案检索在刑事量刑中也将发挥重要的作用。

事实上,最高人民法院发布的刑事指导性案例几乎都同时涉及定罪与量刑问题,只是不同的案例对定罪问题和量刑问题的侧重有所不同。根据对定罪量刑问题关

---

① 参见陈瑞华:《刑事辩护的理念》,北京大学出版社2017年版,第3—10页。

注侧重程度的不同,刑事指导性案例可以分为三类:

第一类是以定罪问题为主要关注点的案例。大多数刑事指导性案例均属于这一类型(如前文举例的指导案例32号),其一般会通过裁判要点规定定罪问题的裁判规则,并在裁判理由的最后一部分附带讨论与本案相关的量刑问题。由于此类案例的量刑判断借助刑法、司法解释或量刑类案检索意见亦可得出明确结论,因而辩护律师无须将其对量刑问题的判断作为类案检索的比较点。

第二类是专门关注量刑问题的指导性案例。此类案例的裁判要点往往与定罪问题关系不大,而是直接阐明与相关罪名有关的量刑问题。例如,指导案例4号(案例9.2.7)的裁判要点主要关注的是故意杀人罪的量刑问题。在本案中,司法机关从化解社会矛盾的角度出发,对被告人判处死刑缓期二年执行(而非立即执行)。对于此类专门关注量刑问题且有可能作出对被告人从轻判决的类案,辩护律师在进行类案检索时应当重点关注并妥当使用。

第三类属于兼顾定罪与量刑问题的指导性案例。这类指导性案例一般会在裁判要点部分同时列明关于某一罪名的定罪与量刑裁判规则,如指导案例93号(案例9.2.8)。该案的四条裁判要点中有三条是关于定罪问题的,有一条是关于量刑问题的。由于此类案例的定罪与量刑问题联系紧密,两者不宜被割裂开来,辩护律师应当将与案件事实相关的定罪与量刑问题进行通盘考量,并采用一种体系性思维进行类案检索。

(三)"两高"指导性案例在类案检索中的协调问题

与民事和行政类指导性案例不同,刑事诉讼中的类案检索还存在一个特殊问题,那就是最高人民法院和最高人民检察院(简称"两高")指导性案例的协调问题。虽然都被称为"指导性案例",但"两高"指导性案例无论在文本还是制度和运作机制上都存在不少差异。首先,根据《最高人民检察院关于案例指导工作的规定》第15条的规定,"各级人民检察院应当参照指导性案例办理类似案件"。尽管对于公诉机关来说,最高人民检察院的指导性案例是具有拘束力的,但从《类案检索意见》的规定来看,司法机关意义上的类案显然不包括检察机关的指导性案例。其次,受限于职权范围,最高人民检察院的指导性案例不仅无法直接约束司法机关的裁判活动,也没有像最高人民法院的案例指导制度和类案检索制度那样,对当事人或律师检索与使用类案的行为进行规定。再次,受到职能差异的影响,相比于最高人民法院的指导性案例,最高人民检察院的指导性案例倾向于"重判"。① 最后,从文本体例上看,最高人民法院的指导性案例主要服务于司法机关的审判活动,其重点是裁判要点和裁判理由;最高人民检察院的指导性案例则主要服务于检察机关的公诉活动,其文本体例中有"检察机关监督情况"和"指导意义"两个明显不同于最高人民法院指导性案例的组成部分。

通过以上对比分析,我们可以将最高人民检察院指导性案例的检索与使用规则总结为如下三条:其一,对于公诉机关来说,最高人民检察院指导性案例有助于规范其权力行使并协助统一法律适用,且从实质内容上来看,这些案例也有利于其打击与追诉犯罪,因而应当积极检索使用。其二,对于辩护律师而言,应当尽可能检索对被告人有利的类案。尽管最高人民检察院的指导性案例大多倾向于"重判",但也有少数案例通过规范检察权间接实现对被告人有利的判决。例如,最高人民检察院指导案例1号(案例9.2.9)就作出了不起诉决定。此类案例由于对公诉机关具有约束力,因而值得辩护律师重视。同时,为了进行有效辩护,当公诉机关参照最高人民检察院指导性案例时,辩护律师应当积极检索能够对抗其观点的司法机关的类案。其三,对于最高人民法院与最高人民检察院联合发布的类案,例如最高人民法院指导案例61号和最高人民检察院指导案例24号"马乐利用未公开信息交易案"(案例9.2.10),由于这类案例具有"双向拘束力",公诉机关与辩护律师均应当重视。双方在遭遇与此类案例相似的待决案件时,应当紧密围绕"两高"指导性案例进行分析和论辩。

三、行政诉讼中的类案检索

在行政诉讼中,被告恒定为行政机关,因而此类诉讼往往围绕着行政机关实施的行政行为的合法性展开。同时,除行政实体法律适用问题外,行政案件的受案范围或行政行为的可诉性问题一直是行政诉讼中的程序性热点问题。因而,当事人及律师在进行行政诉讼的类案检索时,需要做到实体法律问题与程序法律问题并重,才能有效地维护己方合法权益。

(一)基于行政行为合法性审查的类案检索

行政诉讼中的实体法律问题主要涉及对行政机关的行政行为进行合法性审查。具体而言,合法性审查主要包括对行政主体合法性、行政权限合法性、行政内容合法性

---

① 参见孙光宁:《"两高"指导性案例的差异倾向及其原因——基于裁判结果变动的分析》,载《东方法学》2015年第2期。

以及行政程序合法性的审查。因此,律师在进行类案检索时,应当着重从以上几个角度出发。考虑到行政行为合法性审查总体上也是一种"案件事实+争议焦点+法律适用"的模式,其在关键事实的提取与相似性比对方面与民事、刑事类案检索中的思维模式并无实质区别,此处不再赘述。这里需要强调的是,行政诉讼类案检索中可能出现的两种特殊情况。

第一种特殊情况是"行政诉讼类案的跨类型适用"。行政类法律法规数量众多、内容丰富、调整的社会关系十分广阔,这就意味着行政诉讼类案的裁判规则有可能会被适用到行政诉讼领域之外的其他类型案件中。例如,指导案例60号(案例9.2.11)就是一起关于行政处罚行为合法性的案例,该案涉及对《食品安全法》第26条的理解与适用问题。由于该案关乎食品安全和消费者权益保护等重要民生问题,因而在司法实践中被多次引用,且经常被用于民事诉讼(如产品质量责任纠纷引发的侵权赔偿)案件中。① 因此,律师不仅可以在代理行政诉讼的类似案件中检索此案来作为判断行政处罚行为合法性的理由,还可以在相关民事案件中引述该案,来判断食品经营者行为的合法性以及与之对应的请求权能否得到支持。

第二种特殊情况是"行政规范性文件的附带审查"。由于行政法律规范体系内容庞杂,且很多规范性文件的制定权限下放到地方,地方性立法或规范性文件可谓汗牛充栋。因此,不同位阶的法律规范相互冲突的现象难以避免,这就需要司法机关通过裁判进行协调处理,这方面典型的例证是指导案例5号(案例9.2.12)。该案不仅对涉案行政许可行为和行政处罚行为的合法性进行了判断,还以此为契机,通过对《立法法》《行政许可法》《行政处罚法》《行政诉讼法》等相关规定进行体系解释,最终认定涉案地方性政府规章因与上位法冲突而不适用。律师在检索此类案例时,需要注意与类案相关的法律法规以及其他规范性文件,也就是采用《类案检索意见》第5条中的"法条关联案件检索"方式,来同时为涉案行政行为的合法性和规范性文件的合法性判断寻找理由。

(二)基于行政行为可诉性的类案检索

尽管近年来我国通过修改《行政诉讼法》进一步明确并扩大了行政诉讼的受案范围,但《行政诉讼法》的第12条和第13条在遭遇一些新型疑难案件时依然有过于抽象

---

① 参见孙跃:《指导性案例跨类型适用的限度与进路》,载《交大法学》2020年第1期。

之嫌。因此,通过典型案例来细化行政诉讼的受案范围或辅助判断行政行为是否具有可诉性,是行政诉讼类案长期关注的重点。由于《行政诉讼法》第 12 条采用了"典型案件类型+一般兜底条款"的方式来规定行政诉讼的受案范围,因而在非行政机关一方当事人所诉的行为不属于该条款规定的典型类案时,司法机关往往会适用一般兜底条款来判断行政行为的可诉性。

例如,指导案例 69 号(案例 9.2.13)就是上述裁判思路的典型体现。该案的裁判理由指出,认定涉案行政行为的关键在于该行为"是否对相对人的权利义务产生实质影响"。在本案中,虽然被告行政机关作出通知是工伤认定中的一种程序性行为,但该行为将导致原告的合法权益长期乃至永久得不到依法救济,直接影响了原告的合法权益,对其权利义务产生实质影响,并且原告也无法通过对相关实体性行政行为提起诉讼以获得救济。因此,本案认定被告作出《中止通知》的行为属于可诉行政行为,人民法院应当依法受理。受到上述裁判思路的启发,行政诉讼中原告及其律师应当尽可能论证在待决案件中行政行为对原告的权利义务产生了实质影响,且无法通过对相关实体性行政行为提起诉讼以获得救济,并寻找与之类似的案例作为理由。相对的,被告行政机关及其律师则需要重点从行政行为没有对原告权利义务产生实质性影响的角度出发检索类案。

第三节 当事人、律师或公诉机关使用类案的方法

一、使用类案支持己方观点

当事人、律师或公诉机关检索类案的目的往往是运用类案支持自己的法律主张,因而他们就需要尽可能地提升使用类案的说服力。就使用类案的方式方法而言,律师等诉讼参与人应当优先使用对己方有利的、与待决案件相似性较强的、权威性较高的、时空关系较近的类案,以增强类案使用在法律论证中的说服力。

(一)优先使用对己方有利的类案

正如概述部分所言,当事人、律师或公诉机关作为诉讼参与人检索与使用类案的主要动机是为了实现各自不同的诉讼目的,因而这些主体需要优先使用对己方有利的类案。根据法律论证的融贯性理论,支持一个法律判断的理由(如法条、判例、法理学

说等)越多,其论证力度就越强。① 因而,当事人、律师或公诉机关需要分析不同类案可能产生的法律效果,并尽可能地在这些法律后果不同的类案中选择使用那些对己方有利的类案来进行法律论证。需要强调的是,这里的"利己性"并非无条件的,其依然要在我国法律规范体系和价值体系的框架内进行,并接受类案检索方法论的一般性约束,而不能为了谋取有利判决滥用、误用类案。关于使用类案支持己方观点或抗辩对方观点的方法,将在本节的第二部分进行讨论。

(二)优先使用与待决案件相似性较强的类案

如果说优先使用对己方有利的类案是当事人、律师或公诉机关使用类案的主观标准,那么"优先使用与待决案件相似性较强的类案"就是他们使用类案的首要客观标准。类案检索与使用的基本法理是"同案同判",即"同类(相似)案件同样(相似)对待"。与制定法不同,判例的适用往往附带条件,即"判例与待决案件具有相似性"。因而,类案与待决案件相似性程度越高,越接近司法对"同案同判"的追求,也就越容易被司法机关接受和采纳。因此,律师或公诉机关应当运用类案判断的基本原理和方法,归纳出待决案件与不同类案的相似点数量,然后根据相似点数量的多少对待使用类案的相似性程度进行排序,并优先选择那些相似性较强的类案使用。

(三)优先使用权威性高的类案

作为司法意义上的法律渊源的判例,总体上是一种权威理由,其权威性越高,对司法裁判的拘束力就越强。② 因而,当事人、律师或公诉机关应当优先使用那些权威性高的类案。由于司法判例主要依托于一国的司法审级系统运作,审级越高的法院的判例,其权威性与拘束力也就越强。事实上,《类案检索意见》第4条基本也是按照上述标准确定类案权威性的,不同类型的类案权威性由强到弱依次为:最高人民法院发布的指导性案例、最高人民法院发布的典型案例及裁判生效的案件、本省(自治区、直辖市)高级人民法院发布的参考性案例及裁判生效的案件、上一级人民法院及本院裁判生效的案件。

根据《案例指导工作规定》第7条、《案例指导实施细则》第9条以及《类案检索意见》第9条的内容,指导性案例具有"应当参照"程度的拘束力,而其他类案则具有"可

---

① 参见〔瑞典〕亚历山大·佩策尼克:《论法律与理性》,陈曦译,中国政法大学出版社2015年版,第313—315页。

② 参见雷磊:《指导性案例法源地位再反思》,载《中国法学》2015年第1期。

以参考"程度的拘束力。可见,指导性案例因为具有特殊的制度地位,其权威性与拘束力明显强于其他类案。故当事人、律师或公诉机关应当优先使用指导性案例,在无法检索到与待决案件具有相似性的指导性案例时,再考虑按照审级由高到低的顺位依次使用其他类案。

(四)优先使用时空关系较近的类案

判例或案例作为法律适用的延伸,其本质上是一种用个案规范调整社会经济关系的方式。通常来说,判例在时间和空间上与待决案件越接近,其用于支持待决案件法律主张的力度就越强。因此,当事人、律师或公诉机关在使用类案时,还应当优先使用那些与待决案件时间或空间关系较近的案例。所谓时间关系较近,就是指要优先使用那些生效判决作出时间较新的类案。此外,根据《类案检索意见》第4条的规定,除指导性案例以外,应当优先检索近三年的案例或者案件。

所谓空间关系较近,是指要尽可能地使用那些与待决案件审理法院地缘上比较近的法院生成的类案,该原则一般在两种情况下使用。第一种情形是,根据《类案检索意见》第4条的规定的顺位,无法找到与待决案件相似的类案,尤其是无法找到"本省(自治区、直辖市)高级人民法院发布的参考性案例及裁判生效的案件"或"上一级人民法院及本院裁判生效的案件"。那么,当事人、律师或公诉机关就可以尝试使用上一级人民法院辖区内的其他同级人民法院的类案。例如,律师在甲省A市中级人民法院代理案件时,无法从最高人民法院、甲省高级人民法院或A市中级人民法院找到类案,那么他就可以尝试使用甲省B市中级人民法院的类案。尽管这种类案的"横向使用"可能会因为缺乏《类案检索意见》相关规定支持而不被采纳,但由于具有地缘上的近因性,其依然可能具有一定的说服力。另一种情形是,在某些区域司法一体化程度较高的地区,司法机关会通过明文规定的方式支持空间关系较近的类案的横向使用。例如,根据江苏省高级人民法院发布的《关于建立类案强制检索报告制度的规定(试行)》第4条的规定,"长三角四地(上海、江苏、浙江、安徽)高级人民法院联合发布的典型案例"均属于类案检索与使用的范围。例如,律师在代理一起由浙江省杭州市中级人民法院审理的案件时,不仅可以使用浙江省高级人民法院的典型案例,也可以将上海市高级人民法院的典型案例作为类案使用。

二、否定对方使用类案

如果说在司法诉讼活动中使用类案来支持己方的主张是一种"进攻行为",那么通过法律论证来否定对方诉讼参与人使用类案则属于"防御行为"或"削弱对方进攻的行为"。正是通过争讼各方基于类案使用的攻防对抗,司法机关才能更为全面细致地掌握案件的全貌,并居中作出妥当裁判。一般而言,否定对方使用类案的方式主要有两种:其一为基于类案相似性的否定,其二为基于类案本身的否定。

(一)基于类案相似性的否定

所谓基于类案相似性的否定,就是通过论证对方所使用类案与待决案件不具有相似性,来说服司法机关排除对方所提交的类案适用。根据《案例指导实施细则》《类案检索意见》的相关规定,类案判断的主要标准是案件事实、争议焦点、法律适用等三个方面。因而,律师等诉讼参与人如果要否定对方使用类案的主张,就可以从以上三个方面出发进行反驳和抗辩。

所谓基于事实相似性的否定,即通过论证待决案件与对方提交的类案在事实上不同,来否定对方类案的使用。需要强调的是,这里的事实并不是指待决案件与类案全部事实的细枝末节,而是这些事实中可能影响到法律适用的重要事实或关键事实。例如,本章第二节中示例的指导案例24号的裁判要点为"交通事故的受害人没有过错,其体质状况对损害后果的影响不属于可以减轻侵权人责任的法定情形",其中的"交通事故的受害人没有过错""受害人的体质状况对损害后果的影响"等事实均属于重要事实或关键事实。假如律师能够提供证据证明被害人存在过错或其并不存在体质状况,那么就可以排除对方对指导案例24号参照适用的主张。

所谓基于争议焦点相似性的否定,即通过论证待决案件与对方提交的类案在争议焦点方面的不同,来否定对方类案的使用。在司法实践中,有些待决案件之间虽然具有相似的事实与法律关系,但它们的争议焦点可能并不相同,因而也不属于严格意义上的类案。例如,在(2018)豫01民终1900号判决书(案例9.3.1)中,上诉人一方的律师就提交了最高人民法院指导案例9号(案例9.3.2),并以此主张对方公司股东应当对涉案债务承担连带责任。但司法机关认为,本案的争议焦点是"杜福菊起诉是否超过诉讼时效",这与指导案例9号的争议焦点"有限责任公司的股东是否能以不是实际控制人为由免除公司清算义务"并不相同,因而不能参照适用指导案例9号。

所谓基于法律适用相似性的否定,即通过论证待决案件与对方提交的类案在法律适用方面的不同,来否定对方类案的使用。从逻辑上看,案件事实与争议焦点均相似的案件,法律适用一般也应该是相似的。不过,在实践中依然可能存在两种较为罕见的情况,即案件事实相似但法律适用不相似。第一种情形是涉及不同法律部门规范适用交叉的案件。例如,在一起民刑交叉的案件中,同一事实可能因诉讼程序的差异性而分别与不同法律部门规范相互关联,因而会造成"案情相似(相同)"但"法律适用不同"的现象。在此种情形下,法官显然不能在一起民事案件中参照刑事指导性案例进行裁判,因为两者涉及的法律依据不同。第二种情形是涉及同一法律部门的不同法律规范交叉竞合适用的案件。例如,一起民事案件可能涉及合同违约请求权与侵权责任赔偿请求权的竞合。尽管案件事实相同,所适用的诉讼程序也相同,但当事人有权(或经法官释明)选择主张特定的请求权,进而导致所适用的法律规范以及法律效果上的差异性。

(二)基于类案本身的否定

所谓基于类案本身的否定,就是通过否定对方提交的类案本身的正当性来排除对相关类案的参照适用,其可以分为"基于类案效力的否定"和"基于类案效果的否定"。

所谓基于类案效力的否定,是指通过否定对方提交类案本身的效力来排除其司法适用。第一种情形为否定类案的绝对效力。例如,根据《案例指导实施细则》第 12 条,当指导性案例与"新的法律、行政法规或者司法解释相冲突"或"为新的指导性案例所取代"的时候,将失去指导效力。基于举重明轻的原理,其他那些效力本身就低于指导性案例的类案在存在以上情形时,当然也就不能作为裁判理由使用。第二种情形为否定类案的相对效力。律师可以根据《类案检索意见》第 4 条规定的顺位,检索并提交那些在效力上强于或至少等于对方提交的类案的案例或者案件,从而否定或削弱对方使用类案的论证力度。

所谓基于类案效果的否定,就是通过论证对方提交的类案会造成实质不公或产生的社会效果不佳来排除相关类案的适用。在实践中,前述情形主要体现为类案本身在形式上有效但在实质内容上存在严重缺陷,例如类案裁判规则过于模糊导致难以适用、类案体现的法律原则或精神已经过时、类案与其他类案之间存在严重冲突等。[①] 此

---

① 参见孙海波:《普通法系法官背离先例的经验及其启示》,载《法商研究》2020 年第 5 期。

外,律师也可以提供类案之外的"更强理由"(如法理、法学通说或其他实质性理由中的反对意见)来削弱对方类案的论证理由。

三、提交类案的程序与方式

尽管《类案检索意见》并没有对当事人、律师或公诉机关提交类案的程序与方式进行强制性规定,但为了提高诉讼效率、实现诉讼目的,律师等诉讼参与人提交类案的程序与方式应当尽可能合法、合理。在提交程序上,律师等诉讼参与人应当尽可能以公开的方式在庭审过程中提交类案;在提交方式上,律师等诉讼参与人应当尽可能通过制作类案检索报告的方式提交类案。

(一)提交程序

有相关实证研究表明,司法实践中有部分当事人或律师将指导性案例作为证据或参考资料提交。① 根据我国三大诉讼法以及相关司法解释和证据规则的规定,证据一般是指用来认定案件事实的依据。尽管指导性案例或其他类案中也包含对事实的认定,但这种认定总体上属于法律适用或"法律事实"的范畴,因而类案不宜作为证据被提交。这就意味着,当事人或律师不宜在诉讼程序中的举证质证阶段提交类案。同时,由于类案(特别是指导性案例)具有一定程度的拘束力,而不是只具有说服力,因而其也不宜作为参考资料提交。同时,如果律师将类案作为参考资料提交,也不容易引起司法机关的重视。

总体而言,类案属于一种特殊类型的裁判规范或裁判理由,其应当被作为关于法律适用的意见或建议被提交。例如,在民事诉讼中,律师可以在起诉状或答辩状的"事实与理由"部分中简述作为法律上理由的类案,在法庭辩论和代理意见中详述类案及其参照适用的理由;在刑事诉讼中,律师则可以在法庭辩论与辩护词中阐述类案及其参照情况。基于司法公开和庭审实质化的考量,律师一般应当以公开的方式在庭内提交类案及相关法律意见。为了防止类案使用的暗箱运作,律师还应当主动与司法机关沟通,建议其将对方当事人或律师在庭外提交的类案及法律意见告知己方。

(二)提交方式

律师等诉讼参与人提交类案的方式总体上有三种:

---

① 参见彭中礼:《司法判决中的指导性案例》,载《中国法学》2017年第6期。

第一种方式为口头提交。所谓口头提交，是指律师通过诉讼程序中的法庭辩论或其他发言的形式提交类案。口头提交的优点是方便、快捷，但其缺点也显而易见。类案的检索与使用毕竟是一个由多个环节组成的司法活动，这一过程如果仅通过口头表述，会因为过程冗长且信息量较大而难以被完全记录。即便能够被载入庭审笔录，也容易被司法机关忽略。因此，口头提交是效果最差的一种提交方式。

第二种方式是载入其他法律文书提交。在诉讼过程中，律师、公诉机关等诉讼参与人会提交各类法律文书，如起诉状、答辩状、公诉书、代理意见、辩护词等，这些法律文书为载入类案提供了书面载体。相比于口头提交，通过各种法律文书提交类案能够相对清晰地表述类案的基本信息及其参照适用的理由。但考虑到法律文书中记载的内容非常多元化，其可能掺杂证据问题、事实问题、法律法规与司法解释的适用问题以及其他各种信息，因而类案检索与使用的观点很可能被埋没其中而难以引起司法机关的注意。因此，此种提交方式仅适合那些类案数量较少、参照方式较为简单的情况。

第三种方式是制作专门的类案检索报告提交，这同时也是最为专业且效果最好的类案提交方式。专门的类案检索报告可以较为全面细致地记载类案的基本信息及其检索与使用的情况，因而可以适用于大多数类案检索以及疑难复杂案件的类案检索。根据《类案检索意见》第 7 条和第 8 条的规定，司法机关在使用类案时也要制作类案检索报告。因此，律师制作类案检索报告不仅可以为司法机关提供参考，还能在一定程度上减轻司法机关的工作负担，从而提高诉讼效率。关于类案检索报告的制作方法与体例，可以参见本书第八章的相关内容。

第四节　本章小结

本章在概述当事人、律师或公诉机关检索和使用类案的特点和意义的基础之上，以最高人民法院发布的指导性案例为主要示例，重点从律师视角出发对类案检索方法与使用方法进行了探讨。就类案检索的一般方法而言，律师与法官并无本质区别，其也需要从案件事实、争议焦点、法律适用等角度出发进行判断。在民事诉讼中，律师应当综合运用法律关系分析方法和请求权基础分析方法来协助类案检索的进行。在刑事诉讼中，公诉机关与辩护律师应当借助犯罪构成的阶层理论，重点围绕被告人定罪与量刑的法律适用问题进行类案检索，在必要的前提下还需要协调运用最高人民法院和最高人民检察院的指导性案例。在行政诉讼中,类案检索应当做到实体与程序并重。就类案使用的方法而言,为了支持己方的诉讼主张,当事人、律师或公诉机关应当从利己性、相似性、权威性、时空近缘性等角度出发来确定类案使用的基本顺位。为了否定对方使用类案支持其主张,律师等诉讼参与人可以分别从类案相似性和类案本身两个角度出发进行驳斥和抗辩。在司法诉讼程序中,律师等诉讼参与人应尽可能地制作专门的类案检索报告,并将其作为法律意见的重要组成部分,以公开的方式提交给司法机关。

第十章

类案法律适用分歧的协调

审判委员会在解决类案法律适用分歧时,在存在法律适用分歧的任一类案并无明显更强合理性的情况下,一般根据指导性案例＞高层级＞经过审判委员会决定＞裁判时间近＞高相似性程度的一般化位阶决定分歧解决方案。

第一节 引 言

《分歧解决实施办法》《类案检索意见》《统一法律适用意见》等规范性文件都规定,为维护或提升司法公信力,需要统一法律适用与裁判尺度。即是说,司法公信力建立在公众对司法公正的观感与认知上。司法公正的观感与认知很大程度上来源于法律与裁判尺度的统一。落实到司法实践中,司法公正的外观形式就是"类案同判"。但"类案同判"的实现面临类案法律适用分歧的困境。所谓类案法律适用分歧,是指在理想情形下,待决案件承办法官参照或参考类案裁判,便能实现"类案同判";只是类案之间也可能存在"不同判"的问题,即类案 C_1 与类案 C_2 都构成待决案件的类案,但类案 C_1 与类案 C_2 的裁判却存在较大分歧。这导致试图通过类案解决法律适用分歧的待决案件承办法官陷入新的两难之中,即待决案件承办法官是适用类案 C_1,还是适用与类案 C_1 不同,甚至采取对立方式裁判的类案 C_2。

本质上,类案 C_1 与类案 C_2 都适用相同法律规定,但两案承办法官对该法律规定存在不同理解,导致类案之间出现法律适用分歧。即是说,两案承办法官都是依"法"裁判,只是在具体案件审理中,对该法律规定理解不同,不同法官基于理解不同得出不同结论或者裁判尺度差异较大的结论。从类案法律适用分歧表面看,法律适用分歧是不同类案的裁判理由不同,或裁判理由对相同法律规定的解释不同。但类案法律适用分歧实质上仍是法官对相同法律规定的"适用"分歧。即是说,法官对类案适用具体法律规定不存在分歧,但对如何理解特定法律规定,进而如何将之适用于类案出现了分歧。不同的类案为待决案件承办法官提供了多个适用"参考"与裁判尺度,使得待决案件承办法官再次陷入法律适用分歧之中。因此,类案法律适用分歧的本质就是法律适用分歧,这也是《类案检索意见》第11条这一引致条款,将类案法律适用分歧引致《分歧解决实施办法》的原因所在。基于间接实现提升司法公信力、直接实现统一法律适用与"类案同判"的目的考量,待决案件承办法官需要决定将待决案件的法律适用同哪个或哪些类案保持一致;或者区别于所有类案,发展出新的裁判尺度。

故此,基于实践操作性与统一法律适用的制度性考量,应参照《分歧解决实施办法》,在工作体系、程序、标准三个层面明确如何协调类案法律适用分歧。

第二节 类案法律适用分歧解决工作组织体系

根据《分歧解决实施办法》第 1 条的规定,类案法律适用分歧解决工作存在工作组织体系。在类案法律适用分歧中,待决案件承办法官发现类案法律适用存在分歧的,需要按照类案法律适用分歧解决程序交由相应主体讨论、研究与决定。① 也就是说,根据现行法律规定,不同主体构成类案法律适用分歧解决工作的组织体系。

一、院内类案法律适用分歧解决工作组织体系

首先,《分歧解决实施办法》设计了法律适用分歧解决的基本工作组织体系架构。其第 1 条第 1 款明确规定:"最高人民法院审判委员会(以下简称审委会)是最高人民法院法律适用分歧解决工作的领导和决策机构。"第 2 款规定:"最高人民法院审判管理办公室(以下简称审管办)、最高人民法院各业务部门和中国应用法学研究所(以下简称法研所)根据法律适用分歧解决工作的需要,为审委会决策提供服务与决策参考,并负责贯彻审委会的决定。"即在最高人民法院层级,存在双层法律适用分歧解决机制。其中,审判管理办公室、各业务部门、中国应用法学研究所作为服务与决策辅助机构,负责法律适用分歧的研究工作,并且具体负责法律适用分歧的组织工作。审判委员会则在领导前者研究工作的同时,在研究基础上进行最终决策。之所以如此安排的原因主要有两个:

其一,《人民法院组织法》第 37 条第 1 款第(二)项规定,"审判委员会履行下列职能:……(二)讨论决定重大、疑难、复杂案件的法律适用"。第 2 款规定,"最高人民法

---

① 需要指出的是,参照《分歧解决实施办法》第 2 条的规定,法律适用分歧可以分为两类:第一类为类案之间的法律适用分歧[《分歧解决实施办法》第 2 条第(一)项];第二类为待决案件将改变在先案件裁判尺度的,可被称为类案裁判冲突[《分歧解决实施办法》第 2 条第(二)项]。只是在第二类类案法律适用分歧的情形中,待决案件承办法官选择遵循某个或某些类案,意味着必然改变其他类案的裁判尺度。即是说,第一类类案法律适用分歧的情形必然涉及第二类类案法律适用分歧的问题。又根据《司法责任制实施意见》第 8 条第 2 款与《司法责任制试行意见》第 40 条的规定,判决存在可能形成新的裁判标准或者改变上级人民法院、本院同类生效案件裁判标准的,应当提交专业法官会议或者审判委员会讨论。又根据《统一法律适用意见》第 10 条的规定,"独任法官、合议庭……发现将要作出的裁判与其他同类案件裁判不一致的,应当及时提请专业法官会议研究"。因此,类案法律适用分歧解决工作的工作组织体系不仅包括《分歧解决实施办法》第 1 条规定的主体,还包括《司法责任制实施意见》《司法责任制试行意见》《统一法律适用意见》明确的法律适用分歧解决工作组织主体。

院对属于审判工作中具体应用法律的问题进行解释,应当由审判委员会全体会议讨论通过"。对于重大、疑难、复杂的法律适用问题或者可能涉及审判工作中的具体应用法律问题,最高人民法院审判委员会是法定的职权部门。《分歧解决实施办法》第1条是对《人民法院组织法》第37条规定的具体延伸。并且《统一法律适用意见》第11条还明确规定审判委员会具有统一法律适用标准的职责,强调对以下四类案件进行监督:"(1)涉及法律适用标准问题的重大、疑难、复杂案件;(2)存在法律适用分歧的案件;(3)独任法官、合议庭在法律适用标准问题上与专业法官会议咨询意见不一致的案件;(4)拟作出裁判与本院或者上级法院同类案件裁判可能发生冲突的案件。"多个规范性文件共同确定了审判委员会负责法律适用分歧案件的领导、决策职责。

其二,审判管理办公室、各业务部门、中国应用法学研究所作为研究部门,具体研究法律适用分歧,为审判委员会提供决策辅助支持。第一,审判管理办公室作为研究部门。根据《统一法律适用意见》第14条的规定,"审判管理部门在履行流程管理、质量评查等审判管理职责时,对于发现的重大法律适用问题应当及时汇总报告"。第二,各业务部门作为研究部门。各业务部门熟悉了解审判工作中的具体审判问题,对于法律适用分歧亲历性更强,通过业务部门对同类型案件的熟悉性,更利于吸收审判经验,促使业务部门重视相应法律适用分歧,对法律适用分歧进行更早、更充分的研究,以提供意见、理由,供审判委员会决策与统一法律适用与裁判尺度。第三,中国应用法学研究所作为研究主体。其将中国应用法学研究所作为研究组织主体"原因在于,法研所自2018年8月开始组织实施人民法院类案索引与类案规则研究专项工作……各研究团队在开展研究过程中,尤其是在类案检索过程中,也会发现最高人民法院生效裁判之间存在的法律适用分歧"①。

其次,法律分歧解决体制不仅存在于最高人民法院。根据《统一法律适用意见》第9条规定,"各高级人民法院应当参照最高人民法院做法,建立本辖区法律适用分歧解决机制,研究解决本院及辖区内法院案件审理中的法律适用分歧"。高级人民法院以及中级人民法院、基层人民法院层级内部也可参照《分歧解决实施办法》的规定设计相同或类似的工作组织体系。只是在法学研究所作为组织主体的安排上,可以根据不同层级以及不同法院的具体安排来确定。即无论最高人民法院,还是地方各级人民法院

---

① 曹士兵、韩煦:《〈关于建立法律适用分歧解决机制的实施办法〉理解与适用》,载《人民司法》2020年第1期。

或专门人民法院,在本院范围内遇到法律适用分歧问题的,应以审判委员会为领导、决策机构,审判管理办公室、各业务部门为研究部门,为审判委员会提供辅助与决策参考。

最后,基于类案法律适用分歧的本质是法律适用分歧,只是法律适用分歧体现为不同类案中的法律适用。因此,根据《类案检索意见》第11条引致条款的规定,类案法律适用分歧依照《分歧解决实施办法》的规定,也应纳入上述分歧解决组织体系处理。

二、院外类案法律适用分歧工作组织体系

根据后述论证,院内类案法律适用分歧的解决可经专业法官会议讨论,合议庭不采纳专业法官会议一致意见或者多数意见的,说明理由并提请院庭长监督,院庭长认为必要的,提交审判委员会讨论。或者根据《分歧解决实施办法》进行法律适用分歧协调程序的,最终提交审判委员会讨论。前述两类情形最终都需要由审判委员会作出决定。若审判委员会经研究无法达成一致意见,便无法作出关于类案适用法律分歧解决的决定。又因为法律适用分歧为待决案件必须处理的问题,尤其是在当事人、公诉机关、辩护人与诉讼代理人各方存在类案法律适用分歧的情形中,院内无法达成一致意见,不能作出终局处理方案。根据《统一法律适用意见》第9条的规定,"各中级、基层人民法院发现法律适用标准不统一问题,经研究无法达成一致意见的,应当层报高级人民法院,超出高级人民法院辖区范围的,应当及时报送最高人民法院研究解决"。

《分歧解决实施办法》第2条规定,高级人民法院可以直接作为法律适用分歧的申请主体。因此,在最高人民法院与高级人民法院之间,高级人民法院的类案法律适用分歧解决工作组织主体仍是审判管理办公室,按照后述初审、复审程序处理即可。中级、基层人民法院的法律适用则统一由高级人民法院负责。高级人民法院则参照《分歧解决实施办法》设计相同的组织主体即可。如中级人民法院无法就法律适用分歧达成一致意见的,可以向高级人民法院审判管理办公室申请,高级人民法院可以设定特定部门作为初审部门,仍以各业务部门作为复审部门,对法律适用分歧讨论研究,最终由高级人民法院审判委员会决定。

第三节　类案法律适用分歧解决程序

当事人与律师在选择类案时,重要的不是哪个或哪些类案是(唯一)正确的或者权威司法机关发布的,重要的是哪个或哪些类案支持己方的诉讼请求与论证需要。与当事人、律师不同,法官在审理待决案件时,更需要考虑哪些类案可能是恰当或符合权威司法机关的法律适用理解。因此,在多方主体提供不同乃至相反类案支持己方观点,以及法官在自行主动检索获得不同或相反类案时,法官需要研究、决定以及协调类案法律适用的分歧。《类案检索意见》第 11 条的规定:"检索到的类案存在法律适用不一致的,人民法院可以综合法院层级、裁判时间、是否经审判委员会讨论等因素,依照《最高人民法院关于建立法律适用分歧解决机制的实施办法》等规定,通过法律适用分歧解决机制予以解决。"根据《分歧解决实施办法》第 5—9 条的规定,法律适用分歧解决并非纯粹是待决案件承办法官的自由裁量问题;否则,本为统一法律适用、规范法官自由裁量权的类案适用便走向规范自由裁量的"对面"。并且,根据《统一法律适用意见》第 8 条、第 9 条规定,法律适用分歧协调不仅存在于最高人民法院这一层次,基层、中级与高级人民法院层次也需要嵌入法律适用分歧协调机制之中。因此,在四级法院体系中,类案法律适用分歧协调机制的程序需要在院内与院外两个层次内协调。

一、院内类案法律适用分歧协调程序

院内类案法律适用分歧协调程序是指,待决案件承办法官检索获得类案,但类案的法律适用存在分歧的,需要首先在本院范围内启动类案法律适用分歧解决程序。

(一)类案法律适用分歧的发现与申请

首先,公诉机关、案件当事人、辩护人、诉讼代理人有强烈动机主张适用类案,类案法律适用分歧容易在不同主体主张的不同类案中产生。如北京天驰君泰律师事务所在代理百色广缘汽车销售服务有限公司在广西壮族自治区百色市右江区人民法院(2020)桂 1002 民初 1048 号案件(案例 10.3.1)时,便制作了类案检索与裁判规则专项报告,以最高人民法院指导案例 17 号"张莉诉北京合力华通汽车服务有限公司买卖合同纠纷案"(案例 10.3.2)等案例为类案,支持己方请求。尽管真正面对类案法律适用分歧的主体是独任法官或合议庭,但这只是说独任法官或合议庭是类案法律适用分

的解决主体。基于诉讼利益考量,公诉机关、案件当事人、辩护人、诉讼代理人具有强烈动机提出支持己方主张的类案,通过类案的层次、时间、是否经过审判委员会决定等因素强化己方主张的合法性与正当性。当一方当事人、诉讼代理人或公诉机关、辩护人提出类案适用主张后,另一方当事人、诉讼代理人或公诉机关、辩护人便具有类似的动机提出对立类案适用主张。通过检索获得具有相反主张的类案,反对对方的观点。因此,公诉机关、案件当事人、辩护人或诉讼代理人并非自觉的类案法律适用分歧发现者,而是类案法律适用分歧的发起因素。基于主张考量,公诉机关、案件当事人、辩护人、诉讼代理人会将法律适用分歧暴露出来,有助于独任法官或合议庭认识到案件中的法律争点、法律适用分歧,以及根据法律适用分歧采取不同法律程序。需要指出的是,还有一种情形是公诉机关、案件当事人、辩护人、诉讼代理人并未提出类案主张;或者一方提出类案主张,但另一方并未提出相反类案,待决案件承办法官主动发现类案法律适用分歧的,则此时公诉机关、案件当事人、辩护人、诉讼代理人并非法律适用分歧的发起因素。

其次,独任法官、合议庭作为类案法律适用分歧协调的程序发动者。将独任法官、合议庭作为类案法律适用分歧协调的程序发动者,并不意味着只有独任法官或合议庭才能发现类案法律适用分歧;而是基于以下两方面考量:其一,公诉机关、案件当事人、辩护人、诉讼代理人基于己方主张考量,通常会选择有利于己方主张的类案。在法庭辩论中,只有一方当事人提供类案的,提供类案的一方当事人缺乏启动类案法律适用分歧协调的动机。双方当事人都提供类案且类案存在法律适用分歧的,需要直面类案法律适用分歧的是独任法官或合议庭,并需要作出最终决定。尤其在类案包括指导性案例的情形下,根据《类案检索意见》第10条与《案例指导实施细则》第11条第2款的规定,公诉机关、案件当事人及其辩护人、诉讼代理人等提交指导性案例作为控(诉)辩理由的,人民法院应当在裁判文书说理中回应是否参照并说明理由。其二,除公诉机关、案件当事人、辩护人、诉讼代理人主张类案存在分歧的情况外,根据《类案检索意见》第2条规定,待决案件承办法官应当进行类案检索。在类案检索之后,待决案件承办法官发现存在类案法律适用分歧的,无论是否经过类案法律适用分歧解决程序,最终裁判都是由待决案件承办法官作出。因此,待决案件承办法官为防止错误裁判,或者基于违背特定裁判尺度可能导致裁判被推翻乃至承担审判责任等的考量①,更有责任与动机启动类案法律适用分歧解决程序。因此,为保证类案法律适用分歧协调的正当性,居于中立裁判立场的法院更能适当、准确地提炼总结类案法律适用分歧。同时,这也是《统一法律适用意见》第 10 条的要求。

最后,根据《分歧解决实施办法》第 2 条的规定,最高人民法院各业务部门、各高级人民法院、各专门人民法院是法律适用分歧解决申请的主体。该规定似乎与类案法律适用分歧发现存在冲突:作为法律适用分歧的发现主体,待决案件承办法官与最高人民法院各业务部门、各高级人民法院、各专门人民法院并不相同。实质上,该条规定的业务部门、高级人民法院与专门人民法院也是在审理和执行过程中发现类案法律适用分歧。因此,法律适用分歧发现者是法官,业务部门、高级人民法院、专门人民法院是申请主体。高级人民法院、专门人民法院申请的,属于院外类案法律适用分歧协调程序的内容,在此不赘述。业务部门申请的情形是指独任法官、合议庭发现法律适用分歧后,提交专业法官会议。如果待决案件承办法官接受专业法官会议意见,则按照程序作出裁判;待决案件承办法官不接受专业法官会议意见的,根据《司法责任制实施意见》第 8 条第 2 款的规定,"合议庭不采纳专业法官会议一致意见或者多数意见的,应当在办案系统中标注并说明理由,并提请庭长、院长予以监督,庭长、院长认为有必要提交审判委员会讨论的,应当按程序将案件提交审判委员会讨论"。为此,需要完善专业法官会议与审判委员会的衔接机制。(一)合议庭发现法律适用分歧后,未经专业法官会议讨论,不能直接提交审判委员会讨论。(二)专业法官会议决议与合议庭意见不一致时,合议庭必须再进行一次合议;合议庭合议后仍然坚持原来意见的,才可以提交审判委员会讨论。(三)审判委员会讨论时,合议庭除汇报合议庭的不同意见外,还必须客观、全面地汇报专业法官会议讨论的结果,主持专业法官会议的庭长或副庭长可以就专业法官会议讨论的情况进行必要补充。(四)审判委员会讨论的结果,合议庭必须无条件执行。② 或者通过法律适用分歧解决机制,由业务部门向审判管理办公室申请,审判管理办公室受理申请后,按照法律适用分歧解决机制流程处理。

---

① 如湖南省高级人民法院《关于规范法官裁量权行使保障裁判尺度统一的实施意见(试行)》第 21 条第 1 款规定:"关于承办法官、合议庭因故意或者重大过失,未发现个案裁判尺度不统一的问题,导致裁判错误并造成严重后果的,依法依纪追究监督管理责任。"

② 参见贺小荣:《法律适用分歧的解决方式与制度安排》,载《人民司法》2019 年第 31 期。

(二)类案法律适用分歧的审查

《分歧解决实施办法》第5—10条规定了法律适用分歧的审查机制:双层双重审查机制。

根据《分歧解决实施办法》第2条、第3条的规定,审判管理办公室是法律适用分歧的申请受理机关。如在中国应用法学研究所初审的法分歧审(2019)2号法律适用分歧中,就是由审判管理办公室受理了第三巡回法庭的法律适用分歧解决申请。在受理法律适用分歧解决申请后,根据《分歧解决实施办法》第5条的规定,审判管理办公室应"及时进行审查"。审查的内容是"立项条件",即审判管理办公室仅对法律适用分歧解决申请进行形式审查。审判管理办公室根据《分歧解决实施办法》第4条的规定对材料的齐备性、形式符合性进行形式审查,形式审查结束后交中国应用法学研究所,由此进入实质审查。因此,审判管理办公室进行的形式审查与中国应用法学研究所、各业务部门进行的实质审查构成法律适用分歧的双层审查机制。

经过形式审查之后,法律适用分歧便进入实质审查阶段。实质审查阶段包括双重审查。双重审查是指中国应用法学研究所与业务部门分别负责初步审查与复审。首先,根据《分歧解决实施办法》第6条的规定,"法研所收到审管办送交的材料后,应当在五个工作日内对申请书中涉及的法律适用分歧问题进行研究,形成初审意见后送交审管办"。一方面,中国应用法学研究所在收到法律适用分歧材料后5个工作日内应启动初审程序,而非必须在5个工作日内完成初审程序;另一方面,中国应用法学研究所为完成初审工作,需在申请材料基础上补充类案检索,提高类案材料准确性。"除补充完善申请主体提交的类案检索报告,还应当形成涵盖不同法律适用意见的大数据报告。"①如在法分歧审(2019)2号法律适用分歧解决中,中国应用法学研究所就在Alpha案例库进行检索,获得23件案例。在此基础上,组织专家论证,形成初步审查结论。如在法分歧审(2019)2号法律适用分歧解决中,中国应用法学研究所进行了两次初审会议,第一次邀请了中国人民大学肖建国教授、中国政法大学谭秋桂教授与杨秀清教授,第二次邀请了中国社科院孙宪忠教授与清华大学崔建远教授。在此基础上形成了初审报告,初步审查结论形成之后,根据《分歧解决实施办法》第7条的规定,中国应用法学研究所需要将初步审查意见送交审判管理办公室,审判管理办公室在收到初步审

---

① 曹士兵、韩煦:《〈关于建立法律适用分歧解决机制的实施办法〉理解与适用》,载《人民司法》2020年第1期。

查意见后,再根据专业分工将之送交相应业务部门进行复审。其次,根据第 8 条的规定,各业务部门在初审意见基础上进行复审,复审工作的进行则需要根据《司法责任制实施意见》第 8 条、《司法责任制试行意见》第 16 条等规定,交由专业法官会议讨论,形成复审意见。复审意见形成后,各业务部门需要将之送交审判管理办公室。

最后,各级人民法院可参照最高人民法院的法律适用分歧解决机制,建立本辖区范围内的类案法律适用分歧解决机制。

(三)类案法律适用分歧的决定

《分歧解决实施办法》第 10 条规定:"审委会对法律适用分歧问题进行讨论,作出决定后,审管办应当及时将决定反馈给法律适用分歧解决申请报送单位,并按照该法律适用分歧问题及决定的性质提出发布形式与发布范围的意见,报经批准后予以落实。"即审判委员会是法律适用分歧的决定机关,审判管理办公室收到复审意见后,应根据《分歧解决实施办法》第 9 条的规定报请院领导提请审判委员会讨论。不同于初审或复审中的研究,审判委员会的讨论研究是具有决定权的内容。尽管讨论研究的实质都是实质审查,但是初审、复审的讨论属于纯粹基于法律适用内容的研究,不同于审判委员会根据《人民法院组织法》第 37 条的规定具备职权意义上的研究决定。

因此,各级人民法院院内存在类案法律适用分歧的,也应由审判委员会作出决定,决定作出后,审判管理办公室将决定反馈给申请单位,同时予以发布。对于类案法律适用分歧解决之后形成的裁判尺度,下级人民法院、业务部门参照执行。

二、院外类案法律适用分歧解决程序

类案法律适用分歧不仅存在于最高人民法院层级,还存在于各级人民法院。并且类案法律适用分歧不仅存在于同一级人民法院内部,还存在于不同层级人民法院之间。如《分歧解决实施办法》第 2 条规定的高级人民法院在审理案件时可能与最高人民法院生效裁判存在法律适用分歧。又根据《统一法律适用意见》第 9 条的规定,"各中级、基层人民法院发现法律适用标准不统一问题,经研究无法达成一致意见的,应当层报高级人民法院,超出高级人民法院辖区范围的,应当及时报送最高人民法院研究解决"。即是说,类案法律适用分歧还可能存在院外的协调问题。在法院内部无法就法律适用分歧问题达成一致意见的,除最高人民法院的案件外,其他级别的人民法院需要层报高级人民法院,乃至最高人民法院。因此,院外类案法律适用分歧解决程序实质上是要解决院内无法达成一致意见的情形:如何层报高级人民法院,以及如何协调处理的问题。

我国的四级两审制决定了基层、中级人民法院的法律适用分歧无法通过上诉、抗诉等方式实现全国或者省级行政区域内的统一处理。即在无法官主动进行类案检索以及统一法律适用动机驱动下,若无统一法律适用机制,基层、中级人民法院可能在不同区域内出现不同层次的"同案不同判"。因此,为解决基层、中级人民法院的统一法律适用问题,在审级制度之外,还需要结合法律适用分歧解决机制解决法律适用分歧问题。这同最高人民法院建立的分歧解决机制具有同样的功能。不同的是,最高人民法院审结的案件无法通过审级监督的方式实现统一法律适用;基层、中级人民法院尽管可以通过审级监督的方式实现一定程度的统一法律适用,但是在不同行政区域范围内,可能仍无法保证统一法律适用。如基层人民法院的案件可以通过中级人民法院的二审实现审级监督,将某特定区域范围内的基层人民法院的法律适用统一起来。但该特定区域以外的其他设区的市、自治州中级人民法院或特殊中级人民法院管辖范围外的基层人民法院仍可能存在"同案不同判"。相应的,中级人民法院的案件可以通过高级人民法院实现审级监督,但特定省、自治区、直辖市高级人民法院以外的其他省、自治区、直辖市高级人民法院管辖区域的中级人民法院则可能出现"同案不同判"。因此,相对于高级人民法院,基层、中级与最高人民法院的法律适用分歧可能需要借助其他措施。

上述论证是从法律监督的司法消极主义立场出发,从法官主动消除法律适用分歧的角度来看,通过审级监督实现统一法律适用需求是对法官的制度约束,法官还可以主动通过法律适用分歧解决机制,凝聚司法经验智慧,借助专业法官会议、审判委员会乃至专家建议的方式,实现统一法律适用。因此,通过法律适用分歧解决机制,可以在审级监督程序之外,统一法律适用。为此需要解决的问题是,如何实现下级人民法院向上级人民法院的层报。根据《统一法律适用意见》第9条的规定,中级人民法院上诉到高级人民法院或高级人民法院一审的案件,类案法律适用分歧超出高级人民法院辖区范围的,应当及时报送最高人民法院研究解决;基层人民法院上诉到中级人民法院或中级人民法院一审的案件,类案法律适用分歧超出中级人民法院辖区的,应当及时报送高级人民法院;若基层人民法院上诉到中级人民法院或中级人民法院一审的案件,类案法律适用分歧超出高级人民法院辖区的,应当及时报送高级人民法院,再报送最高人民法院,实现基层、中级人民法院类案法律适用分歧的层报。

第一,中级人民法院上诉到高级人民法院或高级人民法院一审的案件,存在超出高级人民法院辖区类案法律适用分歧的,由高级人民法院报最高人民法院审判管理办公室,根据前述《分歧解决实施办法》确立的法律适用分歧解决机制处理。最高人民法院审判委员会最终决定分歧解决方案,审判管理办公室则将决定反馈给申请单位,并根据问题与决定的性质提出发布形式与发布范围的意见,报经批准予以落实。中级人民法院上诉到高级人民法院的案件存在超出高级人民法院辖区类案法律适用分歧情况的解决,则需要高级人民法院审判管理办公室将最高人民法院审判委员会的决定反馈给中级人民法院。(情形Ⅰ)

第二,基层人民法院上诉到中级人民法院或中级人民法院一审的案件,存在超出中级人民法院辖区类案法律适用分歧的,由中级人民法院报高级人民法院审判管理办公室,参照《分歧解决实施办法》以及高级人民法院建立的法律适用分歧解决机制解决。高级人民法院审判委员会最终决定分歧解决方案,审判管理办公室则将决定反馈给申请单位,并根据问题与决定的性质提出发布形式与发布范围的意见,报经批准予以落实。基层人民法院上诉到中级人民法院的案件存在超出中级人民法院辖区类案法律适用分歧情况的解决,则需要中级人民法院审判管理办公室将高级人民法院审判委员会的决定反馈给基层人民法院。(情形Ⅱ)

第三,若基层人民法院上诉到中级人民法院或中级人民法院一审的案件,存在超出高级人民法院辖区类案法律适用分歧的,结合第一类与第二类方法,首先由中级人民法院报高级人民法院审判管理办公室,再以高级人民法院名义报送最高人民法院审判管理办公室。最高人民法院审判管理办公室根据《分歧解决实施办法》确立的法律适用分歧解决机制处理。最高人民法院审判委员会最终决定分歧解决方案,审判管理办公室则将决定反馈给申请单位,并根据问题与决定的性质提出发布形式与发布范围的意见,报经批准予以落实。高级人民法院收到反馈后再反馈给中级人民法院。(情形Ⅲ)

第四,若是基层人民法院一审的案件,存在超出中级人民法院或高级人民法院辖区类案法律适用分歧的,解决方法同前述解决方法类似:超出中级人民法院辖区范围的,按照情形Ⅱ的方式处理;超出高级人民法院辖区范围的,按照情形Ⅲ的方式处理,并最终反馈给基层人民法院。(情形Ⅳ)

可能存在疑问的情形是,基层人民法院对于超出本院辖区范围的法律适用分歧,或者中级人民法院对于超出本院辖区范围的法律适用分歧的情形,如果未上诉的该如何处理。参照《统一法律适用意见》第9条的规定,在审理过程中,基层人民法院或中级人民法院应当及时报送上级人民法院研究解决。

第四节 类案法律适用分歧协调的标准

无论是最高人民法院,还是地方各级人民法院;无论是承办法官、专业法官会议,还是审判委员会,解决类案法律适用分歧都需要依据或参考一定的标准,以确定哪一个或哪些类案关于法律适用的理解应该被优先使用。

一、首要标准:层级

类案法律适用分歧的类案既可能是同级人民法院(包括本院)裁判的类案,又可能是不同级人民法院裁判的类案。在同级人民法院的类案法律适用分歧中,级别是首先需要排除的考量标准。相反,在不同级人民法院裁判的案件构成类案且类案存在法律适用分歧的情形中,如何处置类案法律适用分歧,并非根据上级人民法院优先于下级人民法院裁判的类案即可。因为前述部分相关规范性文件对指导性案例与其他类型案例作出了不同安排,还要考虑到类案分属不同辖区的情形。

(一)指导性案例优先

首先,当指导性案例同其他类型案例存在法律适用分歧时,指导性案例关于法律适用的理解优先。这种优先性不仅体现在指导性案例相对于高级人民法院、中级人民法院或基层人民法院裁判的类案,还体现在指导性案例相对于最高人民法院其他类型案例的情形中。即是说,指导性案例具有最高的案例效力。

一方面,《人民法院组织法》《案例指导工作规定》《案例指导实施细则》等一系列规范性文件赋予指导性案例的法律效力。《人民法院组织法》第18条第2款、第37条第2款规定了审判委员会可以发布指导性案例。《案例指导规定》《案例指导实施细则》明确了指导性案例适用的基本问题。除此之外,《分歧解决实施办法》《统一法律适用意见》《类案检索意见》等文件都对指导性案例作出了规定。如《类案检索意见》第9条明确规定:"检索到的类案为指导性案例的,人民法院应当参照作出裁判……检索到其他类案的,人民法院可以作为作出裁判的参考。"再如第10条规定:"公诉机关、案件当事人及其辩护人、诉讼代理人等提交指导性案例作为控(诉)辩理由的,人民法院应当在裁判文书说理中回应是否参照并说明理由;提交其他类案作为控(诉)辩理由的,人民法院可以通过释明等方式予以回应。"从法院是"应当"还是"可以"回应的区分上,也可以得出指导性案例的拘束力强于其他类型案例的结论。因此,即使指导性案例的性质、效力并非特别明确,但诸多规范性文件却以明确区分的方式确定指导性案例具有优先于其他类型案例的地位。

另一方面,即使不考虑相关规范性文件明确指导性案例的优先适用,作为最高人民法院发布的案例,其基础案件可能是基层人民法院裁判,作为类案的指导性案例包含裁判规则("裁判要点"),经由最高人民法院审判委员会的研究与确认,在类案法律适用分歧中,也具有优先性。因为《人民法院组织法》等规定确定了最高人民法院审判委员会的权威,最高人民法院审判委员会也具有决定权。因此,经由最高人民法院审判委员会确认与发布的指导性案例,在类案法律适用分歧中具有优先性。

最后,指导性案例的优先性并非绝对的。根据《案例指导细则》第12条、《类案检索意见》第9条第1款的规定,在特定指导性案例同法律、行政法规、司法解释相冲突,或者为新的指导性案例所取代时,指导性案例效力为法律、行政法规、司法解释或新的指导性案例所否定。相应的,在该特定指导性案例与其他类案存在法律适用分歧的情形中,该指导性案例并不具有优先性。因此,除例外情形外,指导性案例作为类案的,复合了规范性文件确认、最高人民法院的审级以及审判委员会决定等拘束力来源,使得指导性案例具有优先于其他类型类案的效力。在指导性案例作为类案与其他类型类案出现冲突时,以指导性案例的法律适用理解为主。

(二)同一辖区的不同层级类案法律适用分歧

在类案法律适用分歧中,除特定类案是指导性案例的,其他类案存在冲突的,待决案件承办法官首先需要考量类案的层级。尤其在同一辖区内不同层级类案存在法律适用分歧的情形中,应以更高层级的类案优先。以高级人民法院与最高人民法院的类案存在法律适用分歧的情形为例。假设高级人民法院类案为 C_1,最高人民法院的类案为 C_2。根据《分歧解决实施办法》第2条的规定,高级人民法院在审案件作出的裁判结果可能与最高人民法院生效裁判确定的法律适用原则或者标准存在分歧的,高级人民法院应当向审判管理办公室提出法律适用分歧解决申请。即使高级人民法院未按照

《分歧解决实施办法》的规定申请法律适用分歧解决,根据《统一法律适用意见》第10条的规定,独任法官、合议庭发现将要作出的裁判与其他同类案件裁判不一致的,应当及时提请专业法官会议研究。第11条规定,"审判委员会应当着重对下列案件,加强法律适用标准问题的研究总结:……(4)拟作出裁判与本院或者上级法院同类案件裁判可能发生冲突的案件"。即是说,未经过院外类案法律适用分歧解决的,也需要强化审判组织统一法律适用标准的法定职责。结合两者,便是前述院内类案法律适用分歧与院外类案法律适用分歧的衔接与协调。即先由院内类案法律适用分歧机制进行处理,或者按照院外类案法律适用分歧机制进行处理。

因此,同一辖区内不同层级类案法律适用分歧主要是指如何选择哪一个类案作为标准,或根据何种标准解决类案法律适用分歧。即类案法律适用分歧处理者选择高层级类案,还是低层级类案。实践中,必须认识到高层级的类案未必比低层级的类案正确。在法律适用分歧存在的情形中,除非承认存在"唯一正确的答案"、存在确定"唯一正确的答案"的方法,以及所有法官都能掌握确定"唯一正确的答案"的方法;否则,必须承认类案法律适用分歧只是法律适用不统一,而非特定类案法律适用错误。只是"同案不同判"给当事人带来不公正的体验与观感。为此,建立类案法律适用分歧解决机制的目的在于约束法官自由裁量权,试图通过统一法律适用,以"同案同判"提升司法的公正外观,进而提升司法公信力。因此,在不存在唯一正确的答案的情况下,更好地保证类案法律适用统一是类案法律适用分歧解决的更优选择。

基于上述论证,通常情形下,能够更好地实现统一法律适用的类案便具有优先性。基于此,高层级的类案优于低层级的类案。但这并非绝对的,需要区分情况:

其一,在情形Ⅰ中,通过法律适用分歧解决程序,类案法律适用分歧被送交最高人民法院。此时的不同层级只能是高级人民法院的类案与最高人民法院的类案。因为此时审理案件的是高级人民法院,若是中级人民法院的类案,即使同高级人民法院的类案存在法律适用分歧的,高级人民法院也可以根据一般原则(高层级优先)处理。相反,若高级人民法院业务部门认为中级人民法院类案法律适用适当,则意味着本院类案法律适用不适当。该种情形本质上是裁判拟改变本院类案裁判,应启动审判委员会的监督程序。此时便不再是不同层级类案法律适用冲突,而是高级人民法院类案与拟作出裁判的法律适用冲突。因此,在高级人民法院类案与最高人民法院类案存在冲突的情形中,最高人民法院审判委员会并不需要一律以高层级(最高人民法院)类案优先于低层级(高级人民法院)类案。如在法分歧审(2019)2号法律适用分歧解决中,中国应用法学研究所的初审报告便支持福建省高级人民法院(2017)闽民终1194号判决中被上诉人严崇霞等人的请求,而非选择最高人民法院(2019)民再49号案件中陈鹤亭的主张。① 根据《分歧解决实施办法》第10条的规定,审判委员会讨论决定法律适用分歧的解决方案。根据具体情况,可以作出如下不同处理:高级人民法院类案与最高人民法院类案并无任一类案具有明显更强合理性,则遵循一般原则——高层级类案优先;类案适用情形并不完全一致的,最高人民法院审判委员会可以决定在特定情形中优先适用高级人民法院类案。这并不等于否认最高人民法院类案的适用,也可能是最高人民法院审判委员会根据高级人民法院类案限缩了本院类案的适用范围,或者相反。经过最高人民法院审判委员会的处理,前一情形(最高人民法院决定优先适用最高人民法院的类案)中的类案法律适用得到进一步确认,后一情形(最高人民法院决定优先适用高级人民法院的类案)中的类案法律适用则得到进一步细化。而且,需要指出的是,这一切建立在多个类案只是法律适用分歧,而非法律适用错误的前提下。类案法律适用错误的,则应启动审判监督程序,而不适合通过类案法律适用分歧解决机制处理。

其二,在情形Ⅱ中,分歧解决路径同情形Ⅰ一致,只是申请主体从高级人民法院变为中级人民法院,决定主体则从最高人民法院变为高级人民法院。相应的,该情形的一般原则也是高层级类案优于低层级类案。但这一原则并非绝对的,高级人民法院审判委员会研究决定过程中,在任一类案无明显更强合理性的情形下,基于统一法律适用的考量,高级人民法院的类案优先。例外情形下,审判委员会也可以决定低层级类案优先;或者可以区分情形,明确两个或两类类案的法律适用范围或情形,提升类案法律适用的准确性、合理性。

其三,在情形Ⅲ中,分歧解决路径与情形Ⅰ和情形Ⅱ相同,差别之处主要在于不同层级是基层人民法院类案与高级人民法院类案。

其四,在情形Ⅳ中,分歧解决路径与情形Ⅰ、情形Ⅱ相同。或言之,情形Ⅳ可以分为情形Ⅰ和情形Ⅱ,处理方式按照情形Ⅰ、情形Ⅱ的方法处理即可。

(三)不同辖区的不同层级类案法律适用分歧

不同辖区的不同层级类案存在法律适用分歧的,考虑到不同辖区的不同情况,以

---

① 最终是否采纳初审报告的意见,还需要复审以及最终由最高人民法院审判委员会决定。

及在不同辖区内上级人民法院对下级人民法院的审级监督阙如,简单以高层级类案优于低层级类案原则处理未必恰当。首先需要区分不同辖区的不同层级类案法律适用分歧:其一,同一辖区高层级类案与不同辖区低层级类案存在法律适用分歧;其二,同一辖区低层级类案与不同辖区高层级类案存在法律适用分歧;其三,不同辖区的低层级类案与不同辖区高层级类案存在法律适用分歧。

第一,同一辖区高层级类案与不同辖区低层级类案存在法律适用分歧的。与同一辖区内不同层级类案存在法律适用分歧相同,本质上并无"唯一正确的答案",在统一法律适用的制度目标驱动下,属于本辖区的高层级类案因同本院具有监督、指导关系,特定情况下还可能存在审级监督,此时,为保证高层级类案所在法院辖区内的法律适用统一,应坚持一般原则——高层级类案优于低层级类案。例外情形下,审判委员会也可以决定低层级类案优先;或者可以区分情形,明确两个或两类类案的法律适用范围或情形,提升类案法律适用的准确性、合理性。

第二,同一辖区低层级类案与不同辖区高层级类案存在法律适用分歧的,此类情况只能是基层人民法院或中级人民法院的在审案件。根据《类案检索意见》第4条第1款的规定,类案检索范围主要是最高人民法院、高级人民法院的案例,以及上一级人民法院与本院的案例。而且本类型的内容是类案之间存在高低位阶与待决案件分属不同辖区。因此,其只能发生在基层人民法院与中级人民法院在审的情形中。对于基层人民法院与中级人民法院而言,同一辖区低层级类案与不同辖区高层级类案,需要首先根据《统一法律适用意见》第9条的规定进行区分,"各中级、基层人民法院发现法律适用标准不统一问题,经研究无法达成一致意见的,应当层报高级人民法院,超出高级人民法院辖区范围的,应当及时报送最高人民法院研究解决"。研究能够达成一致的,由审判委员会作出决定即可,且基于统一法律适用需要以及审级制度的存在,中级人民法院与基层人民法院一般倾向于选择同一辖区的低层级类案,但中级人民法院认为应适用不同辖区高层级类案的例外。相反,超出高级人民法院辖区范围的,由最高人民法院研究解决,即基层人民法院本院类案与辖区所在高级人民法院以外辖区中级人民法院类案或高级人民法院类案冲突。诸类情形的类案最终均通过院外协调程序层报到具有高层级类案与低层级类案管辖权的法院,即类案均处于类案法律适用分歧研究决定主体的辖区范围内。此时,相关审判委员会一般会在特定类案不具有更强合理性的情形下,认定高层级类案优于低层级类案。例外情形下,审判委员会也可以决定低层级类案优先;或者可以区分情形,明确两个或两类类案的法律适用范围或情形,提升类案法律适用的准确性、合理性。

第三,不同辖区的低层级类案与不同辖区高层级类案存在法律适用分歧的,主要是以下几类情形:其一,A 基层人民法院:B 辖区基层人民法院类案与 C 辖区中级人民法院类案,此时 A 基层人民法院同 B 基层人民法院、C 中级人民法院处于同一高级人民法院辖区内。其二,A 基层人民法院:B 辖区基层人民法院类案与 C 辖区中级人民法院类案,此时 A 基层人民法院同 B 基层人民法院、C 中级人民法院不处于同一高级人民法院辖区内。其三,A 基层人民法院:B 辖区基层人民法院或中级人民法院类案与 D 辖区高级人民法院类案。其四,B 中级人民法院:C 辖区中级人民法院与 D 辖区高级人民法院类案。但四类情形的处理方式相同,只是处理的主体不同。第二、三、四种情形的研究决定主体是最高人民法院审判委员会,第一种情形的研究决定主体是高级人民法院审判委员会。处理原则也是在无明显更强合理性的情形中,以实现法律适用统一为目标,遵循高层级类案优于低层级类案。例外情形下,审判委员会也可以决定低层级类案优先;或者可以区分情形,明确两个或两类类案的法律适用范围或情形,提升类案法律适用的准确性、合理性。

可能存在理解歧义,因而需要指出的是,此处的高层级类案与低层级类案是彼此相对的高低,而不是相对于待决案件。并且,待决案件所在法院面对相对于本院的高层级类案,若改变该类案裁判尺度的,则需要接受其他相应程序的监督。根据《统一法律适用意见》第 9 条的规定,超出辖区范围的,应层报具有管辖权的法院。因此,《统一法律适用意见》规定的类案法律适用分歧解决主体是对不同类案都具有管辖权的法院审判委员会,如此便不存在改变上级人民法院裁判尺度的质疑。这也是《统一法律适用意见》第 9 条规定的精神所在,解决可能涉及的院外尺度不一致问题。

总结上述论证,在指导性案例存在的类案法律适用分歧中,指导性案例具有优先性;在其他类型案例存在法律适用分歧时,无论是否是同一辖区内的不同层级类案存在法律适用分歧的,都遵循一个一般性原则:存在法律适用分歧的类案,在其中一类类案并无明显更强合理性的情形下,高层级类案具有优先性。例外情形下,审判委员会也可以决定低层级类案优先;或者可以区分情形,明确两个或两类类案的法律适用范围或情形,提升类案法律适用的准确性、合理性。

二、辅助标准:裁判时间、是否经审判委员会讨论决定或案件相似性

除类案层级外,还有其他标准可以作为类案法律适用分歧的判断标准,《类案检索意见》第11条、《统一法律适用意见》第19条还规定,可以参考裁判时间、是否经审判委员会讨论等因素。除裁判时间、是否经过审判委员会讨论外,类案法律适用分歧还可以参考案情相似性程度。

(一)裁判时间远近

存在法律适用分歧的类案并非总是同一或相近时间作出的,相反,法律适用分歧类案裁判时间可能相距较远。甚至存在同一法官不同时间作出不同裁判的情形,这可能是由于法官对法律适用的理解发生了变化。在该类情形中,通常认定裁判时间近的类案优先于裁判时间远的类案,支持这一做法的基本理念有二:其一就是"新法优于旧法";其二便是同《类案检索意见》第4条第2款的精神一致——随着社会生活的快速发展,立法观念、司法理念在不断更新,一些远期案件或案例的裁判观点可能因法律法规、司法解释的修改而失去参考价值,优先检索近期生效的类案可能更有助于对待决案件的审理。[①] 但对类案法律适用分歧进行处理的审判委员会,无论是对本院的类案,还是下级人民法院的类案,都可以作出不同处理。与不同层级、是否经过审判委员会讨论决定相同的是,审判委员会解决类案法律适用分歧的,都可以采取一般原则以外的处理方式,即适用裁判时间近的类案。

(二)是否经过审判委员会讨论决定

根据《人民法院组织法》第39条的规定,"审判委员会的决定,合议庭应当执行"。因此,在同层级案件发生冲突时,经过审判委员会讨论决定的类案与未经过审判委员会讨论的类案存在法律适用分歧的,经过审判委员会讨论的具有优先性。但需要指出的是,此处所指的是否经过审判委员会讨论决定是指类案本身是否经过审判委员会讨论决定,而非类案之间法律分歧是否经过审判委员会讨论决定。即是说,此处存在两处经过审判委员会讨论:第一处是与其他类案存在法律适用分歧的类案经过审判委员会讨论,第二处是该类案与其他类案存在法律适用分歧,经过法律适用分歧解决机制进入审判委员会,该审判委员会并非必然是讨论决定特定类案的审判委员会,也可能

---

① 参见刘树德、胡继先:《关于类案检索制度相关问题的若干思考》,载《法律适用》2020年第18期。

是其他级别人民法院的审判委员会。

上级人民法院审判委员会在讨论决定类案法律适用分歧解决方案时,之所以以经过审判委员会讨论决定的类案优先,仍是因为法律适用分歧解决的目标在于统一法律适用。在无须考量其他因素的前提下,经过审判委员会讨论决定的类案以集体决策制的方式形成法院内部的共识,相对于未经审判委员会讨论的类案,更有可能在法院内部实现法律适用统一的目标。但上级人民法院审判委员会经过讨论决定,认为以未经过审判委员会讨论决定的类案优先的除外。

(三)案情相似性程度

以统一法律适用为目标的类案法律适用分歧解决必须满足一个前提:案件相似。若两案并不相似,则法律适用的前提便不满足。即"同案同判"中,案件类似是前提,"同判"是结果。只有案件类似,才能保证统一法律适用的正当性。统一法律适用又存在两个层次:同一法律与统一适用。若两案不类似,则两案不能适用同一法律,也无所谓通过法律适用分歧解决机制实现统一法律适用的目标。在适用同一法律的情形下,不同法官对案件事实的不同理解也极大地影响法律适用统一。因为法律适用是待决案件承办法官对于法律适用于案件事实的规范与事实对应问题,类案法律适用分歧则是待决案件承办法官在不同案件中对同一法律适用于案件事实时的理解差异。因此,在类案法律适用分歧中,存在分歧的案件都与待决案件类似,在不涉及其他判断因素的前提下,待决案件更适合以类似程度更高的类案的方式适用法律。

问题在于类似或相似程度判断同判断主体数量、知识结构、职业经历具有密切联系。尤其是知识结构、职业经历缺乏可控性,因此需要在主体数量以及主体讨论表决的顺序等方面加强相似性程度判断的程序约束。在主体数量方面,最终解决类案法律适用分歧的主体是审判委员会,通过集体决策制的方式,吸纳集体智慧,凝聚法院内部共识。在主体讨论表决顺序方面,根据《司法责任制的若干意见》第 11 条第 2 款的规定,"审判委员会委员讨论案件时应当充分发表意见,按照法官等级由低到高确定表决顺序,主持人最后表决"。而不能相反,因为高等级法官先发言,容易导致低等级法官受其影响,不能发表自己真实的意见,妨碍类案法律适用分歧解决机制试图通过审判委员会集体讨论的方式约束案件相似性判断的裁量性,最终影响审判委员会集体讨论决定的质量。

三、混合标准:指导性案例>层级>审判委员会讨论决定>裁判时间>相似性程度

在单一因素的类案法律适用分歧中,根据特定标准,最终以哪一或哪些类案优先较容易判断。但司法实践中,类案法律适用分歧往往混合多种因素。此类类案法律适用分歧中存在多种标准,如何在混合标准中选择,需要设定一种优先性位阶。首先,无论其他何种标准具有优先性,或者符合多种优先性标准,只要与作为类案的指导性案例不一致的,以指导性案例优先,这是《案例指导工作规定》等一系列规范性文件所确定的制度。在某种程度上,各级人民法院不能作出同指导性案例相冲突的裁判。即使最高人民法院审判委员会也不适合径直作出其他类案优于指导性案例的决定,而应通过发布新的指导性案例、废止指导性案例等方式,确定新的裁判尺度,实现统一法律适用的目标。

其次,在高层级类案同经过审判委员会决定、裁判时间近以及相似性程度高的低层级类案存在法律适用分歧时,基于法律适用分歧解决的核心在于统一法律适用,且不存在"唯一正确的答案",作出高层级类案裁判的法院或上级人民法院审判委员通常会选择高层级类案。若审判委员会认为需要作出不同决定的,则通过自身职权进行调整,实质上是以该审判委员会的层级(高于高层级类案或高层级类案所在法院的上级人民法院)实现统一法律适用的目标。依此类推,经过审判委员会决定的类案与未经过审判委员会决定、裁判时间近以及相似性程度高的类案冲突的,前者通常具有优先性。审判委员会决定优于裁判时间是因为审判委员会是《人民法院组织法》确定的决策机关,其更能在统一法律适用意义上解决类案法律适用分歧。而裁判时间标准与相似性程度标准冲突的以裁判时间标准为主,一方面裁判时间近的更能体现最新的裁判观点;另一方面,相似程度主观性相对较强,不易把握。

第五节 本章小结

类案法律适用分歧只是不同类案的承办法官对法律适用理解的不一致。在统一法律适用,提升司法公信力目标的驱动下,需要解决法律适用分歧,防止"同案不同判"。在《分歧解决实施办法》确立的法律适用分歧解决组织体系的基础上,最高人民法院与各级人民法院应建立类案法律适用分歧解决机制,形成院内与院外协调机制,由院内各业务部

门、下级人民法院发现类案法律适用分歧,提出申请,经审判管理办公室协调,再由特定部门(最高人民法院为中国应用法学研究所)进行初步审查,各业务部门进行复审。在初审、复审意见的基础上,经审判委员会讨论决定,解决类案法律适用分歧,统一法律适用。类案超出辖区范围的,应当层报类案所属管辖范围的人民法院审判委员会讨论决定。决定作出后,由审判管理办公室反馈给申请部门,并根据类案法律适用分歧的性质决定发布范围与发布形式,不仅解决待决案件,还实现辖区范围内的法律适用统一目标。审判委员会解决类案法律适用分歧时,在存在法律适用分歧的任一类案并无明显更强合理性的情况下,一般根据指导性案例>高层级>审判委员会讨论决定>裁判时间>相似性程度的一般化位阶决定分歧解决方案。但在例外情形下,审判委员会既可以根据自身职权改变除指导性案例以外的位阶安排,又可以区分出现冲突的类案的适用范围,细化不同类案法律适用的范围或情形,在统一法律适用的同时,提升法律适用的准确性、合理性。

第十一章

类案的参照与说理

指导性案例应当参照,一般案例可以参照也可以不参照;但无论参照与否,法官都必须履行一定的说理和论证义务。

类案检索的逻辑结果,是要参照所检索到的类案,保证类案在法律适用上基本一致。只有如此,才能实现类案检索的目的。《类案检索意见》第 9 条规定:"检索到的类案为指导性案例的,人民法院应当参照作出裁判,但与新的法律、行政法规、司法解释相冲突或者为新的指导性案例所取代的除外。检索到其他类案的,人民法院可以作为作出裁判的参考。"检索到的案例性质不同,法官对于它们的参照态度也有所差别。与此同时,第 10 条对法官参照或不参照类案设定了监督机制,其规定:"公诉机关、案件当事人及其辩护人、诉讼代理人等提交指导性案例作为控(诉)辩理由的,人民法院应当在裁判文书说理中回应是否参照并说明理由;提交其他类案作为控(诉)辩理由的,人民法院可以通过释明等方式予以回应。"这等于是对法官施加了一个强制回应和说理的义务。该规定从内容到精神都延续了《案例指导实施细则》①的内容。

第一节　类案的参照

一、法院主动与被动参照类案

　　从参照的积极性态度上来看,有主动与被动参照类案之别。案例的使用是一个动态的过程,包括两个具体阶段:首先是相关主体在裁判过程中提出了某个或某些案例,主张它(们)与待决案件相似或不相似;其次是在经过一系列的调查和比较活动之后,法院最终决定参照或不参照该案例。因此,从逻辑上讲,案例的提出是其最终获得参照的前提。理论上,法院、当事人、当事人的代理律师或其他代理人及公诉方(刑事案件中的控方)均有权在庭审过程中提出在其看来与待决案件相关的案例。

　　在英美普通法的实践中,由于法律寄生于既往卷帙浩繁的先例,故而除了事实和证据调查之外,庭审的大多数时间都集中于"找法",寻找、甄选和提出先前的判例主要是法院的职责,同时当事人和律师也总是极力提出对己方有利的判例。从当前的司法实践来看,提出案例的主体更多是当事人一方,当事人提交相关案件或指导性案例已经成为很普遍的做法,而法院及法官主动提出案例的积极性还有待提高。对于案例的

---

① 《案例指导实施细则》第 11 条第 2 款规定:"公诉机关、案件当事人及其辩护人、诉讼代理人引述指导性案例作为控(诉)辩理由的,案件承办人员应当在裁判理由中回应是否参照了该指导性案例并说明理由。"

规范化使用,应逐渐从被动参照转向主动参照。法官对于指导性案例的态度可能相对积极一点,对于指导性案例以外的其他案例则并不是很关心,因此在主动参照一般类案方面做得并不是很好,有待从观念上加以转变。

在司法实践中,相关主体对案例的使用受到了直接或间接的利益驱动。也就是说,相关主体之所以会在司法过程中援用或参照某个案例,是因为这能够为他带来直接或间接的利益和好处。举例来说,指导案例24号确立了"交通事故的受害人没有过错,其体质状况对损害后果的影响不属于可以减轻侵权人责任的法定情形"的裁判要点,后来的交通事故案件中的受害人一方如果自身也存在体质性因素,那么他就极有可能援用指导案例24号所确立的裁判要点来反对将体质性因素作为减轻侵权人之责任的主张,从而确保自己的损害能够得到有效赔偿。同样的道理,如果当事人不熟悉法律和司法案例,他的代理律师也会设法找到有助于己方的(指导性)案例,很明显其目的就是为了胜诉。

以指导性案例为例,当事人在司法过程中对它们的使用不尽一致。由于指导性案例究竟应以何种方式被提出来并没有一个统一的定式,故而实践中存在着许多不同的做法。但从实际情况来看,主要有以下四种形式:(1)相关主体(主要是当事人一方)只笼统地提出"存在指导性案例",比如说在一个案件中当事人提出该问题有最高人民法院发布的指导性案例作参考,至于是哪一个指导性案例、其内容如何均不得而知;(2)只提出指导性案例的编号,并不明示其他信息;(3)提出指导性案例的裁判要点,这个是实践中最为普遍的做法,也从一个侧面反映出了相关主体对于裁判要点的青睐;(4)在极个别的案件中,相关主体提出的是指导性案例的裁判说理或案件事实内容。显然以上四种方式各有其优劣,我们认为在案例指导制度初创时期,人们并不可能对所有指导性案例都能耳熟能详、信手拈来,因此在提出指导性案例的时候,至少需要明示以下信息:指导性案例的编号、名称、裁判要点,以及提出该指导性案例的目的。

为了防止法官对相关类案不闻不问,尤其是对当事人一方或公诉方提出的类案不予理睬,《类案检索意见》设置了强制回应的义务,应以明确的方式对当事人及律师或公诉机关提出的类案进行回应或参照,尤其是其决定不参照该类案时,这种回应的义务就更迫切和必要了。总而言之,对于当事人或公诉方提出的类案,法官无论是决定参照还是拒绝参照都必须明确地给出充分的理由。

二、应当参照与可以参照类案

根据所检索到的案例性质不同,《类案检索意见》确立了两种不同的参照模式。这种二元论模式,根源于指导性案例与其他案例在地位上的不同。指导性案例虽然不及英美法系国家中的先例那样权威,但是也不同于一般性的案例,它似乎介于这二者之间,是一种相对特殊的案例。

《案例指导工作规定》第 7 条涉及指导性案例的效力,即"最高人民法院发布的指导性案例,各级人民法院审判类似案例时应当参照"。对于其中的"应当参照"如何理解,实践中产生了较大的分歧,主要有"规范约束力"和"事实约束力"两种立场:前者主张,指导性案例类似于英美法系中的判例,在本质上属于司法解释的一种新形式,具有法律约束力,后案法官在裁决类似案件时必须予以遵守。与之相对,后一种观点认为指导性案件仅具有事实上的拘束力,这种事实拘束力表现为指导性案例"不具有正式的法律效力,不属于正式的法律渊源,不能被裁判文书直接援引,但是司法系统内部协调统一的原则要求各级法院的法官在审理同类或类似案件时,必须给予充分注意并受到上级人民法院审判监督和本院审判管理的双重约束"[①]。目前后一种观点成了主流,并获得了官方的认可。更进一步,指导性案例的这种事实拘束力是由理性和权威所共同保证的,所谓权威是指它经由一种权威途径被遴选和发布出来,所谓理性是指由于其内在的说理所呈现出的一种实质上的说服力。

即便是在普通法国家,判例的约束力范围也是一个十分具有争议性的问题。从目前指导性案例的编写体例来看,包括标题、裁判要点、相关法条、裁判理由、裁判结果等数个部分,法官可以参照其中的哪一(些)部分呢?对此在学者们中间存在着争议。张骐教授认为大概有三种选择:"一是针对相应案件事实所作出的裁判具体内容;二是案例中说明裁判赖以建立的法律主张的理由;三是案例对有关法律问题或观点的类似于规则的表述"[②]。此处将这三种进路分别称之为"结果模式""理由模式"和"规则模式"。

"结果模式"强调的是判决的具体结果对于后案的约束力。这种模式的一个问题

[①] 参见胡云腾、罗东川、王艳彬、刘少阳:《〈关于案例指导工作的规定〉的理解与适用》,载《人民司法》2011 年第 3 期。

[②] 参见张骐:《试论指导性案例的"指导性"》,载《法制与社会发展》2007 年第 6 期。

是，一旦将它从其所赖以生长的案件事实中剥离出去，便很难产生什么普遍性的约束力，同时它忽视了裁判结果据以作出的裁判理由，如果后案的法官只盯着这些具体、明确的裁判结果不放，而对于支撑该结果的裁判理由不闻不问，那么他们不但错失了指导性案例中真正能够发挥指导作用的内容，而且这种"照着葫芦画瓢"的裁判很有可能最终是错误的。因为两个案件在某些细小方面的差异有时足以导致它们在实质上的不同。因此从这个意义上讲，"结果模式"非但难能实现指导性案例的目的，反而还有可能会大大限制指导性案例发挥作用的范围。

"理由模式"主张后案法官并不受先前案件裁判规则的约束，而是受到其推理或说理的约束。法官所参照的并非指导性案例的全部内容，而主要是裁判说理部分。① 裁判理由集中体现了法官对于系争案件中法律争点的提取、分类和阐明，是对裁判结论是否合法、正当的推理和论证，是一个裁判中真正具有实质性内容的部分。在英美法系国家，如果说先例的形式约束力受制于确立这一裁判的法院的地位、法官的名望以及该先例本身的表述，那么其实质约束性在很大程度上则取决于"先前法院的推理的说服力"②。由于多数情况下，法院实际上所适用的准则并不直接体现在判决书中，此时法官就必须深入到裁判理由中，结合案件事实从中抽象、归纳和发掘出先例规则或先例原则。就此而言，裁判理由是案件裁判规则赖以生成的母体、源头。

"规则模式"主张指导性案例中具有指导性或约束力的部分应当是其中所蕴含的规则，或者采取规则形式所表述的内容。这种模式是普通法中的主流模式，遵循先例原则要求法官必须区分"裁判根据"和"附带意见"，只有前者对于本院以及下级法院未来类似案件的审判才具有约束力，后者只是法官对法律适用中的一般问题所做的说明而只有说服力。如此一来，法官的任务就是从先例裁判中归纳和抽取具有一般性的规则或原则，并将此规则或原则适用于相似的待决案件中。在指导性案例中采取规则形式所表述的内容是裁判要点以及紧随其后所列出的相关法条。裁判要点总的来说是对裁判理由的一种提炼和浓缩，所表达的内容是对争点问题的分析，是对法律适用的解释与说明。需要注意的是，裁判要点虽然大多数时候采取了规则的表现形式，但是

---

① 王利明教授认为虽然指导性案例不能作为法官裁判的依据，但是可以在判决书说理部分直接加以引用，由此指导性案例可以成为说理的理由。参见王利明：《我国案例指导制度若干问题研究》，载《法学》2012年第1期。

② 〔美〕阿蒂亚、萨默斯：《英美法中的形式与实质——法律推理、法律理论和法律制度的比较研究》，金敏等译，中国政法大学出版社2005年版，第90页。

其本身毕竟不是法律规则，这就决定了后案法官不能将其作为裁判根据直接引用，就此那种主张运用类比推理的方法直接类推适用裁判要点的观点是对裁判要点本身性质的严重误解。所以，后案法官对裁判要点的参照只能出现和反映在裁判说理部分。

第二节　裁判要点的性质与裁判规则的提炼

综合以上三种模式来看，我们倾向于支持一种折中模式，即法官应当将指导性案例看作是一个整体，不能机械地将之拆成单个的部分并只参照其中的一部分内容。"结果模式"自然不足为取，但是单单采用"理由模式"或"规则模式"也尚不足以充分发挥指导性案例的作用，况且由于裁判理由和裁判要点相互交融的关系，它们各自谁也离不开谁。脱离了裁判理由的裁判要点不过是一条干瘪的条文式表述，而离开了裁判要点的裁判理由会让指导性案例的指导方向变得分散而丧失确定性。此外，虽然千案千面，指导性案例中的案件事实并不具有直接的指导效力，但是无论是裁判要点还是裁判理由均难以与案件事实脱离关系，因此只有裁判要点、裁判理由与案件事实交融在一起的模式才最能够确保指导性案例指导效力的充分发挥。

需要说明的是，此处论及的主要是指导性案例，对于法官所检索到的一般类案而言同样也适用。经检索和确证属于类案之后，自然是要参照或不参照，否则类案检索将失去意义。对于参照而言，经过上述分析，以规则模式为主，同时以理由模式为辅，从案件事实和裁判理由中抽象、提炼出裁判规则，在待决案件中参照该裁判规则裁判即可。那么如何归纳裁判规则呢？这里仍以指导性案例为分析参照，作一些简要的解析和说明。

1. 指导性案例"裁判要点"的性质

裁判要点之所以在实践中备受法官的青睐，主要在于它是指导性案例中相对来说最一般性、简练性的内容，甚至有的已经达到了普通的法律规则所具有的抽象程度，比如说指导案例24号的裁判要点"交通事故的受害人没有过错，其体质状况对损害后果的影响不属于可以减轻侵权人责任的法定情形"，内容上既简短又精炼，形式上也具有规则的"行为模式+后果"的一般结构，甚至不少法院直接将裁判要点作为法律规则或法律原则来使用，这迎合了大陆法系国家法官所固有的法条式的、条文式的法律思维习惯。内容上与案件事实分离、形式上接近规则的裁判要点比较接近德国和法国的模式,而与英美法系的判例摘要形成鲜明的对比,判例摘要篇幅相对较长①、注重对于事实的摘引、作用在于引导法官和律师进一步探求判决书的整体内容。② 在裁判之前附加类似于法条的要旨固然可以突出争议的核心问题及解决办法,帮助法官了解指导性案例的核心内容。

裁判要点的作用在于让后案法官对于某类典型问题的解决和应对形成认识,而作为裁判要点表现形式的裁判规则所发挥的功能"类似于"司法解释的功能,但需要注意裁判规则虽然同样也是对指导性案例所适用的法律规则的解释,但是在性质上、产生方式上、表现形式上、法律效力上,以及适用方式上与司法解释均有很大的差异,不可简单地画等号。实践中,法官通常所看到的是裁判要点,但所希望得到的是通过裁判要点所表现出来的裁判规则。③ 在这个意义上,法官作为指导性案例的最终使用者,对法律适用有着最切身的体会,对类似的争议事实和问题能够把握得当,因而他们在尊重现有裁判要点的内容和范围的基础上,结合案件事实和裁判理由进一步提炼出裁判规则,如此一来才能让指导性案例中具有指导性的部分的作用真正发挥到实处。

2. 裁判规则的归纳与提炼

如此一来,后案法官能否准确、妥当地归纳出裁判规则,便成为实现类案参照的关键环节之一。如何提炼裁判规则是一项十分复杂的技术活,我国法官长期所使用的主要是一种演绎性的、法条主义的推理思维,而对于归纳性的法律思维尚缺乏足够的训练。因此在裁判规则的提炼与归纳这个问题上,我们可以从普通法中先例规则的提炼方法和理论中汲取经验。在一些案件中先例规则得到了明确的阐述,法官可以很容易地发现并适用它,但在绝大多数情形下先例规则是隐含在判决书中的,此时对它的寻找便可能颇费周章。

具体来说,先例规则的归纳要牢牢把握以下两个要点:

其一,先例规则来源于裁判理由,但又不能超出裁判理由的内容和范围,正如一句古老的法谚所说"裁判理由消失之处,法律亦随之终止"。例外的情况是,虽然附带意

---

① 判例摘要有时候篇幅长达数页,内容主要包括但不限于"庭审时间和正式的引用方法""法院的级别和审理法官""案件事实""初审法院面对的争点""可适用的法律规则的确认""上诉法院面对的争点(如果有不同争点的话)""该案件的程序历史""司法推理的过程和内容"等。参见〔英〕沙龙·汉森:《法律方法与法律推理》,李桂林译,武汉大学出版社 2010 年版,第 106—109 页。
② 参见宋晓:《裁判摘要的性质追问》,载《法学》2010 年第 2 期。
③ 参见张骐:《指导性案例中具有指导性部分的确定与适用》,载《法学》2008 年第 10 期。

见只具有说服力,但是如果附带意见中所阐述的规则得到了后来法院的遵守,则等于是确立了一个新的先例,那个裁判意见也因此具有了约束力。

其二,有时候一个案件可能有一个或多个裁判理由,有时候一个案件可能并没有裁判理由。但无论是在哪种情形下,先例规则的寻找也不能脱离案件事实。总之,普通法中先例规则的提取方法既是高深、复杂的,同时又是十分灵活的。

在案例指导制度中,后案法官对于裁判规则的提炼和归纳同样必须以裁判理由和案件事实为基础。由于裁判要点本身是从裁判理由中归纳和提取出来的,所以后案法官对于裁判规则的归纳首先必须尊重裁判要点所划定的基本范围,在有多个裁判要点的情形下,应注重各个要点在内容和逻辑上的承启关系(比如指导案例3号就有多达四个裁判要点),并揭示它们所直接针对的或者所欲解释的对应法律条文。但是,法官对于裁判规则的提炼应达到怎样的一种程度呢?是不是裁判规则的内容提炼得越抽象越好?我们知道,在普通法中后案法官对于先例规则的提炼和表述是有相当大的能动性的,他几乎"能够从一个特定先例案件中抽取出具有任何程度之一般性的判决根据"[1],由此先例规则的表达获得了一个伸缩空间。显然,在案例指导制度下,后案法官并不能随意地扩展裁判规则的内容,否则就是明目张胆地"造法"了。在这个意义上,裁判规则需要具有一定程度的概括性、一般性和抽象性,因为这样可以使其获得类似于规则的表述形式,从而能够对一定范围内的类似案件提供指导。但是,回过头来说,裁判规则并不是越抽象越好。

裁判规则仍应保持一定的抽象程度,因此要避免将裁判规则过度抽象化的做法。常见的对裁判规则过度抽象化有多种表现形式,比如说剥离甚至抽空案件事实,又比如说漠视或遮蔽裁判理由。这种舍本逐末、过分追求抽象规则的做法,有可能会遗漏案例本身具有指导性的法律点。因此,裁判规则应当既有规则的形式,同时又有来自案件事实、裁判理由和裁判要点的内容,其抽象程度不应高于它背后所依凭或指向的法律规则。

我们还以指导案例24号为例,本案所争议的核心问题是"交通事故案件中能否依据受害人的体质状况对损害后果的影响作相应扣减",这就涉及对《侵权责任法》(已失效)第26条、《道路交通安全法》第76条第1款第(二)项的理解与解释,也就是说"受

---

[1] Richard A. Wasserstrom, *The Judicial Decision: Toward a Theory of Legal Justification*, Stanford University Press, 1961, p.35.

害人的体质因素"是否构成法律意义上的"过错"。过错包括故意和过失两种形态,其中过错是指行为人有意致人损害或者明知其行为会造成损害仍实施加害行为,过失指的是行为人由于疏忽或者懈怠而未能尽到合理注意义务。因此,无论是故意还是过失,其本质都在于具有"违法性或可归责性"。这样一来,受害人的体质因素是否属于侵权法意义上的过错就比较清楚了。在指导案例24号中,法院的裁判理由是这样认为的:

虽然荣宝英年事已高,但是其年老骨质疏松仅是事故造成的损害后果的客观因素,并无法律上的因果联系。加上所涉事故发生在人行横道上,正常行走的荣宝英对被机动车碰撞这一事件也无法预见。因此,受害人对于损害的发生或扩大没有过错,不存在减轻或免除加害人赔偿责任的法定情形。(案例11.2.1)

法院的基本思路是这样的:(1)受害人的体质因素并不构成过错;(2)故而可以适用《道路交通安全法》第76条第1款第(二)项的规定,亦即侵权人承担全部赔偿责任。最高人民法院所确定的裁判要点是交通事故的受害人没有过错,其体质状况对损害后果的影响不属于可以减轻侵权人责任的法定情形。或许有人认为,该裁判要点已经十分简练并且基本具备了一条普通法律规则的表现形式,再允许法官另行归纳和提炼裁判规则岂非多此一举?其实不然,仔细分析不难发现它与案件事实、裁判理由有所出入,这表现在以下几个方面:

首先,在裁判理由中受害人的体质因素是认定其是否有过错的前提要件,而裁判要点却将受害人的体质因素作为侵权人责任承担的后果要件;

其次,裁判要点几乎没有谈及任何案件事实,更不要说像侵权人存在过错、受害人是非机动车驾驶人或行人等关键性事实了。

鉴于此,我们根据前面对裁判规则之提取的分析,站在一个后案法官的角度,结合指导案例24号的案件事实和裁判理由将裁判规则提炼和归纳如下:

交通事故案件中,在机动车一方存在过错的情形下,单单作为受害者一方的非机动车驾驶人或行人的体质状况并不构成其过错,从而不能被作为可以减轻侵权人责任的法定情形,因此由侵权人对事故的损害后果承担全部赔偿责任。

通过这种形式被提炼出来的裁判规则,相比于最高人民法院所确立的裁判要点要更为具体、饱满,即它除了将指导性案例中的关键性事实或必要性事实予以罗列外,还包含着判决理由中的精华内容。与此同时,该裁判规则尽管在抽象程度上比已确立的裁判要点以及《侵权责任法》(已失效)、《道路交通安全法》的相关规定要低一些,但是仍然具有一定的抽象性。在这个意义上,它更像是通过具体的个案对《道路交通安全法》第76条第1款第(二)项之规定的一个"具体化的解释"。

但是请注意,裁判规则并不具备司法解释的性质、地位和效力,它所起到的作用是解释、细化甚至补充法律规则,但是后案法官并不能直接将其作为裁判根据来使用,法官最终所根据的仍然是裁判规则所指向的相应法律规则,裁判规则的价值和意义在于澄清规则的模糊点、提供疑难问题的解决思路和帮助法官论证判决。最后,需要强调的一点是,法官对于裁判规则的提炼应当以裁判要点为基础,并且原则上不应超出裁判要点既已划定的范围,但是对于裁判要点所疏漏的关键性事实,甚至在归纳裁判理由方面所出现的错误,后案法官是有权进行补充和纠正的,这一点在我们上述对指导案例24号裁判规则的提炼和归纳中表现得十分明显。

第三节 法官背离类案的说理论证

由于检索到的类案,可能是指导性案例,也可能是一般性质的案例。基于指导性案例和一般类案的性质不同,实践中法官对于它们的背离,负担的论证义务强弱也有所区别。对于一般类案,尤其是当事人或公诉方提出的类案,法官如欲背离应在判决文书中明确释明或回应,为何不予接纳和参照;对于指导性案例,只要存在与待决案件相似的指导性案例,无论是否由当事人或公诉方提出,法官决定参照或想要背离,都应履行相应的说理论证义务。相比之下,对指导性案例的说理论证义务要更强一些。从规范化的角度来看,对指导性案例说理论证的形式当然可以适用于一般性的类案。鉴于此,本部分仍以指导性案例为例,探讨一下法官在何种情形下可以背离这类案例,需要履行何种说理论证义务。

(一)规避适用指导性案例的实质理由

如果法官在背离决定作出之前,未提供理由或提供的理由不够充分,那么这种对判例的规避行为就是一种不正当的规避。

1. 指导性案例已经过时

最高人民法院在遴选和编纂案例的过程中,不仅要考虑案例本身的典型性与代表性,同时还要考虑判决的法律效果、社会效果以及政治效果等,案例指导制度在维护社会稳定和促进社会和谐方面能发挥十分重要的作用。这尤其体现在指导性案例所具有的政策性功能方面,比如指导案例4号"王志才故意杀人案"就旨在明确判处死缓并限制减刑的具体条件,从而贯彻少杀慎杀、宽严相济的死刑政策。又比如,指导案例89号"'北雁云依'诉济南市公安局历下区分局燕山派出所公安行政登记案",该案裁判理由之一是公民任意创设姓氏会增加社会管理成本、降低社会管理效率,可以说具有十分鲜明的政策性色彩。

伴随着政策的改变,在过去特定时期、特定政策背景下选编的指导性案例将会失去继续存在的客观依据,而会变成一种过时的东西。比如说,假定在未来国家放开对公民选择姓名权的限制,像"王者荣耀""北雁云依"这种名字也很难就真的在实质性意义上危害公序良俗价值,那么伴随着国家政策的变化,指导案例89号便会面临过时而退出历史舞台的命运。对于过时的指导性案例,如果尚未被相关机关清理,法官可以通过规避适用来背离它。

2. 内容存在实质性缺陷

在英美法系的司法实践中,由于下级法院的法官不具有推翻上级法院判例的权力,因而在实践中到遇到内容上有缺陷的判例时,可以选择区分或规避适用。同样的道理,当指导性案例在实质内容上存在缺陷时,法官没有义务去重复或复制过去的不正义。大体说来,这些缺陷可能包括:

(1)遗漏或错误归纳关键性事实

指导性案例在事实认定方面,遗漏掉了或错误地归纳了案件中的一个或多个关键性事实,也就意味着法官对于案件的基本认定存在严重失误,这进一步导致法律适用出现错误。对于这种由事实认定错误导致后续法律适用出现错误的情形,显然属于内容方面的实质性缺陷。

(2)在法律适用以及裁判理由论证方面出现问题

单纯的适用法律错误可能在实践中并不常见,但是在判决证成方面可能经常会出现问题,而判决的证成与对法律的理解和适用往往又是联系在一起的。仍以指导案例89号为例,为了证明"北雁云依"这个姓名不合法,法官机械地套用了相关立法解释[《全国人民代表大会常务委员会关于〈中华人民共和国民法通则〉第九十九条第一款、〈中华人民共和国婚姻法〉第二十二条的解释》(已失效)]的规定,认为"北雁云依"这个姓名的选取并不符合司法解释所允许的两种情况,即选取其他直系长辈血亲的姓氏,或因由法定扶养人以外的人扶养而选取扶养人姓氏。而仅凭个人喜好愿望创设姓氏不符合立法解释第 2 款第(三)项(有不违反公序良俗的其他正当理由;少数民族公民的姓氏可以从本民族的文化传统和风俗习惯)的情形,因此不应获得支持。仔细推敲这一论证显得非常粗糙,法院似乎并未集中力量讨论这种行为到底有没有违背公序良俗,而只是简单下了一个结论,并未提供实质性的充分理由。因此,单从这一点来看,这个判例在实质论证上存在缺陷。

(3)指导性案例的内容或蕴含的裁判规则与法律相冲突

这其中可能会具体涉及两个方面的内容:

其一,指导性案例与基本的法律原则冲突;

其二,指导性案例与新发布的法律、行政法规或司法解释相互冲突。这两种情况属于不同性质的法律渊源之间的冲突。指导性案例是一种非正式的、辅助性的法律渊源,而法律原则、法律、行政法规以及司法解释均是正式性法律渊源,指导性案例的参照要求自然会被后一种更强的权威性理由所凌驾。或者借用一些学者的话说,原有指导性案例的裁判规则已经被制定法所直接吸收、推翻或替代了。①

在以上情形下,由于指导性案例在内容上所出现的实质性缺陷,给法官规避适用它们创造了理由。

3. 指导性案例之间相互冲突

针对同一个法律问题,在不同时期可能会形成数个不同的指导性案例,而这些案例之间在法律观点上可能会出现不一致。法官需要根据具体情况作出判断,然后在它们之间择一适用。指导性案例出现冲突,一般的选择规则是,在后的指导性案例效力优先于在前的指导性案例,这是因为后来者往往代表最新的裁判观点和立场。但也并非绝对如此,如果后来的指导性案例存在前文所述的"先天缺陷",那么法官仍然可以选择在先的指导性案例进行参照裁判。因此,当数个指导性案例发生冲突时,法官究竟应选择何者来参照还是需要结合具体情况进行判断。

4. 实质不相似或不相干

最后一点理由,亦即实践中法官规避适用指导性案例的常见原因,是待决案件与指导性案例在实质上并不相似或不相关。待决案件与指导性案例具有实质相似性,才

---

① 参见于同志:《论指导性案例的参照适用》,载《人民司法》2013 年第 7 期。

是法官参照指导性案例进行裁判的合理前提。在实践中,可能会面临这样两种情况:

第一,当事人主动提出了一个可能相似或相关的案件,法院经过审查、判断,认为两案之间在实质上并不相似,可以采取规避适用的决定;

第二,法院主动提出一个可能相似或相关的指导性案例,当事人一方提出充分的理由加以反驳,认为该指导性案例与待决案件之间并不实质相似,法院经过审查同意的,作出规避适用指导性案例的决定。英美法系中的"区分先例"的运作,也恰恰是以此为基础和根据的。

(二)不当规避适用指导性案例的形式

自案例指导制度确立以来,中国法官在实践中已经开始尝试参照或援用指导性案例。其中指导性案例使用的不规范化问题特别值得注意,这种不规范化包括:对指导性案例的性质认识存在误区、只关注指导性案例的形式而忽略其实质内容、任意启动对指导性案例的使用、漠视或随意参照指导性案例等。这里也来简要讨论一下,在规避使用指导性案例的实践中存在哪些不规范的现象或形式。

1. 对指导性案例效力性质的认识存在错误

指导性案例毕竟不同于一般的判决,它是经过特定的程序从判决中遴选出来的具有较强代表性、能够发挥一定指导性作用的案例。同时,不得不承认,指导性案例在效力性质上又不同于英美法系中的先例,它更像是一种介于普通判决与作为正式法源之先例之间的一种过渡性存在。以至于某些学者称其为"准法源","它是中国法院在司法裁判中基于附属的制度性权威并具有弱规范拘束力的裁判依据,因此既不同于判例在英美法系中的法源地位,又不同于判例在大陆法系中被作为非法源来对待的境遇,走的是中间道路"①。由于指导性案例形成所具有的制度性权威和实质性权威,使得法官在对其决定背离或规避的时候不能是任意的。

然而,实践中我们注意到一些法官仍然以我国不是判例法国家,成文法是唯一的正式性法律渊源为由,拒绝在裁判实践中参照或援用当事人一方所提供的指导性案例,这样一种做法明显就是误解了指导性案例的效力性质。另外,我们在基层人民法院调研中还发现一个有意思的现象,当被问及如果上级人民法院的指导性案例与最高人民法院的指导性案例相冲突法院选择参照的倾向时,法院倾向于参照上级人民法院

---

① 雷磊:《指导性案例法源地位再反思》,载《中国法学》2015年第1期。

的典型案例,这主要是由于上诉审的存在,上级人民法院的观点在某种程度上决定自己的案件在上诉审中是否会被改判。

2. 形式上规避而实质上隐性适用

指导性案例的适用本质上属于案例推理或判例推理,这依赖于一套复杂的归纳性思维,由于中国法官很少系统地接受过这方面的训练,加上中国判决书格式的特定结构没有为判例推理和说理创造比较好的条件,使得实践中即便法官认为某个指导性案例具有可参考性仍选择形式上的规避,但是却暗中参照了该指导性案例的裁判结果或裁判精神。我们将这种在实质上悄悄参照指导性案例的裁判内容,而形式上不予显示的做法称为"隐性适用",其背后的原因是非常复杂的。

这种隐性适用,在形式上规避本该加以参照的指导性案例,至少存在这样三个方面的问题:首先,它仅仅将指导性案例当作是达到某些目的的工具或手段,只注重案例的形式而不关心其内在的实质,因此本质上是一种工具化的案例适用观;其次,它人为地遮蔽和扭曲了案例适用的过程和事实,指导性案例与待决案件事实之间的比对、相似性判断、运用案例进行推理和说理等活动均被掩饰,使得这种活动无法接受法律共同体的约束;最后,隐性适用还是一种司法虚饰的表现,违背了法官诚信裁判的基本要求。

与隐性适用这种做法相对的是,如果实践中存在本该被参照的指导性案例,尤其是当事人一方提出某个指导性案例要求法院加以参照时,法官负有强制性的回应义务,这一点在《案例指导实施细则》中有所规定,如果拒绝参照或援引该指导性案例,法官必须履行说理和论证的义务。

以上便是规避适用指导性案例实践中的两种较为常见的不规范做法。德国学者阿列克西曾提出过判例适用的两条规则:

(1)当一项判例可以被引证来支持或反对某一裁决时,则必须引证之;

(2)谁想偏离某个判例,则要承受论证负担。①

归结为一句话,无论法官是选择参照还是拒绝援用判例,都必须对自己的决定提供理由加以论证。尤其是在规避适用指导性案例时,必须以明示的方式回应,究竟指导性案例出现了以上所讨论的哪一种情形,而不宜在判决中加以参照或援用。

---

① 参见〔德〕罗伯特·阿列克西:《法律论证理论:作为法律证立理论的理性论辩理论》,舒国滢译,中国法制出版社 2002 年版,第 341 页。

(三)参照类案说理与裁判文书样式调整优化

我国的裁判文书样式要素基本固定,仍然服务于法条式的演绎推理,而没有给以类比为基础的案例推理留下太大空间。2016年,最高人民法院通过发布《人民法院民事裁判文书制作规范》进一步规范和统一了裁判文书的写作标准。一个完整的裁判文书由标题、正文、落款三部分组成。

正文是核心内容,包括首部、事实、理由、裁判依据、裁判主文、尾部:

(1)首部包括诉讼参加人及其基本情况,案件由来和审理经过等;

(2)事实包括当事人的诉讼请求、事实和理由,人民法院认定的证据及事实;

(3)理由是根据认定的案件事实和法律依据,对当事人的诉讼请求是否成立进行分析评述,阐明理由;

(4)裁判依据是人民法院作出裁判所依据的实体法和程序法条文;

(5)裁判主文是人民法院对案件实体、程序问题作出的明确、具体、完整的处理决定;

(6)尾部包括诉讼费用负担和告知事项。

从实践中裁判文书的基本结构来看,主要是事实查明和法律适用(裁判推理)两大部分的内容,如果想在这个过程中插入案例的比对与论证,则主要是将其放置在后一部分中,因为前一部分主要是对本案基本事实的确证。基于案例的推理与单纯基于法律的推理,在裁判文书中必然会展现出不同,前者要增加事实比对与说理的内容。为了直观展现这两种推理模式对判决书样式的需求,此处参考和借鉴李红海教授提供的模板[①]:

普通裁判文书的模板

(1)案号

(2)基本案情[①包括当事人的基本信息,案件发生的时间、地点、过程、结果等详情,本案已经过的程序(如果有的话);②当事人的诉讼请求;③如当事方对案件事实的认定有异议,也需在此予以回应]

---

① 参见李红海:《案例指导制度的未来与司法治理能力》,载《中外法学》2018年第2期。

(3) 案件争点

(4) 法官针对争点提出的法律意见

(5) 法官对自己法律意见的正面论证(包括事实依据和规范依据)

(6) 法官对当事方法律意见的回应(包括赞同,但主要是从事实和规范两方面进行的批驳)

(7) 最终的判决

(8) 附件一:证据列表

(9) 附件二:总结裁判要点(即本案应予适用的更为具体的规则)——非必要

指导性案例裁判文书的模板

(1) 关键词

(2) 裁判要点

(3) 案号

(4) 基本案情[①包括当事人简况,案件发生的时间、地点、过程、结果等详情,本案已经过的程序(如果有的话);②当事人的诉讼请求;③如当事方对案件事实的认定有异议,也需在此予以回应]

(5) 案件争点

(6) 法官针对争点提出的法律意见

(7) 法官对自己法律意见的正面论证(包括事实依据和规范依据)

(8) 法官对当事方法律意见的回应(包括赞同,但主要是从事实和规范两方面进行的批驳)

(9) 最终的判决

(10) 附件:证据列表——非必要

仔细对比,发现两个模板的差别并不大。指导性案例的裁判文书模板增加关键词和裁判要点一项,剩余项目内容基本相同。对于参照或援引指导性案例裁判的文书,其内容应该是怎样的呢?我们认为要在上述模板中增加一些新的内容以突显案例论证的特色。为此,我们对上述模板改造如下:

参照指导性案例裁判的文书模板

(1) 关键词

(2) 裁判要点

(3) 案号

(4) 基本案情[①包括当事人简况,案件发生的时间、地点、过程、结果等详情,本案已经过的程序(如果有的话);②当事人的诉讼请求;③如当事方对案件事实的认定有异议,也需在此予以回应]

(5) 案件争点

(6) 指导性案例争点与本案争点的比较(剖析二者所争议的问题是否具有同一性)

(7) 指导性案例关键性事实与本案关键性事实的比较(通过事实的比对,发现两案之间的相似点与不同点,并进一步结合法律理由和规范目的判断相似点与不同点何者更为重要)

(8) 决定是否参照(如果经过比对发现相似点更重要,则确证二者属于相似案件,应参照指导性案例的裁判要点判决;如果不同点更重要,则可拒绝参照指导性案例判决)

(9) 最终的判决

(10) 附件:证据列表——非必要

在改造后的模板中,增加了指导性案例与待决案件之间争议焦点与关键性事实的比对,这是案例论证的核心内容,也是其区别于单纯法律问题的根本所在。这两部分内容,其实也是上文所说的论证说理内容。中国法官长期沉浸于法条式的演绎思维中,对于这种归纳性的案例论证思维并不太熟悉,需要进行专门的培训,或者需要一定时间的实践摸索,当然实践中有个别案件已经朝着这个方向努力了:

在"毛某、隋某机动车交通事故责任纠纷案"①(案例11.3.1)中,无论是当事人对指导性案例的援引方式还是人民法院的参照都是比较充分、细致的,这里我们将其中的精华部分摘录如下:

最高人民法院为了纠正保险公司借参与度鉴定得出的概率来减轻其应负赔偿责

---

① 参见山东省东营市中级人民法院(2014)东民一终字第108号民事判决书。

任的规避法律行为,避免"以鉴代审"现象的肆意泛滥,于2014年1月29日发布指导案例24号,该指导性案例的发布对于制止类似本案上诉人的各保险公司规避法律的行为,具有很好的规范和约束作用。作为国家最高司法机关,最高人民法院发布的指导性案例对全国法院审理类似案件具有指导作用。指导案例24号与本案案情基本一致,该指导性案例没有依据鉴定机构出具的参与度鉴定意见减轻保险公司应负的赔偿责任,原审法院应当参照指导案例24号对本案作出裁判。同时,自最高人民法院发布指导案例24号之后,全国法院对各保险公司提出参与度鉴定申请均不再准许,这就从源头上杜绝了保险公司故意拖赔少赔的理由,从程序上与实体上维护了受害人的合法权益。

以上是当事人对指导性案例的援引及其具体的表述,接下来我们看看人民法院是如何回应当事人要求其参照指导案例24号之主张的:

被上诉人毛某在原审提交的医院诊断治疗病历,能够证实本案交通事故导致其颈椎间盘突出症、颈髓损伤后遗症。从本案证据的证明力来分析,医院诊断病历反映了毛某受伤住院治疗的真实情况,能够证实本案交通事故导致毛某颈椎间盘突出症、颈髓损伤后遗症。在指导案例24号中,影响参与度比例认定的因素为受害人的特异体质;而在本案中,影响参与度比例认定的为涉案交通事故造成的伤病,并非受害人的特殊体质。举重以明轻,指导案例24号没有依据鉴定机构出具的参与度鉴定意见减轻保险公司应负的赔偿责任,本案也不应依据参与度鉴定意见减轻上诉人应负的赔偿责任。

从以上摘引内容来看,该案中当事人在启动指导性案例之时,不但提出指导性案例的编号、核心内容(裁判要点),而且也领悟到了指导案例24号的原则和精神,此外也明确提出了该指导性案例所期望达到的目的。在面对当事人提出的指导性案例的情形下,人民法院并没有以消极的回避态度敷衍了事,而是采取正面、细致的回应,最终决定参照指导案例24号裁决该案,唯一美中不足的是人民法院对于该案与指导案例24号之间的实质相似性的证明和说明不够直接、充分和具体。当然,该案只是较好地使用了指导性案例的一个例子,我们相信还会有许多比该案在指导性案例的使用上更加值得赞许的例子,此处限于篇幅的原因没有办法一一列举。

第四节 本章小结

类案检索的最终目的,是为了实现裁判尺度的统一。而要做到这一点,就需要参照所检索到的类案。对于检索到的类案,法院可以主动参照,也可能在当事人或公诉方推动下参照。为防止法院对当事人提出的类案置之不理,《类案检索意见》设立了对当事人或公诉方提出的类案进行回应的义务,以限制法官不当地漠视或规避相关类案。由于检索到的类案既可能是指导性案例,又可能是一般形式的案例,根据它们的地位效力不等,法官对是否参照它们的态度也不尽一致。对于指导性案例应当参照,而对于一般案例是可以参照,言外之意也可以不参照。无论是决定参照还是拒绝参照,法官都必须履行一定的说理和论证义务。这种说理或论证充分展现了基于案例推理的特色,相应的,如欲在判决书中展现这一推理过程,那么判决书的样式或结构需作出相应调整,以满足实践中案例推理的需求。

附录一 类案检索相关规范性法律文件

最高人民法院关于案例指导工作的规定

(2010 年 11 月 26 日实施)

为总结审判经验,统一法律适用,提高审判质量,维护司法公正,根据《中华人民共和国人民法院组织法》等法律规定,就开展案例指导工作,制定本规定。

第一条 对全国法院审判、执行工作具有指导作用的指导性案例,由最高人民法院确定并统一发布。

第二条 本规定所称指导性案例,是指裁判已经发生法律效力,并符合以下条件的案例:

(一)社会广泛关注的;

(二)法律规定比较原则的;

(三)具有典型性的;

(四)疑难复杂或者新类型的;

(五)其他具有指导作用的案例。

第三条 最高人民法院设立案例指导工作办公室,负责指导性案例的遴选、审查和报审工作。

第四条 最高人民法院各审判业务单位对本院和地方各级人民法院已经发生法律效力的裁判,认为符合本规定第二条规定的,可以向案例指导工作办公室推荐。

各高级人民法院、解放军军事法院对本院和本辖区内人民法院已经发生法律效力的裁判,认为符合本规定第二条规定的,经本院审判委员会讨论决定,可以向最高人民法院案例指导工作办公室推荐。

中级人民法院、基层人民法院对本院已经发生法律效力的裁判,认为符合本规定第二条规定的,经本院审判委员会讨论决定,层报高级人民法院,建议向最高人民法院案例指导工作办公室推荐。

第五条 人大代表、政协委员、专家学者、律师，以及其他关心人民法院审判、执行工作的社会各界人士对人民法院已经发生法律效力的裁判，认为符合本规定第二条规定的，可以向作出生效裁判的原审人民法院推荐。

第六条 案例指导工作办公室对于被推荐的案例，应当及时提出审查意见。符合本规定第二条规定的，应当报请院长或者主管副院长提交最高人民法院审判委员会讨论决定。

最高人民法院审判委员会讨论决定的指导性案例，统一在《最高人民法院公报》、最高人民法院网站、《人民法院报》上以公告的形式发布。

第七条 最高人民法院发布的指导性案例，各级人民法院审判类似案例时应当参照。

第八条 最高人民法院案例指导工作办公室每年度对指导性案例进行编纂。

第九条 本规定施行前，最高人民法院已经发布的对全国法院审判、执行工作具有指导意义的案例，根据本规定清理、编纂后，作为指导性案例公布。

第十条 本规定自公布之日起施行。

《最高人民法院关于案例指导工作的规定》实施细则

（2015年5月13日实施）

第一条 为了具体实施《最高人民法院关于案例指导工作的规定》，加强、规范和促进案例指导工作，充分发挥指导性案例对审判工作的指导作用，统一法律适用标准，维护司法公正，制定本实施细则。

第二条 指导性案例应当是裁判已经发生法律效力，认定事实清楚，适用法律正确，裁判说理充分，法律效果和社会效果良好，对审理类似案件具有普遍指导意义的案例。

第三条 指导性案例由标题、关键词、裁判要点、相关法条、基本案情、裁判结果、裁判理由以及包括生效裁判审判人员姓名的附注等组成。指导性案例体例的具体要求另行规定。

第四条 最高人民法院案例指导工作办公室（以下简称案例指导办公室）负责指

导性案例的征集、遴选、审查、发布、研究和编纂,以及对全国法院案例指导工作的协调和指导等工作。

最高人民法院各审判业务单位负责指导性案例的推荐、审查等工作,并指定专人负责联络工作。

各高级人民法院负责辖区内指导性案例的推荐、调研、监督等工作。各高级人民法院向最高人民法院推荐的备选指导性案例,应当经审判委员会讨论决定或经审判委员会过半数委员审核同意。

中级人民法院、基层人民法院应当通过高级人民法院推荐备选指导性案例,并指定专人负责案例指导工作。

第五条 人大代表、政协委员、人民陪审员、专家学者、律师,以及其他关心人民法院审判、执行工作的社会各界人士,对于符合指导性案例条件的案例,可以向作出生效裁判的原审人民法院推荐,也可以向案例指导办公室提出推荐建议。

案例指导工作专家委员会委员对于符合指导性案例条件的案例,可以向案例指导办公室提出推荐建议。

第六条 最高人民法院各审判业务单位、高级人民法院向案例指导办公室推荐备选指导性案例,应当提交下列材料:

(一)《指导性案例推荐表》;

(二)按照规定体例编写的案例文本及其编选说明;

(三)相关裁判文书。

以上材料需要纸质版一式三份,并附电子版。

推荐法院可以提交案件审理报告、相关新闻报道及研究资料等。

第七条 案例指导办公室认为有必要进一步研究的备选指导性案例,可以征求相关国家机关、部门、社会组织以及案例指导工作专家委员会委员、专家学者的意见。

第八条 备选指导性案例由案例指导办公室按照程序报送审核。经最高人民法院审判委员会讨论通过的指导性案例,印发各高级人民法院,并在《最高人民法院公报》《人民法院报》和最高人民法院网站上公布。

第九条 各级人民法院正在审理的案件,在基本案情和法律适用方面,与最高人民法院发布的指导性案例相类似的,应当参照相关指导性案例的裁判要点作出裁判。

第十条 各级人民法院审理类似案件参照指导性案例的,应当将指导性案例作为裁判理由引述，但不作为裁判依据引用。

第十一条 在办理案件过程中，案件承办人员应当查询相关指导性案例。在裁判文书中引述相关指导性案例的，应在裁判理由部分引述指导性案例的编号和裁判要点。

公诉机关、案件当事人及其辩护人、诉讼代理人引述指导性案例作为控（诉）辩理由的，案件承办人员应当在裁判理由中回应是否参照了该指导性案例并说明理由。

第十二条 指导性案例有下列情形之一的，不再具有指导作用：

（一）与新的法律、行政法规或者司法解释相冲突的；

（二）为新的指导性案例所取代的。

第十三条 最高人民法院建立指导性案例纸质档案与电子信息库，为指导性案例的参照适用、查询、检索和编纂提供保障。

第十四条 各级人民法院对于案例指导工作中做出突出成绩的单位和个人，应当依照《中华人民共和国法官法》等规定给予奖励。

第十五条 本实施细则自印发之日起施行。

最高人民法院关于统一法律适用加强类案检索的指导意见（试行）

（2020年7月31日实施）

为统一法律适用，提升司法公信力，结合审判工作实际，就人民法院类案检索工作提出如下意见。

一、本意见所称类案，是指与待决案件在基本事实、争议焦点、法律适用问题等方面具有相似性，且已经人民法院裁判生效的案件。

二、人民法院办理案件具有下列情形之一，应当进行类案检索：

（一）拟提交专业（主审）法官会议或者审判委员会讨论的；

（二）缺乏明确裁判规则或者尚未形成统一裁判规则的；

（三）院长、庭长根据审判监督管理权限要求进行类案检索的；

（四）其他需要进行类案检索的。

三、承办法官依托中国裁判文书网、审判案例数据库等进行类案检索，并对检索的真实性、准确性负责。

四、类案检索范围一般包括：

（一）最高人民法院发布的指导性案例；

（二）最高人民法院发布的典型案例及裁判生效的案件；

（三）本省（自治区、直辖市）高级人民法院发布的参考性案例及裁判生效的案件；

（四）上一级人民法院及本院裁判生效的案件。

除指导性案例以外，优先检索近三年的案例或者案件；已经在前一顺位中检索到类案的，可以不再进行检索。

五、类案检索可以采用关键词检索、法条关联案件检索、案例关联检索等方法。

六、承办法官应当将待决案件与检索结果进行相似性识别和比对，确定是否属于类案。

七、对本意见规定的应当进行类案检索的案件，承办法官应当在合议庭评议、专业（主审）法官会议讨论及审理报告中对类案检索情况予以说明，或者制作专门的类案检索报告，并随案归档备查。

八、类案检索说明或者报告应当客观、全面、准确，包括检索主体、时间、平台、方法、结果，类案裁判要点以及待决案件争议焦点等内容，并对是否参照或者参考类案等结果运用情况予以分析说明。

九、检索到的类案为指导性案例的，人民法院应当参照作出裁判，但与新的法律、行政法规、司法解释相冲突或者为新的指导性案例所取代的除外。

检索到其他类案的，人民法院可以作为作出裁判的参考。

十、公诉机关、案件当事人及其辩护人、诉讼代理人等提交指导性案例作为控（诉）辩理由的，人民法院应当在裁判文书说理中回应是否参照并说明理由；提交其他类案作为控（诉）辩理由的，人民法院可以通过释明等方式予以回应。

十一、检索到的类案存在法律适用不一致的，人民法院可以综合法院层级、裁判时间、是否经审判委员会讨论等因素，依照《最高人民法院关于建立法律适用分歧解决机制的实施办法》等规定，通过法律适用分歧解决机制予以解决。

十二、各级人民法院应当积极推进类案检索工作，加强技术研发和应用培训，提升类案推送的智能化、精准化水平。

各高级人民法院应当充分运用现代信息技术,建立审判案例数据库,为全国统一、权威的审判案例数据库建设奠定坚实基础。

十三、各级人民法院应当定期归纳整理类案检索情况,通过一定形式在本院或者辖区法院公开,供法官办案参考,并报上一级人民法院审判管理部门备案。

十四、本意见自2020年7月31日起试行。

最高人民法院关于完善统一法律适用标准工作机制的意见

(2020年9月14日实施)

为统一法律适用标准,保证公正司法,提高司法公信力,加快推进审判体系和审判能力现代化,结合人民法院工作实际,制定本意见。

一、统一法律适用标准的意义和应当坚持的原则

1. 充分认识统一法律适用标准的意义。在审判工作中统一法律适用标准,是建设和完善中国特色社会主义法治体系的内在要求,是人民法院依法独立公正行使审判权的基本职责,是维护国家法制统一尊严权威的重要保证,是提升司法质量、效率和公信力的必然要求,事关审判权依法正确行使,事关当事人合法权益保障,事关社会公平正义的实现。各级人民法院要把统一法律适用标准作为全面落实司法责任制、深化司法体制综合配套改革、加快推进执法司法制约监督体系改革和建设的重要内容,通过完善审判工作制度、管理体制和权力运行机制,规范司法行为,统一裁判标准,确保司法公正高效权威,努力让人民群众在每一个司法案件中感受到公平正义。

2. 牢牢把握统一法律适用标准应当坚持的原则。

坚持党对司法工作的绝对领导。坚持以习近平新时代中国特色社会主义思想为指导,深入贯彻习近平总书记全面依法治国新理念新思想新战略,全面贯彻落实党的十九大和十九届二中、三中、四中全会精神,增强"四个意识"、坚定"四个自信"、做到"两个维护",坚持党的领导、人民当家作主、依法治国有机统一,贯彻中国特色社会主义法治理论,坚定不移走中国特色社会主义法治道路,确保党中央决策部署在审判执行工作中不折不扣贯彻落实。

坚持以人民为中心的发展思想。践行司法为民宗旨,依法维护人民权益、化解矛盾纠纷、促进社会和谐稳定。积极运用司法手段推动保障和改善民生,着力解决人民群众最关切的公共安全、权益保障、公平正义问题,满足人民群众日益增长的司法需求。坚持依法治国和以德治国相结合,兼顾国法天理人情,发挥裁判规范引领作用,弘扬社会主义核心价值观,不断增强人民群众对公平正义的获得感。

坚持宪法法律至上。始终忠于宪法和法律,依法独立行使审判权。坚持法律面前人人平等,坚决排除对司法活动的干预。坚持以事实为根据、以法律为准绳,遵守法定程序,遵循证据规则,正确适用法律,严格规范行使自由裁量权,确保法律统一正确实施,切实维护国家法制统一尊严权威。

坚持服务经济社会发展大局。充分发挥审判职能,履行好维护国家政治安全、确保社会大局稳定、促进社会公平正义、保障人民安居乐业的职责使命,服务常态化疫情防控和经济社会发展,促进经济行稳致远、社会安定和谐。全面贯彻新发展理念,服务经济高质量发展;依法平等保护各类市场主体合法权益,加大产权和知识产权司法保护力度,营造稳定公平透明、可预期的法治化营商环境;贯彻绿色发展理念,加强生态环境司法保护,努力实现政治效果、法律效果和社会效果有机统一。

二、加强司法解释和案例指导工作

3. 发挥司法解释统一法律适用标准的重要作用。司法解释是中国特色社会主义司法制度的重要组成部分,是最高人民法院的一项重要职责。对审判工作中具体应用法律问题,特别是对法律规定不够具体明确而使理解执行出现困难、情况变化导致案件处理依据存在不同理解、某一类具体案件裁判尺度不统一等问题,最高人民法院应当加强调查研究,严格依照法律规定及时制定司法解释。涉及人民群众切身利益或重大疑难问题的司法解释,应当向社会公开征求意见。进一步规范司法解释制定程序,健全调研、立项、起草、论证、审核、发布、清理和废止机制,完善归口管理和报备审查机制。

4. 加强指导性案例工作。最高人民法院发布的指导性案例,对全国法院审判、执行工作具有指导作用,是总结审判经验、统一法律适用标准、提高审判质量、维护司法公正的重要措施。各级人民法院应当从已经发生法律效力的裁判中,推荐具有统一法律适用标准和确立规则意义的典型案例,经最高人民法院审判委员会讨论确定,统一发布。指导性案例不直接作为裁判依据援引,但对正在审理的类似案件具有参照效力。进一步健全指导性案例报送、筛选、发布、编纂、评估、应用和清理机制,完善将最高人民法院裁判转化为指导性案例工作机制,增强案例指导工作的规范性、针对性、时效性。

5. 发挥司法指导性文件和典型案例的指导作用。司法指导性文件、典型案例对于正确适用法律、统一裁判标准、实现裁判法律效果和社会效果统一具有指导和调节作用。围绕贯彻落实党和国家政策与经济社会发展需要,最高人民法院及时出台司法指导性文件,为新形势下人民法院工作提供业务指导和政策指引。针对经济社会活动中具有典型意义及较大影响的法律问题,或者人民群众广泛关注的热点问题,及时发布典型案例,树立正确价值导向,传播正确司法理念,规范司法裁判活动。

三、建立健全最高人民法院法律适用问题解决机制

6. 建立全国法院法律适用问题专门平台。最高人民法院建立重大法律适用问题发现与解决机制,加快形成上下贯通、内外结合、系统完备、规范高效的法律适用问题解决体系,及时组织研究和解决各地存在的法律适用标准不统一问题。充分发挥专家学者在统一法律适用标准中的咨询作用,积极开展专家咨询论证工作,通过组织召开统一法律适用标准问题研讨会等方式,搭建人大代表、政协委员、专家学者、行业代表等社会各界广泛参与的平台,总结归纳分歧问题,研究提出参考意见,为审判委员会统一法律适用标准提供高质量的辅助和参考。

7. 健全法律适用分歧解决机制。审判委员会是最高人民法院法律适用分歧解决工作的集体领导和决策机构,最高人民法院各业务部门、审判管理办公室和中国应用法学研究所根据法律适用分歧解决工作需要,为审判委员会决策提供服务和决策参考。进一步优化法律适用分歧的申请、立项、审查和研究工作机制,对于最高人民法院生效裁判之间存在法律适用分歧或者在审案件作出的裁判结果可能与生效裁判确定的法律适用标准存在分歧的,应当依照《最高人民法院关于建立法律适用分歧解决机制的实施办法》提请解决。

四、完善高级人民法院统一法律适用标准工作机制

8. 规范高级人民法院审判指导工作。各高级人民法院可以通过发布办案指导文件和参考性案例等方式总结审判经验、统一裁判标准。各高级人民法院发布的办案指导文件、参考性案例应当符合宪法、法律规定,不得与司法解释、指导性案例相冲突。各高级人民法院应当建立办案指导文件、参考性案例长效工作机制,定期组织清理,及时报送最高人民法院备案,切实解决不同地区法律适用、办案标准的不合理差异问题。

9. 建立高级人民法院法律适用分歧解决机制。各高级人民法院应当参照最高人民法院做法,建立本辖区法律适用分歧解决机制,研究解决本院及辖区内法院案件审理中的法律适用分歧。各中级、基层人民法院发现法律适用标准不统一问题,经研究无法达成一致意见的,应当层报高级人民法院,超出高级人民法院辖区范围的,应当及时报送最高人民法院研究解决。

五、强化审判组织统一法律适用标准的法定职责

10. 强化独任法官、合议庭正确适用法律职责。各级人民法院应当全面落实司法责任制,充分发挥独任法官、合议庭等审判组织在统一法律适用标准中的基础作用。独任法官、合议庭应当严格遵守司法程序,遵循证据规则,正确运用法律解释方法,最大限度降低裁量风险,避免法律适用分歧。发现将要作出的裁判与其他同类案件裁判不一致的,应当及时提请专业法官会议研究。合议庭应当将统一法律适用标准情况纳入案件评议内容,健全完善评议规则,确保合议庭成员平等行权、集思广益、民主决策、共同负责。

11. 发挥审判委员会统一法律适用标准职责。完善审判委员会议事规则和议事程序,充分发挥民主集中制优势,强化审判委员会统一法律适用标准的重要作用。审判委员会应当着重对下列案件,加强法律适用标准问题的研究总结:(1)涉及法律适用标准问题的重大、疑难、复杂案件;(2)存在法律适用分歧的案件;(3)独任法官、合议庭在法律适用标准问题上与专业法官会议咨询意见不一致的案件;(4)拟作出裁判与本院或者上级法院同类案件裁判可能发生冲突的案件。审判委员会应当及时总结提炼相关案件的法律适用标准,确保本院及辖区内法院审理同类案件时裁判标准统一。

六、落实院庭长统一法律适用标准的监督管理职责

12. 明确和压实院庭长监督管理职责。院庭长应当按照审判监督管理权限,加强审判管理和业务指导,确保法律适用标准统一。通过主持或参加专业法官会议,推动专业法官会议在统一法律适用标准上充分发挥专业咨询作用,定期组织研究独任法官、合议庭审理意见与专业法官会议咨询意见、审判委员会决定不一致的案件,为统一法律适用标准总结经验。及时指导法官对审理意见长期与专业法官会议咨询意见、审判委员会决定意见不一致的案件进行分析,促进法官提高统一法律适用标准能力,防止裁判不公和司法不廉。推动院庭长审判监督管理职责与审判组织审判职能、专业法官会议咨询职能、审判委员会决策职能有机衔接、有效运行,形成统一法律适用标准的制度机制体系。

13. 加强对"四类案件"的监督管理。院庭长应当对《最高人民法院关于完善人民法院司法责任制的若干意见》规定的"四类案件"加强监督管理,及时发现已决或待决案件中存在的法律适用标准不统一问题,依照程序采取改变审判组织形式、增加合议庭成员、召集专业法官会议、建议或决定将案件提交审判委员会讨论等举措,及时解决法律适用分歧。院庭长可以担任审判长或承办人审理"四类案件",依照职权主持或者参加审判委员会讨论决定"四类案件",在审判组织中促进实现法律适用标准统一。

七、充分发挥审判管理在统一法律适用标准上的作用

14. 加强和规范审判管理工作。各级人民法院应当完善审判管理机制,构建全面覆盖、科学规范、监管有效的审判管理制度体系。审判管理部门在履行流程管理、质量评查等审判管理职责时,对于发现的重大法律适用问题应当及时汇总报告,积极辅助审判委员会、院庭长研究解决统一法律适用标准问题。

15. 将统一法律适用标准作为审判管理的重点。各级人民法院应当加强审判质量管理,完善评查方法和评查标准,将统一法律适用标准情况纳入案件质量评查指标体系。对于可能存在背离法律、司法解释、指导性案例所确定裁判规则等情形的,承办法官应当向案件评查委员会说明理由。对信访申诉、长期未结、二审改判、发回重审、指令再审、抗诉再审案件的审判管理中发现法律适用标准不统一问题的,应当及时提请院庭长和审判委员会研究解决。

八、充分发挥审级制度和审判监督程序统一法律适用标准的作用

16. 发挥审级监督体系作用。强化最高人民法院统一裁判尺度、监督公正司法的职能。加强上级法院对下级法院的审级监督指导,建立健全改判、发回重审、指令再审案件的跟踪督办、异议反馈制度,完善分析研判和定期通报机制。充分发挥二审程序解决法律争议的作用,在二审程序中依法对法律适用问题进行审查,对属于当事人意思自治范围内的法律适用问题,应当充分尊重当事人的选择;对影响司法公正的法律适用标准不统一问题,应当根据当事人诉求或者依职权予以纠正。

17. 充分发挥审判监督程序依法纠错作用。生效案件存在法律适用标准不统一问题的,应当正确处理审判监督程序与司法裁判稳定性的关系,区分案件情况,根据当事人请求或者依法启动院长发现程序,对法律适用确有错误的案件提起再审。人民检察

院提出检察建议、抗诉等法律监督行为,涉及法律适用标准不统一问题的,应当依法处理,必要时提请审判委员会讨论决定。

九、完善类案和新类型案件强制检索报告工作机制

18. 规范和完善类案检索工作。按照《最高人民法院关于统一法律适用加强类案检索的指导意见(试行)》要求,承办法官应当做好类案检索和分析。对于拟提交专业法官会议或者审判委员会讨论决定的案件、缺乏明确裁判规则或者尚未形成统一裁判规则的案件、院庭长根据审判监督管理权限要求进行类案检索的案件,应当进行类案检索。对于应当类案检索的案件,承办法官应当在合议庭评议、专业法官会议讨论及审理报告中对类案检索情况予以说明,或者制作类案检索报告,并随案流转归档备查。

19. 规范类案检索结果运用。法官在类案检索时,检索到的类案为指导性案例的,应当参照作出裁判,但与新的法律、行政法规、司法解释相冲突或者为新的指导性案例所取代的除外;检索到其他类案的,可以作为裁判的参考;检索到的类案存在法律适用标准不统一的,可以综合法院层级、裁判时间、是否经审判委员会讨论决定等因素,依照法律适用分歧解决机制予以解决。各级人民法院应当定期归纳整理类案检索情况,通过一定形式在本院或者辖区内法院公开,供法官办案参考。

十、强化对统一法律适用标准的科技支撑和人才保障

20. 加强统一法律适用标准的技术支撑。各级人民法院应当深化智慧法院建设,为统一法律适用标准提供信息化保障。最高人民法院加快建设以司法大数据管理和服务平台为基础的智慧数据中台,完善类案智能化推送和审判支持系统,加强类案同判规则数据库和优秀案例分析数据库建设,为审判人员办案提供裁判规则和参考案例,为院庭长监督管理提供同类案件大数据报告,为审判委员会讨论决定案件提供决策参考。各级人民法院应当充分利用中国裁判文书网、"法信"、中国应用法学数字化服务系统等平台,加强案例分析与应用,提高法官熟练运用信息化手段开展类案检索和案例研究的能力。

21. 加强对审判人员法律适用能力的培养。各级人民法院应当加大对审判人员政治素质和业务能力的培训力度,强化与统一法律适用标准相关的法律解释、案例分析、类案检索、科技应用等方面能力的培养,全面提高审判人员统一法律适用标准的意识和能力。

最高人民法院
2020年9月14日

广西壮族自治区高级人民法院
类案与关联案件检索若干规定(试行)

(2019年7月5日实施)

第一条 为统一裁判尺度,规范司法行为,根据中央政法委及"两高"《关于加强司法权力运行监督管理的意见》和最高人民法院《关于落实司法责任制完善审判监督管理机制的意见(试行)》等相关规定,结合广西法院实际,制定本规定。

第二条 承办法官和法官助理办理案件时,应当依托案件检索系统,对全国各级法院已生效的类案或关联案件进行全面检索,必要时可制作书面检索报告。

第三条 具有下列情形之一的案件,原则上要求进行类案与关联案件检索:

(一)提交审判委员会讨论的案件;

(二)纳入院庭长审判监督管理的案件;

(三)上级法院指令再审案件;

(四)公诉机关、案件当事人及其辩护人、诉讼代理人提交类案与关联案件的生效裁判支持自己主张的案件;

(五)其他需要进行类案或关联案件检索的案件。

上述案件在提交合议庭评议、专业法官会议研究、审判委员会讨论时,承办法官应当汇报类案与关联案件检索相关情况。

第四条 对于最高人民法院发布的指导案例、自治区高级人民法院发布的参考案例,全区各级法院应当参照适用。

经检索发现,案件拟作出的裁判结果可能与最高人民法院的指导案例、自治区高级人民法院的参考案例裁判结果不一致的,应当提交审判委员会讨论决定。

第五条 需要制作类案与关联案件检索报告的案件,应参照《类案与关联案件检索报告样板》制作报告,报告的内容包括案件拟作出的裁判结果、检索结果、类案与关联案件的裁判要旨、本案是否参照适用等,并附至少两篇典型性类案或关联案例。

第六条 继续推进信息化建设及应用力度,逐步优化类案与关联案件检索系统功能,进一步提升数据及信息分析能力,为类案与关联案件检索工作提供有力技术支撑。

第七条 本规定自印发之日起试行。最高人民法院发布新规定与本规定不一致的,按照新规定执行。

附件:
1. 类案与关联案件检索报告样板
2. 类案与关联案件检索操作说明(略)

附件1

类案与关联案件检索报告样板

案号		案由		承办庭室		承办人	
拟定裁判结果							
类案检索结果							
类案与关联案件的裁判要旨							
本案是否拟参照适用							

(续表)

案号		案由		承办庭室		承办人	
其他需要说明的问题							
备注							

北京市高级人民法院
关于规范民事案件自由裁量权行使保障裁判尺度统一的
工作意见(试行)

(2019年12月2日实施)

为规范北京法院民事案件自由裁量权行使、保障裁判尺度统一，确保民事审判公正高效，根据相关法律及中央政法委《关于加强司法权力运行监督管理的意见》《最高人民法院关于在审判执行工作中切实规范自由裁量权行使保障法律统一适用的指导意见》《北京市高级人民法院关于促进法律适用统一的实施办法(试行)》等规范性文件，结合北京法院民事审判工作实际，制定本工作意见。

一、概念与总体要求

第一条 本意见所称民事案件自由裁量权，是指民事案件审理过程中，在对于事实认定、法律适用及程序处理等问题具有一定选择和判断空间情况下，根据法律规定和立法精神，秉持正确司法理念，运用科学方法进行分析和判断，并最终依法作出公正合理裁判结果的权力。

第二条 规范民事案件自由裁量权行使、是维护公平正义的要求，是实现裁判尺度统一、维护司法权威的体现,是构建良好法治秩序与环境的基础。

第三条 规范民事案件自由裁量权行使应在准确认定案件事实、正确适用法律、确保个案公正基础上,最大限度地保证裁判尺度统一、保证审判质量、提升司法公信、树立司法权威。

第四条 规范民事案件自由裁量权行使工作应确保程序公正与实体公正相统一;确保规范自由裁量权、实现审级监督与保障依法独立行使审判权相统一;确保政治效果、法律效果、社会效果相统一。

第五条 规范民事案件自由裁量权行使工作应依托三级法院上下联动,贯穿民事审判全过程;应从审判理念统一、基础规范指引、疑难问题研究等不同层面着力;通过明确各级审判主体职责、加强审判监督管理、畅通信息沟通渠道、搭建配套保障平台等具体方式积极推进。

第六条 市高院民一庭是负责全市法院民事案件规范自由裁量权行使工作的职能部门,具体职责包括:监督指导全市法院民事案件自由裁量权规范具体工作;汇总全市民事案件自由裁量权行使中存在的重大问题;制定民事类案自由裁量权行使统一标准;牵头建立规范民事案件自由裁量权行使工作机制;组织建立全市法院民事案件自由裁量疑难问题交流平台等。

第七条 民事法官在审判工作中应牢固树立规范自由裁量权行使的理念,正确运用请求权基础、法律关系要件等科学方法,准确认定要件事实、正确适用法律,确保自由裁量权行使尺度统一。

二、自由裁量权行使问题发现机制

第八条 民事审判中,法官应注重通过类案检索分析发现自由裁量权行使中存在的裁判尺度不统一问题。法官提交涉及自由裁量权行使疑难问题的案件审理报告,应包括类案检索部分。

对于当事人提交的类案检索材料显示可能涉及自由裁量权行使不统一问题的,法官应认真甄别是否可作为裁判参考,无需在裁判文书中回应的,应在合议笔录或工作记录中载明。

法官认为有必要的,可释明当事人提交类案检索结果作为裁判参考。

第九条 民事类案检索时应依次检索最高人民法院发布的指导性案例、市高院发布的参阅案例、本院院级法官会议或审判委员会讨论的案例。如在上述范围无法查找到类案,可对所在辖区的中、高级法院、全国法院其他生效案件进一步检索。

法官可依托北京法院办案系统、中国裁判文书网、专业性商业网站等信息平台,以案由、关键词、当事人、法律关系等为要素对类案进行检索。

第十条 普通民事案件审理中,法官应当进行类案检索,检索结果应当形成记录存入副卷。

前端"多元调解+速裁"类案件审理中,法官可根据案件情况确定是否进行类案检索。进行类案检索的,应当在阅卷笔录中予以记录。

第十一条 民事法官办理案件中,通过类案检索或当事人自行提出等方式,发现在审案件与其他类案在当事人、诉讼标的等关键关联要素方面具有高度一致性的,应及时与审理关联类案的承办法官就裁量权行使统一问题进行沟通协调。

在审案件与关联类案存在裁量权统一疑难问题,或者协调渠道上存在困难的,法官应及时向院、庭长报告;院、庭长经研究协调后认为有必要的,可向上级法院民事审判庭、市高院民一庭请示协调。

第十二条 民事案件应当注重开庭审理功能的强化,通过开庭审理中整理争议焦点、听取当事人诉辩交锋等形式,及时发现存在的自由裁量权行使统一争议。

二审民事案件不开庭审理的,应当报请庭长审核。

第十三条 院、庭长应当加强民事案件质量的管理,在案件受理后发现存在自由裁量权行使疑难因素的,应及时进行标识并告知承办法官。

民事案件审理中对于自由裁量权行使存在疑问的,法官应及时报请院、庭长对个案监督指导;院、庭长发现案件存在自由裁量权行使疑难问题的,应当依相关规定确定的职责进行个案监督指导。

第十四条 民事法官对于案件审理中发现的自由裁量权行使疑难问题应在裁判文书中明确列明,并在裁判文书中公开对该疑难问题经研究形成的倾向性意见及说理论证过程。

第十五条 各院民事审判庭与承担申诉审查、审判监督职能的庭室应建立信息沟通与业务协调机制,及时发现、共同研究申诉审查、提起再审案件中发现的自由裁量权行使不统一问题。

民事审判庭与承担申诉审查、审判监督职能的庭室之间对于发现的自由裁量权行使不统一问题经沟通协调无法达成一致意见的,应由主管院长提请本院审判委员会讨论。

第十六条 民事审判庭应加强与案件评查部门信息交流,依托"双向评查机制",加强对民事案件尤其是改判、发回重审、指令再审案件审理中是否存在自由裁量权行使不统一问题的情况沟通。

三、规范自由裁量权行使沟通与协调机制

第十七条 下级法院正在审理的涉及自由裁量权行使统一的民事案件,经与上级法院沟通,在依法保障独立行使审判权前提下可以个案法律适用请示的形式报上级法院。原则上个案法律适用请示应限于自由裁量权行使中的法律适用疑难问题。

个案法律适用请示的回复,独任法官或合议庭应在独立行使审判权基础上参考使用。

第十八条 在审民事案件中所涉自由裁判权行使疑难问题经本院法官会议研究后,经本院主管院长批准,可向上级法院报请个案法律适用请示。

基层法院民事审判庭提请个案法律适用请示,除特殊情形直接向市高院民一庭报送外,原则上应当通过所在辖区的中院向市高院民一庭报送。

第十九条 下级法院提请个案法律适用请示,应当撰写书面请示报告。请示报告应当包括略去可识别信息的案情简介、争议焦点、待请示问题、法官会议不同观点及形成的倾向性意见、类案检索报告等内容。

第二十条 上级法院对于下级法院法律适用请示汇报的案件,应采取正式登记方式由专人承办,采取法官会议等形式进行研究并答复。研究答复时限原则上不超过二十天,因案件疑难复杂确需延长时限的应报庭长批准。

请示报告及答复意见、相关笔录等应当入该个案副卷留存。对于涉及本辖区内自由裁量权行使疑难问题的请示答复,应将请示问题及答复内容在本辖区法院内部公开以供审判参考。

第二十一条 下级法院审理的对于自由裁量权行使统一有重大影响的民事案件,经向上级法院请示并与立案庭沟通后下级法院可报请上级法院审理;上级法院认为下级法院审理的对于自由裁量权行使统一有重大影响的民事案件由上级法院审理更为适宜的,与立案庭沟通后可以决定提级审理。

第二十二条 二审法院裁定发回重审的案件,应当在裁定书中详细阐明发回重审的具体理由,对不便于公开的内容及有关自由裁量权行使统一问题的提示,应当以发回函的形式向下级法院说明。

二审法院改判的案件,如果确有不便于公开的涉及自由裁量权行使统一的问题,应采取另附函的形式向下级法院提示说明。

第二十三条　三级法院应当以年度报告的形式从上下级法院不同角度对年度改判、发回重审民事案件分别进行总结,重点对存在自由裁量权行使不统一的问题进行梳理汇总;上述总结报告应及时向辖区上、下级法院报送和反馈,并在年度全市法院民事审判工作会前统一向市高院民一庭报送。

第二十四条　各基层院应定期召开与民事自由裁量权行使尺度统一相关的工作会议。中级法院每年应至少召开一次涉及辖区裁量权统一问题的民事审判工作会,并报请市高院民一庭派员参加;中级法院下发涉及类案自由裁量权行使统一问题会议材料的,应提前报市高院民一庭审核。

市高院民一庭每年定期对统一全市法院民事审判裁量权工作提出指导意见。

第二十五条　市高院民一庭应与立案庭、未审庭等承担特定类型民事案件审判工作的庭室,以及审监庭、申诉审查庭等承担再审程序民事案件审判工作的庭室加强规范自由裁量权行使统一问题的协调。及时就裁量权行使疑难问题与相关庭室进行沟通交流。

四、自由裁量权尺度统一形成机制

第二十六条　院、庭长在民事审判个案监督和类案研究中认为涉及重要自由裁量权行使统一疑难问题的,可召集法官会议研究,形成倾向性意见的应及时以会议纪要形式在辖区内公布以供学习交流。

第二十七条　各院应充分发挥审判委员会在规范自由裁量权行使统一中的作用。对于经法官会议研究难以达成一致意见,且对自由裁量权行使统一有重大影响的民事案件应由主管院长提请本院审判委员会讨论。

第二十八条　全市三级法院民事审判庭应持续推进民事办案规范系统整理与编撰工作,并根据新变化及时更新办案规范内容,实现民事审判基础规范指引的时效性和便捷化。

第二十九条　最高法院发布的民事指导性案例,应当作为法官审判案件的参照依据。

全市中、基层法院经审判委员会或院级综合性民事法官会议讨论,可适时汇编发布具有指导意义的典型案例。在审案件与上述本院或辖区上级法院发布的典型案例确属类案,法官拟裁判结果与该案例意见不一致的,应报请院、庭长对个案进行监督指导。

第三十条 三级法院建立全面系统、分工明确的民事类案自由裁量权行使疑难问题研究工作体系。

市高院民一庭依托全市法院民事审判专家人才,积极调动本意见第三十六条中的民事审判"类案人才库"力量,采取市高院民一庭专家法官牵头、中基层法院专人负责、定期报送与专题研究相结合形式,统筹安排全市法院民事审判类案自由裁量权行使疑难问题的研究工作。

第三十一条 市高院民一庭以负责大类案件的法官为牵头力量,积极调动全市法院专业审判研究力量,适时依不同情况以个案答复、典型案例、法官会议纪要等形式,实现类案自由裁量权统一成果转化。

法官在审类案拟裁判结果与上述类案自由裁量权统一成果不一致的,应报院、庭长提请法官会议研究。

第三十二条 对于本意见十六条所述在双向评查工作中案件评查部门发现并提交市高院民一庭的自由裁量权行使不统一问题,市高院民一庭应召开法官会议研究;经法官会议研究仍无法达成共识的,应提交市高院审判委员会讨论决定。经上述法官会议研究、审判委员会讨论形成的自由裁量权行使统一意见,应在全市法院公开。

第三十三条 中、基层法院院级法官会议、审判委员会讨论自由裁量权行使统一疑难问题形成倾向性意见的,在向本辖区公布前应层报市高院民一庭审核,原则上审核回复时间不超过二十天。

市高院民一庭对上述自由裁量权行使统一意见经审核达成共识的,可转发供全市其他法院学习交流;经审核无法达成共识但确属重大疑难问题的,市高院民一庭应报市高院审判委员会讨论决定,该决定意见应向全市法院公布。

市高院民一庭在上述审核工作中,应借鉴吸收其中具有全市范围自由裁量权行使统一指导意义的内容,及时以本意见第三十一条、第三十四条所述方式实现成果转化或裁判尺度统一标准形成。

第三十四条 市高院民一庭对于经研究达成基本共识的类案自由裁量权统一成果,可适时提请主管院长以类案自由裁量权行使统一标准形式报市高院审判委员会讨论通过，并在全市法院发布供参考使用。

上述类案自由裁量权行使统一标准发布时，应与市高院新闻办协调进行舆情风险评估。

法官在审类案拟裁判结果与上述类案自由裁量权行使统一标准不一致的，应报院、庭长提请本院审委会讨论决定，审委会讨论决定与自由裁量权行使统一标准不一致的，应层报市高院民一庭。

五、配套保障机制

第三十五条 各法院应就自由裁量权行使统一问题有针对性设计民事审判培训内容，上级法院民事审判庭应就培训内容定期与辖区法院交流意见，对于本辖区形成的自由裁量权行使统一成果应积极选派业务骨干进行专门授课、交流。

各法院应有针对性结合日常审判工作，着力加强裁判理念和裁判方法的系统培训；对于法律法规、司法解释、市高院类案自由裁量权行使统一标准应当进行统一培训学习，保证已有确定标准的非疑难案件自由裁量权行使不出现偏差。

第三十六条 市高院民一庭应依托自由裁量权行使统一日常工作，与各院党组、市高院教培处紧密配合，探索建立全市民事审判各专业领域"类案人才库"，发现和培养民事审判专业人才，努力打造全国民事审判"人才高地"。

对于各级法院参与全市民事案件自由裁量权行使统一工作的"类案人才库"人员，市高院在专家人才评比、奖励、遴选、培训、交流、授课等方面予以优先推荐。

第三十七条 全市法院在前端"多元调解+速裁"分流民事案件基础上，应依据不同情况通过专业庭室设立、专业审判团队组建、专业人才培养等措施推动民事审判专业化建设，以专业化建设促进自由裁量权行使统一。

第三十八条 各级法院民事审判庭在自由裁量权规范统一工作中应与技术部门协同研究，积极推动办案规范信息化工作，依托信息技术手段为规范查询、类案检索、关联类案标注、信息沟通、类案裁判标准公布等工作建立便捷的信息化平台。

第三十九条 民事案件自由裁量权规范统一工作中应主动邀请人大代表、政协委员、政府相关职能部门、相关领域专家学者参与，采取听取意见、研讨交流、邀请参与发布会等形式，吸收各方意见、接受各方监督。

市高院民一庭应定期与市律协及其相关民事类专业委员会就类案自由裁量权行使统一问题进行沟通协调。采取专题会议研讨专门问题、相互授课交流等方式，实现法律共同体共同合作解决疑难问题。

青海省高级人民法院
关于提请审判委员会讨论案件实行类案及
关联案件强制检索的规定(试行)

(2020 年 4 月 29 日实施)

为深化司法责任制改革,增强案例指导意识,统一法律适用,提高案件质量,根据最高人民法院《关于进一步全面落实司法责任制的实施意见》《关于案例指导工作的规定》和《青海省高级人民法院审判委员会工作规则》等规定,结合省高级法院审判工作实际,制定本规定。

第一条 通过类案及关联案件强制检索参考,统一法律适用标准,推动实现同案同判;强化案例参考作用,不断提高案件质量;加强裁判方法训练,提高裁判说理水平。

第二条 提请审判委员会讨论的案件(死刑案件除外)均应进行类案及关联案件强制检索。

合议庭提交专业法官会议讨论的案件可以参照本规定推行检索参考。

第三条 强制检索适用双检索规则,即合议庭拟提交审判委员会讨论的案件,应当全面检索已生效的类似案件,并制作是否参考适用的说明。同时,应当一并对关联案件检索情况作出说明。负责审判委员会事务的部门在合议庭将拟上会案件的审理报告、检索说明等材料上传审委会系统后,五个工作日内完成该案件的类案检索并制作检索说明。

第四条 强制检索应当涵盖以下范围:

(一)最高人民法院发布的指导性案例、本院发布的参考性案例;

(二)最高人民法院和本院已裁判生效的类似案件;

(三)最高人民法院主办的《中国审判》《人民司法》《法律适用》等审判指导刊物刊载的案例;

(四)全国其他地方高级法院已裁判生效的案件。

第五条 强制检索实行分类、逐层检索。

分类检索是指按照本规定第四条规定的类别顺序进行检索,在前一类别案例或者案件中检索到相关类案,不再检索后一类别。

逐层检索是指在本规定第四条规定的同一类别案例中,按照层次逐一进行检索。

第六条 民事案件主要以法律关系为基础条件进行检索,刑事案件主要以罪名为基础条件进行检索,行政案件主要以行政行为种类为基础条件进行检索。

第七条 加强检索的信息化运用,通过对法信、北大法宝、中国裁判文书网等平台、载体进行检索,收集类案及关联案件。

第八条 强制检索的类案被参考适用的,合议庭应当将检索说明装入副卷归档。

第九条 加强类型案件研究。负责审判委员会事务的部门每年收集整理审委会讨论案件中被参考适用的检索类案,制作专题报告;审委会每年召开一次类型案件法律适用研讨会,强化案例指导,统一裁判尺度。

第十条 本规定由省高级法院负责解释,自发布之日起试行。

天津法院关于开展关联案件和类案检索工作的指导意见(试行)

(2020年6月1日实施)

第一条 为进一步促进法律统一适用,规范自由裁量权行使,根据中共中央办公厅《关于深化司法责任制综合配套改革的意见》、最高人民法院《关于进一步全面落实司法责任制的实施意见》结合我市法院工作实际,制定本意见。

第二条 本意见所涉关联案件是指部分或全部当事人相同的案件。

本意见所涉类案是指与待决案件在基本案情和法律适用等方面具有相似性且已裁判生效的案件。

第三条 所有在办案件应当进行关联案件强制检索。

第四条 法院审理案件属于下列情形之一的,应当进行类案检索:

(一)合议庭对法律适用问题意见分歧较大的案件;

(二)法律适用规则不明的新类型案件;

(三)拟作出的裁判与本院或者上级法院的类案裁判可能发生冲突的案件;

(四)因适用法律错误被上级法院指令再审或者发回重审的案件;

(五)院庭长根据审判监督管理权限要求类案检索的案件。

第五条　承办法官在办理案件过程中,可以自己或者指派法官助理进行类案检索。

第六条　承办法官或者法官助理可通过天津法院网上办案平台、中国裁判文书网、法信等进行关联案件和类案检索。

第七条　关联案件检索范围为全市法院已审结或正在审理的关联案件。

第八条　类案检索范围包括:

(一)最高法院发布的指导性案例;

(二)《最高人民法院公报》上三年以内刊登的案例;

(三)天津高院发布的参考性案例;

(四)上级法院和本院三年以内裁判生效的案件;

(五)必要时可检索最高法院主办的《人民法院案例选》等案例类刊物刊载的案例、最高法院各审判业务条线主办的审判指导刊物刊载的案例或其他地区法院三年以内裁判生效的案件。

类案检索应当按照本条第一款规定的顺序逐层分类检索,如果在先次序检索发现类案,可不再进行后续检索。

第九条　关联案件检索可通过点击网上办案平台"关联案件"进行一键式检索。类案检索可以采用关键词检索法,从基本案情、事实争议焦点中提炼关键词或者将拟适用法律条文、法律适用问题等作为关键词进行检索。

第十条　类案检索过程中应当以基本案情、法律适用问题等为要素,将待决案件与检索到的相关案件进行类似性识别和比对推理,确定是否属于类案。

第十一条　承办法官或者法官助理应当结合基本案情、事实争议焦点、法律适用等,从检索到的类案中梳理提炼裁判要点。

第十二条　承办法官应当指导法官助理或书记员将检索关联案件情况截图,并通过"天津市法院案件信息管理系统"上传至案件电子卷宗副卷中的"类案及关联案件检索信息"栏目。

第十三条　承办法官应当将检索关联案件及类案的情况在合议庭评议、专业(主审)法官会议讨论、审判委员会讨论时予以说明。

第十四条　对拟提交审判委员会或者专业(主审)法官会议讨论的案件,应当制作检索报告。

拟提交审判委员会讨论的案件,检索报告应当包括待决案件争议焦点、检索主体、检索时间、检索平台、检索方法、检索结果、关联案件与类案的裁判要点、运用情况及理由说明等内容。未提交检索报告或者检索报告不符合要求的,审判委员会工作部门应当要求承办法官补充完善。

拟提交专业(主审)法官会议讨论的案件,检索报告可以采用填充式、表格式等简略形式。

检索报告可以作为审理报告的一部分,也可以单独制作,归入副卷。

第十五条 经类案和关联案件检索,应根据具体情况按照下列规定办理:

(一)有关联案件或高度类似案件在本院其他法官处审理,尚未结案的,应当就案件处理进行沟通,确保裁判尺度统一;经沟通后,无法达成一致意见的,由部门负责人提请分管院领导,召开专业(主审)法官会议研究;专业(主审)法官会议无法达成一致意见或多数意见,或者合议庭经复议后不同意专业(主审)法官会议的一致意见或多数意见的,由分管院长报请院长审批后,提请审判委员会研究。

(二)有关联案件或高度类似案件在其他法院法官处审理,尚未结案的,应当报请部门负责人同意后与相关法院就案件处理进行沟通,确保裁判尺度统一;经沟通后,无法达成一致意见的,由部门负责人提请分管院领导,将有关情况报送共同的上级法院相关审判业务庭室研究处理;

(三)拟作出的裁判结果与最高法院指导性案例、本市参考性案例、本院或对本院有监督指导权的上级法院同类生效案件裁判尺度一致的,在合议庭评议中作出说明后,按合议庭评议结论制作、签署裁判文书;

(四)拟作出的裁判结果与最高法院指导性案例、本市参考性案例、原由本院审判委员会作出决定的案件裁判尺度存在显著差异的,应当提交专业(主审)法官会议讨论并梳理相关法律适用问题后,提请审判委员会讨论;

(五)拟作出的裁判结果与本院或上级法院同类生效案件、关联生效案件裁判尺度存在显著差异的,应当提交专业(主审)法官会议讨论;合议庭或者独任法官根据专业(主审)法官会议讨论的意见对案件进行复议后与专业(主审)法官会议形成的多数意见不一致的,应当提请审判委员会讨论;

(六)在办理新类型案件中,拟作出的裁判结果将形成新的裁判规则的,应当提交专业(主审)法官会议讨论,由院庭长决定是否提交审判委员会讨论;

(七)发现本院同类生效案件裁判尺度存在重大差异的,应当报请部门负责人同意后通报审判管理部门,由审判管理部门配合相关审判业务庭室对法律适用问题进行梳理后提请审判委员会讨论。

第十六条 公诉机关、案件当事人及其辩护人、诉讼代理人可以提交关联案件或类案的生效裁判支持自己的主张。对提交的上述生效裁判,承办法官应当记录在案。

公诉机关、案件当事人及其辩护人、诉讼代理人引述最高法院发布的指导性案例作为控(诉)辩理由的,承办法官应当在裁判理由中回应是否参照了上述指导性案例,并说明理由。

第十七条 审判管理部门应当将合议庭或者独任法官关联案件、类案检索及结果运用情况,纳入案件质量评查及审判责任认定的具体项目。

第十八条 本规定由天津市高级人民法院负责解释,自2020年6月1日起施行。

附件:检索报告建议模板

关于××案的关联案件检索情况报告
(建议模板)

一、关联案件检索情况

(概括写明自网上办案平台检索到的关联案件情况,是否本院在审或审结,是否涉及其他法院在审或审结。)

二、对本案影响情况

(概括写明检索到的关联案件是否与本案属于相似案件,与本案有何不同,是否会对本案审理产生影响。)

关于××案的类案检索情况报告

一、案件的争议焦点

(概括写明待检索案件的争议焦点,列明存在适用争议的具体法律的名称和条文内容。)

二、类案检索情况

(一)检索主体、时间、平台及范围

(详细写明类案检索主体、时间、使用的平台和检索范围,平台如有不同栏目的应注明栏目,如法信有类案检索和跨库检索等不同栏目。)

(二)检索的具体方法

(列明检索的关键词、地域、审级、裁判时间等检索条件。)

(三)检索到的类案基本情况

(写明类案的检索结果,如未查询到类案的,可以注明无检索结果。)

1. 指导性案例类案检索情况;

2.《最高人民法院公报》上三年以内刊登的案例类案检索情况;

3. 参考性案例类案检索情况;

4. 上级人民法院和本院三年以内裁判生效的案件检索情况;

5. 其他类似案例的检索情况;

6. 其他需要说明的情况。

(指导性案例及参考性案例的类案检索情况需列明相关案例的裁判要点和类似案情;《最高人民法院公报》刊登案例的类案检索情况需列明相关案例的刊登时间、裁判要旨和简要案情;上级人民法院和本院三年以内裁判生效的案件的检索情况需列明相关类案的简要案情和争议问题的裁判方向。根据《天津法院关于开展关联案件和类案检索工作的指导意见(试行)》第八条的规定,在进行类案检索时,法官应按照该条第一款第(一)项至第(五)项的顺序依次检索,如果在先次序检索发现类案,可不再进行后续检索。如果类案较多,可列明案件数量,抽取一定数量有代表性的案件,分别说明案件情况,建议使用表格列明,案情复杂的分段列明。)

三、对本案裁判结果的参照价值或影响因素

(着重比较检索出的关联案件、类案与本案的异同点,以及对本案裁判的参照性,在处理意见部分可就此提出案件的处理意见;如检索出的案件裁判方向差异较大,应分别列明,在陈述处理意见时,应说明理由,并在报告附件中附上不同裁判方向的典型案件。)

(一)类案参照价值分析

(二)本案处理意见

安徽省高级人民法院关于类案及关联案件检索的规定(试行)
(2020年6月18日实施)

第一条 为进一步完善审判权运行机制,充分发挥类案及关联案件检索的指引作用,促进类案同判和法律适用统一,提高案件质效,根据《最高人民法院关于进一步全面落实司法责任制的实施意见》《2020年人民法院司法改革工作要点》等文件规定,结合全省法院实际,制定本规定。

第二条 类案及关联案件检索是指法官办理案件时,依托各类平台载体,对上级法院、本院或其他法院已审结的类案及关联案件进行全面检索,以形成和完善类案同判机制,促进法律适用统一。

第三条 审理案件具有下列情形之一的,应当进行类案及关联案件检索:

(一)拟提交审判委员会讨论的案件;

(二)被上级法院发回重审、指令再审的案件;

(三)涉及群体性纠纷,可能影响社会稳定的案件;

(四)重大、疑难、复杂、新类型案件;

(五)与本院、上级人民法院、辖区内其他同级人民法院类案裁判可能发生冲突的案件,以及与本院正在审理的其他同类案件需要统一裁判标准的案件;

(六)院庭长、审判团队负责人认为有必要进行类案及关联案件检索的案件。

根据案件实际情况,承办法官或合议庭认为不需要进行类案及关联案件检索的,经所在部门负责人同意,可不提交检索报告,但应当随案书面说明理由。

第四条 审理案件具有下列情形之一的,可以进行类案及关联案件检索:

(一)拟提交专业法官会议讨论的案件;

(二)审理过程中公诉机关、当事人及其辩护人、诉讼代理人提交同类或者关联案件生效裁判支持己方主张的案件;

(三)可能对本院辖区法律适用统一具有指导意义的案件。

第五条 类案及关联案件检索一般由审判执行部门专人负责。根据工作实际,也可由案件承办法官进行类案及关联案件检索。

指定专人进行类案及关联案件检索的,案件承办法官应及时将所需检索问题的关键词或相关材料(如一审案件的检察院起诉书、起诉状、答辩状;二审案件中的一审裁判文书;再审案件中的原审生效裁判文书)等交由被指定人。

第六条 依托"法信"、中国裁判文书网、"类案指引"等平台,进行类案与关联案件检索。

第七条 检索的案件范围包括:

(一)最高人民法院发布的指导性案例;

(二)最高人民法院近五年内发布的公报案例、典型案例及作出的生效裁判;

(三)全省法院参考性案例、省高级人民法院近三年内发布的典型案例及作出的生效裁判;

(四)其他具有代表性的省市高级人民法院近三年内发布的典型案例及作出的生效裁判。

若按前款检索所得案件数量较少,可将检索范围扩展至省内外中级人民法院近三年内发布的典型案例及作出的生效裁判。

类案及关联案件遵循时间优先原则、效力优先原则,在上述检索范围内参照检索所得的生效裁判中已形成的多数观点裁判标准进行处理。

第八条 类案及关联案件检索应当制作检索报告,检索报告应当包括以下内容:

(一)案件基本情况、检索来源、时间、检索方法等;

(二)案件争议问题;

(三)类案及关联案件中的多数观点、少数观点及裁判理由;

(四)其他需要说明的情况。

必要时,可以将代表类案或者关联案件裁判意见的裁判文书或者案例文本作为检索报告的附件,供案件评议或讨论时参考。

第九条 负责类案及关联案件检索的人员应当在收到检索需求后三日内提交检索报告。

第十条 检索报告应当在合议庭评议、专业法官会议讨论或审判委员会讨论时一并提交。

第十一条　拟提交审判委员会讨论的案件,未提交检索报告或虽提交检索报告但不符合要求的,审判管理办公室应当退回承办部门补充完善。

第十二条　经检索类案及关联案件,法官应当按照以下规则分别处理:

(一)合议庭评议时,拟作出的裁判结果与检索所得同类及关联案件的多数裁判观点一致的,除按规定提交审判委员会讨论的案件以外,按照合议庭评议结果作出裁判。

(二)合议庭评议后,拟作出的裁判结果存在以下情形之一的,应当提交专业法官会议讨论:

1. 因经济社会情况发生重大变化、司法政策或者理念发生变化等情形致使类案及关联案件多数裁判观点无法适用,采纳少数裁判观点或者形成新的裁判标准的;

2. 针对新类型案件形成新的裁判标准的;

3. 改变本院或者本庭生效类案的裁判标准,或者与已生效关联案件裁判结果产生冲突的;

4. 同类或者关联案件的裁判观点存在重大差异,合议庭存在较大争议的。

第十三条　法官发现检索的类案及关联案件与本院同类生效案件裁判尺度存在重大差异的,应当报请专业法官会议研究,对法律适用问题进行梳理后提交审判委员会讨论。

第十四条　各审判业务部门应当定期对检索报告进行统计、汇总、分析,适时报请审判委员会研究出台业务条线审判工作指引,并反馈至审判管理办公室,充分发挥检索报告对审判实务的参考价值及对辖区法院的指导功能。

第十五条　制作检索报告的案件,可以在审判绩效考核中体现相应的工作量。

第十六条　检索报告及无需进行检索的书面说明应装入副卷归档。

第十七条　各市中级人民法院可结合本地工作实际,制定具体实施细则。

第十八条　本规定由安徽省高级人民法院负责解释,自印发之日起试行。最高人民法院发布新规定与本规定不一致的,按照新规定执行。

附件

类案及关联案件检索报告

部门：　　　　　　日期：　　　　　　检索人：

案号：	案由：
承办法官：	提请时间：
一、检索问题（争议焦点）	
1.	
2.	
……	
二、检索平台：	检索关键词：
三、类案及关联案件检索结果	
争议焦点一：	
多数意见及理由：	
参考案件案号（文书可以附后）：	
少数意见及理由：	
参考案件案号（文书可以附后）：	
争议焦点二：	
……	
四、其他需要说明的问题	
备注：	

浙江省高级人民法院关于类案和关联案件检索工作指引（试行）

（2020年7月1日实施）

为进一步落实司法责任制，统一法律适用标准，根据《最高人民法院关于完善人民法院司法责任制的若干意见》《最高人民法院关于进一步全面落实司法责任制的实施意见》等规定,结合我省实际,制定本指引。

第一条 主审法官、审判辅助人员等办理案件时,可以依托全省法院办公办案系统中"类案智能推送"模块等平台对类案进行检索。

第二条 涉及法律适用分歧且具有下列情形之一的,应当进行类案检索:

(一)重大、疑难、复杂及新类型案件;

(二)因法律适用问题提交审判委员会讨论决定或提交专业法官会议研讨的案件;

(三)公诉机关、案件当事人及其辩护人、诉讼代理人提交类案的生效裁判支持自己主张的案件;

(四)院庭长认为其他需要进行类案检索的案件。

主审法官也可以根据案件审理需要进行类案检索,以增强裁判说理水平、提高案件质量。

第三条 类案检索的范围包括:

(一)最高人民法院发布的指导性案例;

(二)最高人民法院公报案例、最高人民法院发布的典型案例、最高人民法院裁判的其他案件;

(三)浙江省高级人民法院《案例指导》上刊发的参考性案例;

(四)全省范围内上级人民法院及本院裁判的其他案件。

主审法官、审判辅助人员等也可对全国其他法院裁判的案例进行检索,供办理案件时参考。

第四条 类案检索实行分类逐层检索:

(一)分类检索。按照本指引第三条规定的类别顺序进行检索。

(二)逐层检索。在本指引第三条规定的同一类别中,按照层次逐一进行检索。

在检索过程中,如发现第三条第(二)项内检索的案例之间存在冲突的,应按照《最高人民法院关于建立法律适用分歧解决机制的实施办法》进行处理。

第五条 主审法官、审判辅助人员在办理案件过程中可以通过办公办案平台的关联案件检索功能,进一步检索查询相关情况,也可输入案号、相关当事人名称或者其他信息进行查询检索。

人民法院立案登记时,立案人员已进行关联案件检索的,相关检索结果应引入办案平台电子案卷。

第六条 对存在以下情形的,主审法官、审判辅助人员应进行关联案件检索:

(一)当事人提供线索认为相关案件与本案在事实认定或裁判结果上存在关联;

(二)案情较为复杂,可能在诉讼标的物、法律关系上存在关联;

(三)诉讼过程较为复杂,可能在民事、行政、刑事、执行等不同程序或阶段存在关联;

(四)诉讼参与人、案外人的陈述反映存在关联,且有初步证据证明的;

(五)卷宗材料中反映存在关联案件;

(六)套路贷、虚假诉讼等专项整治工作以及有关文件要求应当进行关联案件检索的情况;

(七)需要检索的其他情形。

第七条 对检索收集到的案例或类案,主审法官应形成检索说明或检索报告;如系本指引第二条、第六条应当进行检索的案件,主审法官应当在向合议庭或专业法官会议、审判委员会提交讨论案件的同时一并提交该检索说明或检索报告。

上述案件检索材料应装入副卷归档。

第八条 检索说明或检索报告,可包括以下内容:

(一)明确检索的类别、方式、范围和时间;

(二)明确检索结果,已结案件应总结检索信息同时附裁判文书,尚未审结的关联案件应当记载案号、诉讼请求和审理进度,明确与所检索问题相关的信息;

(三)明确检索结果的拟运用情况及相关理由;

(四)其他需要说明的事项。

第九条 经检索类案,有下列情形的,主审法官应按照以下规则分别处理:

(一)拟作出的裁判结果与本院或上级法院同类生效案件裁判尺度一致的,除提交审判委员会讨论的案件外,在合议庭评议中作出说明后参照制作裁判文书;

(二)在办理新类型案件中,拟作出的裁判结果将形成新的裁判尺度的,应当提交专业法官会议讨论,必要时由院庭长决定或建议提交审判委员会讨论;

(三)拟作出的裁判结果将改变本院或上级法院同类生效案件裁判尺度的,应当就相关法律适用问题进行梳理,并提交专业法官会议讨论,必要时按照相应程序提交审判委员会讨论;

（四）发现本院同类生效案件裁判尺度存在重大差异的，主审法官应对法律适用问题及时进行梳理，报请院庭长研究后，按照相应程序提交审判委员会讨论。

主审法官发现正在审理的案件或者相关联的案件，存在虚假诉讼嫌疑、裁判之间矛盾冲突的，应当提请合议庭或专业法官会议、审判委员会等研究。因事实变化或者法律更新导致的裁判冲突除外。

第十条 对检索到的案例或类案，不论参考适用或者参考不适用，其法律适用观点、理由部分均可作为裁判文书说理的素材，但不得直接引用该检索案例或类案。

第十一条 未按照本指引及相关文件要求进行检索或仅进行选择性检索，案件被二审或再审发改的，应当对未检索或未全面检索的原因以及被发改案件的裁判依据及理由作出合理说明，由本院案件质量评查机构进行评查定责。

主审法官委托法官助理进行检索的，主审法官对检索结果负责。

第十二条 全省各级法院审判管理部门应注重关联案件检索和类案检索技术的研发、运用和培训工作，优化技术开发，完善类案智能推送系统，增强自动推送功能，提升搜索和推送的精准度，对裁判偏离度高的案件进行预警，服务法官办案。

江苏省高级人民法院
关于建立类案强制检索报告制度的规定（试行）

（2020 年 7 月 14 日实施）

为统一法律适用，规范法官自由裁量权，促进司法公正，提升司法公信力，根据《最高人民法院司法责任制实施意见（试行）》《最高人民法院关于落实司法责任制完善审判监督管理机制的意见（试行）》和最高人民法院《人民法院第五个五年改革纲要（2019—2023）》等文件规定，结合全省法院工作实际，就建立类案强制检索报告制度，制定本规定。

1. 类案检索，是指法官通过在线检索、查阅相关资料等方式发现与待决案件在案件基本事实和法律适用方面相类似的案例，为待决案件裁判提供参考。

2. 正在审理的案件有下列情形之一的，应当进行类案检索：

(1) 法律规则适用不明的案件;

(2) 新类型案件;

(3) 合议庭对于法律适用问题存在重大分歧的案件;

(4) 拟作出的裁判与本院或者上级法院的类案裁判可能发生冲突的案件;

(5) 案件当事人及其辩护人、诉讼代理人或者公诉机关提交类案生效裁判支持其主张的案件;

(6) 院庭长依照审判监督管理权限,要求进行类案检索的案件。

3. 案件承办法官可以指派法官助理或者自行进行类案检索,承办法官对检索结果的分析应用负责。

4. 类案检索可以依照下列顺序进行:

(1) 最高人民法院发布的指导性案例;

(2)《最高人民法院公报》刊登的案例、裁判文书;

(3) 最高人民法院及其相关业务部门发布的典型案例、作出的生效裁判;

(4)《江苏省高级人民法院公报》刊登的参阅案例、长三角四地高级人民法院联合发布的典型案例;

(5) 上级法院及本院作出的其他生效裁判。

按照前款规定进行类案检索,已在前一顺位检索到类案的,可以不再进行后续顺位的检索。

5. 对于检索出的类案,区别下列情形处理:

(1) 最高人民法院发布的指导性案例,应当参照适用;

(2) 按照第 4 条规定顺位检索到的其他案例和生效裁判,可以参照适用。

6. 类案检索情况应当形成报告。报告可以是表格式,可以作为审理报告的一项内容,也可以是单独的检索报告。

经过类案检索的案件,承办法官向合议庭、专业法官会议、审判委员会汇报时,应当全面汇报检索结果和分析应用情况。

类案检索报告,应当作为案卷内容归档。

7. 合议庭、独任法官拟作出的裁判结果与经检索发现的类案裁判一致的,可以径行作出裁判,但依照有关规定应当提交专业法官会议、审判委员会讨论的除外。

8. 经类案检索的案件有下列情形之一的,应当按照程序提交审判委员会讨论

决定:

(1)同一位阶的类案存在法律适用分歧;

(2)拟作出的裁判结果将改变本院或者上级法院同类生效案件裁判规则;

(3)未检索出类案,拟作出的裁判结果将形成新的裁判规则。

9.未按照第2条规定进行类案检索的案件,不得提交专业法官会议、审判委员会讨论。

10.院庭长在参加专业法官会议、审判委员会讨论案件过程中,发现应当进行类案检索但未检索的,可以要求承办法官进行检索并报告检索情况。

11.全省各级法院应当将类案强制检索报告制度落实情况纳入案件质量评查和法官审判绩效考核。

12.审判长、合议庭其他成员认为有必要的,也可以自行进行类案检索。

在本规定第2条、第4条规定的应当进行类案检索的情形和范围以外,鼓励法官根据办案需要扩大检索范围。

13.省法院加强类案检索技术的研发,探索建立统一的检索案例库,开发便捷的检索工具。

14.本规定由省法院审判委员会负责解释。

15.本规定自印发之日起执行。

附件

类案强制检索情况登记表(样式)

案　号	
检索时间	
检索方式	
检索结果	□有　　　　□无

(续表)

案　号	
类案裁判要点	
结果运用情况	
备注	

注：未检索到类案的，不填写类案裁判要点和结果运用情况。

承 办 人：

填写时间：

湖南省高级人民法院
关于规范法官裁量权行使保障裁判尺度统一的实施意见（试行）

（2020 年 8 月 20 日实施）

为贯彻落实《最高人民法院关于统一法律适用加强类案检索的指导意见（试行）》，规范法官裁量权行使，保障裁判尺度统一，结合湖南实际，制定本实施意见。

第一条 规范法官裁量权行使应当在准确认定事实的基础上，保障法律适用、裁判标准尺度统一，实现个案公正，提升司法公信，树立司法权威。

第二条 规范法官裁量权行使应当确保规范法官权力行使、实现审级监督与保障依法独立行使审判权相统一,确保案件程序公正与实体公正相统一,确保案件政治效果、法律效果、社会效果相统一。

第三条 承办法官、合议庭应注重通过下列途径发现待决案件是否存在裁判尺度不统一问题:

(一)当事人及其诉讼代理人、辩护人提出;

(二)检察机关提出;

(三)通过强化庭前会议、开庭审理、询问等功能,整理案件争议焦点、听取诉辩双方意见发现;

(四)关联案件查询、类案检索发现;

(五)对案件负有审判监督职责的院、庭长提出;

(六)其他途径。

院、庭长应当通过参加专业(主审)法官会议或者审判委员会、处理各类信访投诉等方式,及时发现并处理裁判尺度不统一的问题。

第四条 关联案件是指待决案件与本院的其他案件、其他法院的案件在当事人、案件事实等关键要素方面存在关联关系的案件。关联案件包括但不限于下列情形:

(一)其他案件当事人与待决案件所涉事实或所涉法律关系有密切联系的案件;

(二)待决案件处理结果对其他案件当事人的利益有直接影响的案件;

(三)本案必须以其他案件审理结果为依据的案件;

(四)其他存在关联关系,需要统一裁判尺度的案件。

第五条 承办法官审理个案,具有下列情形之一的,应当通过数字法院应用系统、中国裁判文书网等平台,以当事人、案由等为要素对关联案件进行查询:

(一)刑事案件中,本案证人与另案被告人相同,指控罪名相同或者存在关联关系的;

(二)民事行政案件中,本案一方当事人与另案原告、被告、第三人相同,案由相同或者存在关联关系的;

(三)案件性质不同但所涉基本事实相同的。

第六条 发现关联案件后,审理待决案件承办法官应及时与审理关联案件的承办法官进行协调。待决案件承办法官与关联案件承办法官协调存在困难的,待决案件承办法官应报告院、庭长,由院、庭长依职权协调。待决案件与关联案件分属于没有上下级关系法院审理的,待决案件法院应报告与关联案件法院共同的上级法院,由共同的上级法院协调,确保关联案件裁判尺度统一。

第七条 待决案件的关联案件已审结,当事人及其诉讼代理人、辩护人、检察机关对待决案件裁判尺度提出异议的,应当对待决案件依法审理,对确有错误的关联案件依法通过审判监督程序处理。

第八条 类案,是指与待决案件在基本事实、争议焦点、法律适用问题等方面具有相似性,且已生效的案件。

第九条 承办法官审理个案,具有下列情形之一的,应当对类案进行检索:

(一)当事人及其诉讼代理人、辩护人、检察机关对裁判尺度提出异议,且已提交相关案例作为诉辩理由的;

(二)拟提交专业(主审)法官会议或者审判委员会讨论的;

(三)缺乏明确裁判规则或者尚未形成统一裁判规则的;

(四)院长、庭长按照审判监督管理权限要求进行类案检索的;

(五)承办法官、合议庭认为有必要的;

(六)其他需要进行类案检索的。

第十条 检索类案时,可以依托中国裁判文书网、法信等平台,按下列顺序进行:

(一)最高人民法院、最高人民检察院发布的指导性案例;

(二)《最高人民法院公报》刊登的案例、裁判文书;

(三)最高人民法院各业务庭公开发布的案例、裁判文书;

(四)各高级人民法院公布的参考案例;

(五)本院和上级法院生效裁判;

(六)中国审判案例要览案例、人民法院案例选案例;

(七)其他案例。

已经检索到指导性案例的,可以不再进行后续顺位的检索。

第十一条 检索到类案的,承办法官、合议庭应当将待决案件与检索结果在基本事实、争议焦点、法律适用等方面的相似性进行识别和比对,并对类案的真实性负责。

第十二条 经检索类案,对待决案件按照以下程序办理:

(一)拟作出的裁判结果与检索到的类案裁判尺度一致,且案件不属于监督案件的,承办法官、合议庭作出说明后即可按规定制作、签署裁判文书,承办法官、合议庭也可以对意见分歧较大的案件提请专业(主审)法官会议讨论;

(二)拟作出的裁判结果与检索到的类案裁判尺度一致,但案件属于监督案件的,承办法官、合议庭作出说明后按规定将案件报请院、庭长监督;

(三)拟作出的裁判结果与检索到的类案裁判尺度存在重大差异的,应当将案件报请院、庭长监督,由院、庭长提交专业(主审)法官会议讨论;

(四)在审理新类型案件中,拟作出的裁判结果将形成新的裁判尺度的,应当将案件报请院、庭长监督,由院、庭长提交专业(主审)法官会议讨论。

第十三条 案件经专业(主审)法官会议讨论后,承办法官、合议庭独立决定是否采纳专业(主审)法官会议讨论形成的意见,并对案件最终处理结果负责。

第十四条 案件经专业(主审)法官会议讨论后,院、庭长可以按照审判监督管理权限要求承办法官、合议庭根据专业(主审)法官会议讨论的意见对案件进行复议。经复议未采纳专业(主审)法官会议形成的多数意见的,院、庭长应当按照规定将案件提交审判委员会讨论决定。

第十五条 待决案件所涉裁判尺度统一疑难问题经本院审判委员会研究后,可以按相关规定向上级法院逐级报送个案法律适用请示。

第十六条 关联案件查询、类案检索情况,承办法官应当在合议庭评议、专业(主审)法官会议、审判委员会讨论或审理报告中予以说明,并随案归档备查。

第十七条 院、庭长应当通过查看案件评查结果、分析改判发回案件、听取辖区法院意见、处理各类信访投诉等方式,及时发现并处理裁判尺度统一问题。

第十八条 省高级人民法院各审判庭设业务指导团队,负责全省法院相关审判业务条线裁判尺度统一工作。具体职责包括:

(一)监督指导全省法院裁判尺度统一工作;

(二)收集、汇总全省法院裁判尺度统一的重大问题;

(三)就某个或某类问题制定全省法院裁判尺度统一的具体标准;

(四)组织全省法院相关条线裁判尺度统一的交流沟通;

(五)裁判尺度统一问题的其他工作。

全省各中基层法院应根据实际情况设立专门团队或专门人员,负责辖区内裁判尺度统一工作。

第十九条 各法院业务部门之间、上级法院与下级法院之间应建立信息沟通与业务协调机制,及时发现、共同研究案件审理中裁判尺度不统一问题。下级法院对于发现的裁判尺度不统一问题经研究无法达成一致意见的,应按相关规定逐级报送上级法院,由上级法院按相关规定对裁判尺度统一问题进行指导。

裁判尺度统一问题所形成的意见,应经所在法院专业(主审)法官会议或审判委员会研究。

第二十条 下级法院专业(主审)法官会议、审判委员会讨论裁判尺度统一问题形成倾向性意见,拟在辖区内发布的,应在发布前层报省高级人民法院研究室备案审查,省高级人民法院应在15日内备案审查完毕。对拟发布的裁判尺度统一问题,省高级人民法院可以转发全省其他法院供学习交流。

第二十一条 承办法官、合议庭因故意或者重大过失,未发现个案裁判尺度不统一的问题,导致裁判错误并造成严重后果的,依法依纪追究审判责任。

负有监督管理职责的人员因故意或者重大过失,未发现个案裁判尺度不统一的问题,导致裁判错误并造成严重后果的,依法依纪追究监督管理责任。

第二十二条 本实施意见适用于全省各级人民法院,由湖南省高级人民法院审判委员会负责解释。

本实施意见与法律、司法解释不一致的,以法律、司法解释为准。

本实施意见自下发之日起试行。

江西省高级人民法院
关于统一裁判尺度加强类案及关联案件检索的实施意见(试行)

(2020年12月1日实施)

为进一步规范法官自由裁量权,促进裁判尺度统一,提升案件质效和司法公信力,根据《最高人民法院关于统一法律适用加强类案检索的指导意见(试行)》等相关规定,结合全省审判工作实际,制定本意见。

第一条 本意见所称类案,是指与待决案件在基本事实、争议焦点、法律适用问题等方面具有相似性且已经生效的案件。

本意见所称关联案件,是指与待决案件在当事人身份、证据或事实认定、处理结果等方面具有一定关联性的其他审理中或已审结的案件。

第二条 办理具有下列情形之一的案件,应当进行类案检索:

(一)拟提交专业法官会议或者审判委员会讨论的,但依法应当提交审判委员会讨论决定的除外;

(二)缺乏明确裁判规则或者尚未形成统一裁判规则的;

(三)根据《江西省高级人民法院关于进一步加强"四类案件"事中监督管理的实施细则(试行)》确定的"与本院或者上级法院的类案裁判可能发生冲突的案件";

(四)因适用法律错误被上级法院指令再审或发回重审的;

(五)院庭长根据审判监督管理权限要求进行类案检索的;

(六)公诉机关、案件当事人及其辩护人、诉讼代理人已提交最高人民法院发布的相关案例或经本省法院裁判生效的案例作为控(诉)辩理由的。

根据案件实际情况认为有必要的,承办法官可以自行进行类案检索。

第三条 承办法官依托中国裁判文书网、法信、数字法院业务应用系统、法官e助理、审判案例数据库等平台进行类案检索,并对检索的真实性、准确性负责。

第四条 类案检索范围包括:

(一)最高人民法院发布的指导性案例、典型案例及生效案件裁判文书;

(二)江西省高级人民法院发布的参考性案例、典型案例及生效案件裁判文书;

(三)上一级人民法院及本院生效案件裁判文书。

(四)其他省(区、市)高级人民法院发布的参考性案例、典型案例及生效案件裁判文书。

类案检索按照以上顺序依次进行,已经在前一顺位中检索到类案的,可以不再进行检索。

类案检索应遵循时间及效力优先原则,除指导性案例外,优先检索近三年的案例或者案件。

第五条 类案检索可以采用关键词检索、法条关联案件检索、案例关联检索等方法。

第六条 按照本意见第二条规定应当进行类案检索的,承办法官应当在合议庭评议、专业法官会议、审判委员会讨论的汇报提纲或审理报告中对类案检索情况予以说明，或者制作类案检索报告(参考样式详见附件)，并入卷备查。

类案检索说明或报告应当客观、全面、准确，包括检索主体、时间、平台、方法、结果、类案裁判要点以及待决案件争议焦点等要素对比分析、是否参照适用及理由、其他需要说明的问题等内容。

第七条 拟提交专业法官会议或审判委员会讨论的案件，承办法官应制作而未制作类案检索说明或报告、制作的类案检索说明或报告不符合有关要求的，由会议秘书退回承办法官补充完善。

第八条 检索到的类案为指导性案例的，应当参照作出裁判，但与新的法律、行政法规、司法解释相冲突或者为新的指导性案例所取代的除外。检索到其他类案的，可以参考作出裁判。

第九条 公诉机关、案件当事人及其辩护人、诉讼代理人等提交指导性案例作为控(诉)辩理由的，承办法官或合议庭应当在裁判文书说理中回应是否参照并说明理由；提交其他类案作为控(诉)辩理由的，承办法官或合议庭可以通过释明等方式予以回应。

第十条 数字法院业务应用系统、法官 e 助理等办案平台针对同一当事人案件提供自动关联功能。承办法官审理个案时均应当使用该功能模块查看关联案件信息并开展检索，检索范围原则上限于江西三级法院所受理案件。承办法官应将关联案件检索情况在合议庭评议、专业法官会议、审判委员会讨论的汇报提纲或审理报告中予以说明，并入卷备查。

第十一条 关联案件尚在审理中，待决案件需要与其统一裁判尺度的，或者需要以其裁判结果为依据的，待决案件的承办法官应及时与关联案件的承办法官进行协调。存在协调困难的，待决案件承办法官应报告院庭长，由院庭长依职权协调。需要跨院协调的案件，可以向共同的上级法院请求协调处理，确保关联案件裁判尺度统一。

第十二条 关联案件已审结，待决案件拟作出的裁判结果与关联案件不一致的，应当提交专业法官会议或审判委员会讨论决定。

发现已审结关联案件确有错误的，依法通过审判监督程序处理。

第十三条 省高院各审判业务部门按照对下指导的业务分工负责全省法院相关审判业务条线裁判尺度统一工作。具体职责包括：

(一)监督指导全省法院裁判尺度统一工作；

(二)收集、汇总全省法院裁判尺度统一的重大问题;

(三)就某个或某类问题制定全省法院裁判尺度统一的具体标准;

(四)组织全省法院相关业务条线裁判尺度统一的交流沟通;

(五)及时更新维护全省法院审判案例数据库内容;

(六)裁判尺度统一问题的其他工作。

第十四条 各级法院在类案及关联案件检索过程中,发现存在以下情形的,应当启动类案及关联案件争议解决机制:

(一)本院同类生效裁判之间存在法律适用不一致或裁判尺度存在明显差异,或者待决案件拟作出的裁判结果与本院生效裁判确定的法律适用原则或裁判标准存在分歧,应当提交本院专业法官会议或审判委员会研究解决;

(二)中级法院辖区内案件存在本条第(一)项情形,应当报请中级法院对口指导业务部门研究解决;

(三)不同中级法院辖区之间案件存在本条第(一)项情形,或者待决案件拟作出的裁判结果与省高院生效裁判确定的法律适用原则或裁判标准存在分歧,应当逐级报请省高院对口指导业务部门统一研究解决。

省高院、中级法院审判业务部门可以通过召开专业法官会议、统一裁判尺度专家论证等方式研究解决,无法解决的,应按程序提请审判委员会决定。

上报的材料应当包括法律适用或裁判尺度不统一的具体问题、相关案件裁判文书、检索报告、专业法官会议或审判委员会研究记录、法律适用意见建议等。

第十五条 下级法院经专业法官会议、审判委员会讨论形成的类案裁判规则,拟在本院或辖区法院发布的,应在发布前层报省高院对口指导业务部门审查,省高院原则上应在15日内审查完毕。

下级法院发布类案裁判规则后,应在15日内层报省高院研究室备案。

第十六条 省高院应加强全省法院审判案例数据库建设,将《江西法院案例选》、"发改再"案件监管平台重点评查案例、省高院各审判业务部门发布的典型案例以及类案裁判指导意见等纳入统一数据库,实现类案及关联案件精准智能推送,持续提升服务法官办案的技术能力和信息化水平。

第十七条 各级法院应定期归纳整理类案及关联案件检索情况,并通过工作情况通报、专题分析报告等形式在本院或者本辖区法院予以公开,供法官办案参考。

第十八条 承办法官因故意或重大过失,未按规定进行类案及关联案件检索,导致裁判错误并造成严重后果的,依法依纪追究审判责任。

第十九条 本意见由省高院审判委员会负责解释,自下发之日起试行。

附件

类案检索报告(参考样式)

待决案件概述	案号		案由	
	立案时间		承办人	
	争议焦点或法律适用问题			
检索案例概述	检索人员		检索时间	检索平台
	案例名称		案号	
	审理法院		裁判时间	
	案例范围(勾选)	指导性案例(　)、最高人民法院典型案例、生效裁判(　)、江西省高级人民法院参考性案例、典型案例、生效裁判(　)、本省XXX法院生效裁判(　)、XXX省(区、市)高级人民法院参考性案例、典型案例、生效裁判(　)		
	裁判要点	裁判要点如下:XXXXXXXXX 案例原文(裁判文书附后)		
	类案较多时可加行			
检索结论	是否参照			
	拟参照的案例名称			
	参照/不参照的理由			

检索案例原文

……案刑事判决书/裁定书

……案民事判决书/裁定书

……案行政判决书/裁定书

……

附录二 最高人民法院指导性案例目录
(截至 2021 年 6 月 7 日)

案例编号	案例名称
指导案例 1 号	上海中原物业顾问有限公司诉陶德华居间合同纠纷案
指导案例 2 号	吴梅诉四川省眉山西城纸业有限公司买卖合同纠纷案
指导案例 3 号	潘玉梅、陈宁受贿案
指导案例 4 号	王志才故意杀人案
指导案例 5 号	鲁潍(福建)盐业进出口有限公司苏州分公司诉江苏省苏州市盐务管理局盐业行政处罚案
指导案例 6 号	黄泽富、何伯琼、何熠诉四川省成都市金堂工商行政管理局行政处罚案
指导案例 7 号	牡丹江市宏阁建筑安装有限责任公司诉牡丹江市华隆房地产开发有限责任公司、张继增建设工程施工合同纠纷案
指导案例 8 号	林方清诉常熟市凯莱实业有限公司、戴小明公司解散纠纷案
指导案例 9 号	上海存亮贸易有限公司诉蒋志东、王卫明等买卖合同纠纷案
指导案例 10 号	李建军诉上海佳动力环保科技有限公司公司决议撤销纠纷案
指导案例 11 号	杨延虎等贪污案
指导案例 12 号	李飞故意杀人案
指导案例 13 号	王召成等非法买卖、储存危险物质案
指导案例 14 号	董某某、宋某某抢劫案
指导案例 15 号	徐工集团工程机械股份有限公司诉成都川交工贸有限责任公司等买卖合同纠纷案
指导案例 16 号	中海发展股份有限公司货轮公司申请设立海事赔偿责任限制基金案
指导案例 17 号	张莉诉北京合力华通汽车服务有限公司买卖合同纠纷案
指导案例 18 号	中兴通讯(杭州)有限责任公司诉王鹏劳动合同纠纷案

(续表)

案例编号	案例名称
指导案例 19 号	赵春明等诉烟台市福山区汽车运输公司、卫德平等机动车交通事故责任纠纷案
指导案例 20 号	深圳市斯瑞曼精细化工有限公司诉深圳市坑梓自来水有限公司、深圳市康泰蓝水处理设备有限公司侵害发明专利权纠纷案
指导案例 21 号	内蒙古秋实房地产开发有限责任公司诉呼和浩特市人民防空办公室人防行政征收案
指导案例 22 号	魏永高、陈守志诉来安县人民政府收回土地使用权批复案
指导案例 23 号	孙银山诉南京欧尚超市有限公司江宁店买卖合同纠纷案
指导案例 24 号	荣宝英诉王阳、永诚财产保险股份有限公司江阴支公司机动车交通事故责任纠纷案
指导案例 25 号	华泰财产保险有限公司北京分公司诉李志贵、天安财产保险股份有限公司河北省分公司张家口支公司保险人代位求偿权纠纷案
指导案例 26 号	李健雄诉广东省交通运输厅政府信息公开案
指导案例 27 号	臧进泉等盗窃、诈骗案
指导案例 28 号	胡克金拒不支付劳动报酬案
指导案例 29 号	天津中国青年旅行社诉天津国青国际旅行社擅自使用他人企业名称纠纷案
指导案例 30 号	兰建军、杭州小拇指汽车维修科技股份有限公司诉天津市小拇指汽车维修服务有限公司等侵害商标权及不正当竞争纠纷案
指导案例 31 号	江苏炜伦航运股份有限公司诉米拉达玫瑰公司船舶碰撞损害赔偿纠纷案
指导案例 32 号	张某某、金某危险驾驶案
指导案例 33 号	瑞士嘉吉国际公司诉福建金石制油有限公司等确认合同无效纠纷案
指导案例 34 号	李晓玲、李鹏裕申请执行厦门海洋实业(集团)股份有限公司、厦门海洋实业总公司执行复议案
指导案例 35 号	广东龙正投资发展有限公司与广东景茂拍卖行有限公司委托拍卖执行复议案
指导案例 36 号	中投信用担保有限公司与海通证券股份有限公司等证券权益纠纷执行复议案
指导案例 37 号	上海金纬机械制造有限公司与瑞士瑞泰克公司仲裁裁决执行复议案
指导案例 38 号	田永诉北京科技大学拒绝颁发毕业证、学位证案

(续表)

案例编号	案例名称
指导案例 39 号	何小强诉华中科技大学拒绝授予学位案
指导案例 40 号	孙立兴诉天津新技术产业园区劳动人事局工伤认定案
指导案例 41 号	宣懿成等诉浙江省衢州市国土资源局收回国有土地使用权案
指导案例 42 号	朱红蔚申请无罪逮捕赔偿案
指导案例 43 号	国泰君安证券股份有限公司海口滨海大道(天福酒店)证券营业部申请错误执行赔偿案
指导案例 44 号	卜新光申请刑事违法追缴赔偿案
指导案例 45 号	北京百度网讯科技有限公司诉青岛奥商网络技术有限公司等不正当竞争纠纷案
指导案例 46 号	山东鲁锦实业有限公司诉鄄城县鲁锦工艺品有限责任公司、济宁礼之邦家纺有限公司侵害商标权及不正当竞争纠纷案
指导案例 47 号	意大利费列罗公司诉蒙特莎(张家港)食品有限公司、天津经济技术开发区正元行销有限公司不正当竞争纠纷案
指导案例 48 号	北京精雕科技有限公司诉上海奈凯电子科技有限公司侵害计算机软件著作权纠纷案
指导案例 49 号	石鸿林诉泰州华仁电子资讯有限公司侵害计算机软件著作权纠纷案
指导案例 50 号	李某、郭某阳诉郭某和、童某某继承纠纷案
指导案例 51 号	阿卜杜勒·瓦希德诉中国东方航空股份有限公司航空旅客运输合同纠纷案
指导案例 52 号	海南丰海粮油工业有限公司诉中国人民财产保险股份有限公司海南省分公司海上货物运输保险合同纠纷案
指导案例 53 号	福建海峡银行股份有限公司福州五一支行诉长乐亚新污水处理有限公司、福州市政工程有限公司金融借款合同纠纷案
指导案例 54 号	中国农业发展银行安徽省分行诉张大标、安徽长江融资担保集团有限公司执行异议之诉纠纷案
指导案例 55 号	柏万清诉成都难寻物品营销服务中心等侵害实用新型专利权纠纷案
指导案例 56 号	韩凤彬诉内蒙古九郡药业有限责任公司等产品责任纠纷管辖权异议案
指导案例 57 号	温州银行股份有限公司宁波分行诉浙江创菱电器有限公司等金融借款合同纠纷案
指导案例 58 号	成都同德福合川桃片有限公司诉重庆市合川区同德福桃片有限公司、余晓华侵害商标权及不正当竞争纠纷案

(续表)

案例编号	案例名称
指导案例 59 号	戴世华诉济南市公安消防支队消防验收纠纷案
指导案例 60 号	盐城市奥康食品有限公司东台分公司诉盐城市东台工商行政管理局工商行政处罚案
指导案例 61 号	马乐利用未公开信息交易案
指导案例 62 号	王新明合同诈骗案
指导案例 63 号	徐加富强制医疗案
指导案例 64 号	刘超捷诉中国移动通信集团江苏有限公司徐州分公司电信服务合同纠纷案
指导案例 65 号	上海市虹口区久乐大厦小区业主大会诉上海环亚实业总公司业主共有权纠纷案
指导案例 66 号	雷某某诉宋某某离婚纠纷案
指导案例 67 号	汤长龙诉周士海股权转让纠纷案
指导案例 68 号	上海欧宝生物科技有限公司诉辽宁特莱维置业发展有限公司企业借贷纠纷案
指导案例 69 号	王明德诉乐山市人力资源和社会保障局工伤认定案
指导案例 70 号	北京阳光一佰生物技术开发有限公司、习文有等生产、销售有毒、有害食品案
指导案例 71 号	毛建文拒不执行判决、裁定案
指导案例 72 号	汤龙、刘新龙、马忠太、王洪刚诉新疆鄂尔多斯彦海房地产开发有限公司商品房买卖合同纠纷案
指导案例 73 号	通州建总集团有限公司诉安徽天宇化工有限公司别除权纠纷案
指导案例 74 号	中国平安财产保险股份有限公司江苏分公司诉江苏镇江安装集团有限公司保险人代位求偿权纠纷案
指导案例 75 号	中国生物多样性保护与绿色发展基金会诉宁夏瑞泰科技股份有限公司环境污染公益诉讼案
指导案例 76 号	萍乡市亚鹏房地产开发有限公司诉萍乡市国土资源局不履行行政协议案
指导案例 77 号	罗镕荣诉吉安市物价局物价行政处理案
指导案例 78 号	北京奇虎科技有限公司诉腾讯科技(深圳)有限公司、深圳市腾讯计算机系统有限公司滥用市场支配地位纠纷案
指导案例 79 号	吴小秦诉陕西广电网络传媒(集团)股份有限公司捆绑交易纠纷案

附录二　最高人民法院指导性案例目录(截至 2021 年 6 月 7 日)

(续表)

案例编号	案例名称
指导案例 80 号	洪福远、邓春香诉贵州五福坊食品有限公司、贵州今彩民族文化研发有限公司著作权侵权纠纷案
指导案例 81 号	张晓燕诉雷献和、赵琪、山东爱书人音像图书有限公司著作权侵权纠纷案
指导案例 82 号	王碎永诉深圳歌力思服饰股份有限公司、杭州银泰世纪百货有限公司侵害商标权纠纷案
指导案例 83 号	威海嘉易烤生活家电有限公司诉永康市金仕德工贸有限公司、浙江天猫网络有限公司侵害发明专利权纠纷案
指导案例 84 号	礼来公司诉常州华生制药有限公司侵害发明专利权纠纷案
指导案例 85 号	高仪股份公司诉浙江健龙卫浴有限公司侵害外观设计专利权纠纷案
指导案例 86 号	天津天隆种业科技有限公司与江苏徐农种业科技有限公司侵害植物新品种权纠纷案
指导案例 87 号	郭明升、郭明锋、孙淑标假冒注册商标案
指导案例 88 号	张道文、陶仁等诉四川省简阳市人民政府侵犯客运人力三轮车经营权案
指导案例 89 号	"北雁云依"诉济南市公安局历下区分局燕山派出所公安行政登记案
指导案例 90 号	贝汇丰诉海宁市公安局交通警察大队道路交通管理行政处罚案
指导案例 91 号	沙明保等诉马鞍山市花山区人民政府房屋强制拆除行政赔偿案
指导案例 92 号	莱州市金海种业有限公司诉张掖市富凯农业科技有限责任公司侵犯植物新品种权纠纷案
指导案例 93 号	于欢故意伤害案
指导案例 94 号	重庆市涪陵志大物业管理有限公司诉重庆市涪陵区人力资源和社会保障局劳动和社会保障行政确认案
指导案例 95 号	中国工商银行股份有限公司宣城龙首支行诉宣城柏冠贸易有限公司、江苏凯盛置业有限公司等金融借款合同纠纷案
指导案例 96 号	宋文军诉西安市大华餐饮有限公司股东资格确认纠纷案
指导案例 97 号	王力军非法经营再审改判无罪案
指导案例 98 号	张庆福、张殿凯诉朱振彪生命权纠纷案
指导案例 99 号	葛长生诉洪振快名誉权、荣誉权纠纷案
指导案例 100 号	山东登海先锋种业有限公司诉陕西农丰种业有限责任公司、山西大丰种业有限公司侵害植物新品种权纠纷案

(续表)

案例编号	案例名称
指导案例 101 号	罗元昌诉重庆市彭水苗族土家族自治县地方海事处政府信息公开案
指导案例 102 号	付宣豪、黄子超破坏计算机信息系统案
指导案例 103 号	徐强破坏计算机信息系统案
指导案例 104 号	李森、何利民、张锋勃等人破坏计算机信息系统案
指导案例 105 号	洪小强、洪礼沃、洪清泉、李志荣开设赌场案
指导案例 106 号	谢检军、高垒、高尔樵、杨泽彬开设赌场案
指导案例 107 号	中化国际(新加坡)有限公司诉蒂森克虏伯冶金产品有限责任公司国际货物买卖合同纠纷案
指导案例 108 号	浙江隆达不锈钢有限公司诉 A.P. 穆勒-马士基有限公司海上货物运输合同纠纷案
指导案例 109 号	安徽省外经建设(集团)有限公司诉东方置业房地产有限公司保函欺诈纠纷案
指导案例 110 号	交通运输部南海救助局诉阿昌格罗斯投资公司、香港安达欧森有限公司上海代表处海难救助合同纠纷案
指导案例 111 号	中国建设银行股份有限公司广州荔湾支行诉广东蓝粤能源发展有限公司等信用证开证纠纷案
指导案例 112 号	阿斯特克有限公司申请设立海事赔偿责任限制基金案
指导案例 113 号	迈克尔·杰弗里·乔丹与国家工商行政管理总局商标评审委员会、乔丹体育股份有限公司"乔丹"商标争议行政纠纷案
指导案例 114 号	克里斯蒂昂迪奥尔香料公司诉国家工商行政管理总局商标评审委员会商标申请驳回复审行政纠纷案
指导案例 115 号	瓦莱奥清洗系统公司诉厦门卢卡斯汽车配件有限公司等侵害发明专利权纠纷案
指导案例 116 号	丹东益阳投资有限公司申请丹东市中级人民法院错误执行国家赔偿案
指导案例 117 号	中建三局第一建设工程有限责任公司与澳中财富(合肥)投资置业有限公司、安徽文峰置业有限公司执行复议案
指导案例 118 号	东北电气发展股份有限公司与国家开发银行股份有限公司、沈阳高压开关有限责任公司等执行复议案
指导案例 119 号	安徽省滁州市建筑安装工程有限公司与湖北追日电气股份有限公司执行复议案

附录二 最高人民法院指导性案例目录(截至 2021 年 6 月 7 日)

(续表)

案例编号	案例名称
指导案例 120 号	青海金泰融资担保有限公司与上海金桥工程建设发展有限公司、青海三工置业有限公司执行复议案
指导案例 121 号	株洲海川实业有限责任公司与中国银行股份有限公司长沙市蔡锷支行、湖南省德奕鸿金属材料有限公司财产保全执行复议案
指导案例 122 号	河南神泉之源实业发展有限公司与赵五军、汝州博易观光医疗主题园区开发有限公司等执行监督案
指导案例 123 号	于红岩与锡林郭勒盟隆兴矿业有限责任公司执行监督案
指导案例 124 号	中国防卫科技学院与联合资源教育发展(燕郊)有限公司执行监督案
指导案例 125 号	陈载果与刘荣坤、广东省汕头渔业用品进出口公司等申请撤销拍卖执行监督案
指导案例 126 号	江苏天宇建设集团有限公司与无锡时代盛业房地产开发有限公司执行监督案
指导案例 127 号	吕金奎等 79 人诉山海关船舶重工有限责任公司海上污染损害责任纠纷案
指导案例 128 号	李劲诉华润置地(重庆)有限公司环境污染责任纠纷案
指导案例 129 号	江苏省人民政府诉安徽海德化工科技有限公司生态环境损害赔偿案
指导案例 130 号	重庆市人民政府、重庆两江志愿服务发展中心诉重庆藏金阁物业管理有限公司、重庆首旭环保科技有限公司生态环境损害赔偿、环境民事公益诉讼案
指导案例 131 号	中华环保联合会诉德州晶华集团振华有限公司大气污染责任民事公益诉讼案
指导案例 132 号	中国生物多样性保护与绿色发展基金会诉秦皇岛方圆包装玻璃有限公司大气污染责任民事公益诉讼案
指导案例 133 号	山东省烟台市人民检察院诉王振殿、马群凯环境民事公益诉讼案
指导案例 134 号	重庆市绿色志愿者联合会诉恩施自治州建始磺厂坪矿业有限责任公司水污染责任民事公益诉讼案
指导案例 135 号	江苏省徐州市人民检察院诉苏州其安工艺品有限公司等环境民事公益诉讼案
指导案例 136 号	吉林省白山市人民检察院诉白山市江源区卫生和计划生育局、白山市江源区中医院环境公益诉讼案
指导案例 137 号	云南省剑川县人民检察院诉剑川县森林公安局怠于履行法定职责环境行政公益诉讼案

(续表)

案例编号	案例名称
指导案例 138 号	陈德龙诉成都市成华区环境保护局环境行政处罚案
指导案例 139 号	上海鑫晶山建材开发有限公司诉上海市金山区环境保护局环境行政处罚案
指导案例 140 号	李秋月等诉广州市花都区梯面镇红山村村民委员会违反安全保障义务责任纠纷案
指导案例 141 号	支某1等诉北京市永定河管理处生命权、健康权、身体权纠纷案
指导案例 142 号	刘明莲、郭丽丽、郭双双诉孙伟、河南兰庭物业管理有限公司信阳分公司生命权纠纷案
指导案例 143 号	北京兰世达光电科技有限公司、黄晓兰诉赵敏名誉权纠纷案
指导案例 144 号	张那木拉正当防卫案
指导案例 145 号	张竣杰等非法控制计算机信息系统案
指导案例 146 号	陈庆豪、陈淑娟、赵延海开设赌场案
指导案例 147 号	张永明、毛伟明、张鹭故意损毁名胜古迹案
指导案例 148 号	高光诉三亚天通国际酒店有限公司、海南博超房地产开发有限公司等第三人撤销之诉案
指导案例 149 号	长沙广大建筑装饰有限公司诉中国工商银行股份有限公司广州粤秀支行、林传武、长沙广大建筑装饰有限公司广州分公司等第三人撤销之诉案
指导案例 150 号	中国民生银行股份有限公司温州分行诉浙江山口建筑工程有限公司、青田依利高鞋业有限公司第三人撤销之诉案
指导案例 151 号	台州德力奥汽车部件制造有限公司诉浙江建环机械有限公司管理人浙江安天律师事务所、中国光大银行股份有限公司台州温岭支行第三人撤销之诉案
指导案例 152 号	鞍山市中小企业信用担保中心诉汪薇、鲁金英第三人撤销之诉案
指导案例 153 号	永安市燕诚房地产开发有限公司诉郑耀南、远东(厦门)房地产发展有限公司等第三人撤销之诉案
指导案例 154 号	王四光诉中天建设集团有限公司、白山和丰置业有限公司案外人执行异议之诉案
指导案例 155 号	中国建设银行股份有限公司怀化市分行诉中国华融资产管理股份有限公司湖南省分公司等案外人执行异议之诉案
指导案例 156 号	王岩岩诉徐意君、北京市金陛房地产发展有限责任公司案外人执行异议之诉案

附录三 最高人民检察院指导性案例目录
(截至 2021 年 6 月 7 日)

案例编号	案例名称
检例第 1 号	施某某等 17 人聚众斗殴案
检例第 2 号	忻元龙绑架案
检例第 3 号	林志斌徇私舞弊暂予监外执行案
检例第 4 号	崔建国环境监管失职案
检例第 5 号	陈根明、林福娟、李德权滥用职权案
检例第 6 号	罗建华、罗镜添、朱炳灿、罗锦游滥用职权案
检例第 7 号	胡宝刚、郑伶徇私舞弊不移交刑事案件案
检例第 8 号	杨周武玩忽职守、徇私枉法、受贿案
检例第 9 号	李泽强编造、故意传播虚假恐怖信息案
检例第 10 号	卫学臣编造虚假恐怖信息案
检例第 11 号	袁才彦编造虚假恐怖信息案
检例第 12 号	柳立国等人生产、销售有毒、有害食品,生产、销售伪劣产品案
检例第 13 号	徐孝伦等人生产、销售有害食品案
检例第 14 号	孙建亮等人生产、销售有毒、有害食品案
检例第 15 号	胡林贵等人生产、销售有毒、有害食品,行贿;骆梅、刘康素销售伪劣产品;朱伟全、曾伟中生产、销售伪劣产品;黎达文等人受贿、食品监管渎职案
检例第 16 号	赛跃、韩成武受贿、食品监管渎职案
检例第 17 号	陈邓昌抢劫、盗窃,付志强盗窃案
检例第 18 号	郭明先参加黑社会性质组织、故意杀人、故意伤害案

(续表)

案例编号	案例名称
检例第 19 号	张某、沈某某等七人抢劫案
检例第 20 号	马世龙(抢劫)核准追诉案
检例第 21 号	丁国山等(故意伤害)核准追诉案
检例第 22 号	杨菊云(故意杀人)不核准追诉案
检例第 23 号	蔡金星、陈国辉等(抢劫)不核准追诉案
检例第 24 号	马乐利用未公开信息交易案
检例第 25 号	于英生申诉案
检例第 26 号	陈满申诉案
检例第 27 号	王玉雷不批准逮捕案
检例第 28 号	许建惠、许玉仙民事公益诉讼案
检例第 29 号	白山市江源区卫生和计划生育局及江源区中医院行政附带民事公益诉讼案
检例第 30 号	郧阳区林业局行政公益诉讼案
检例第 31 号	清流县环保局行政公益诉讼案
检例第 32 号	锦屏县环保局行政公益诉讼案
检例第 33 号	李丙龙破坏计算机信息系统案
检例第 34 号	李骏杰等破坏计算机信息系统案
检例第 35 号	曾兴亮、王玉生破坏计算机信息系统案
检例第 36 号	卫梦龙、龚旭、薛东东非法获取计算机信息系统数据案
检例第 37 号	张四毛盗窃案
检例第 38 号	董亮等四人诈骗案
检例第 39 号	朱炜明操纵证券市场案
检例第 40 号	周辉集资诈骗案
检例第 41 号	叶经生等组织、领导传销活动案
检例第 42 号	齐某强奸、猥亵儿童案
检例第 43 号	骆某猥亵儿童案
检例第 44 号	于某虐待案

附录三 最高人民检察院指导性案例目录(截至 2021 年 6 月 7 日)

(续表)

案例编号	案例名称
检例第 45 号	陈某正当防卫案
检例第 46 号	朱凤山故意伤害(防卫过当)案
检例第 47 号	于海明正当防卫案
检例第 48 号	侯雨秋正当防卫案
检例第 49 号	陕西省宝鸡市环境保护局凤翔分局不全面履职案
检例第 50 号	湖南省长沙县城乡规划建设局等不依法履职案
检例第 51 号	曾云侵害英烈名誉案
检例第 52 号	广州乙置业公司等骗取支付令执行虚假诉讼监督案
检例第 53 号	武汉乙投资公司等骗取调解书虚假诉讼监督案
检例第 54 号	陕西甲实业公司等公证执行虚假诉讼监督案
检例第 55 号	福建王某兴等人劳动仲裁执行虚假诉讼监督案
检例第 56 号	江西熊某等交通事故保险理赔虚假诉讼监督案
检例第 57 号	某实业公司诉某市住房和城乡建设局征收补偿认定纠纷抗诉案
检例第 58 号	浙江省某市国土资源局申请强制执行杜某非法占地处罚决定监督案
检例第 59 号	湖北省某县水利局申请强制执行肖某河道违法建设处罚决定监督案
检例第 60 号	刘强非法占用农用地案
检例第 61 号	王敏生产、销售伪劣种子案
检例第 62 号	南京百分百公司等生产、销售伪劣农药案
检例第 63 号	湖北省天门市人民检察院诉拖市镇政府不依法履行职责行政公益诉讼案
检例第 64 号	杨卫国等人非法吸收公众存款案
检例第 65 号	王鹏等人利用未公开信息交易案
检例第 66 号	博元投资股份有限公司、余蒂妮等人违规披露、不披露重要信息案
检例第 67 号	张凯闵等 52 人电信网络诈骗案
检例第 68 号	叶源星、张剑秋提供侵入计算机信息系统程序、谭房妹非法获取计算机信息系统数据案
检例第 69 号	姚晓杰等 11 人破坏计算机信息系统案
检例第 70 号	宣告缓刑罪犯蔡某等 12 人减刑监督案

(续表)

案例编号	案例名称
检例第 71 号	罪犯康某假释监督案
检例第 72 号	罪犯王某某暂予监外执行监督案
检例第 73 号	浙江省某县图书馆及赵某、徐某某单位受贿、私分国有资产、贪污案
检例第 74 号	李华波贪污案
检例第 75 号	金某某受贿案
检例第 76 号	张某受贿、郭某行贿、职务侵占、诈骗案
检例第 77 号	深圳市丙投资企业（有限合伙）被诉股东损害赔偿责任纠纷抗诉案
检例第 78 号	某牧业公司被错列失信被执行人名单执行监督案
检例第 79 号	南漳县丙房地产开发有限责任公司被明显超标的额查封执行监督案
检例第 80 号	福建甲光电公司、福建乙科技公司与福建丁物业公司物业服务合同纠纷和解案
检例第 81 号	无锡 F 警用器材公司虚开增值税专用发票案
检例第 82 号	钱某故意伤害案
检例第 83 号	琚某忠盗窃案
检例第 84 号	林某彬等人组织、领导、参加黑社会性质组织案
检例第 85 号	刘远鹏涉嫌生产、销售"伪劣产品"（不起诉）案
检例第 86 号	盛开水务公司污染环境刑事附带民事公益诉讼案
检例第 87 号	李卫俊等"套路贷"虚假诉讼案
检例第 88 号	北京市海淀区人民检察院督促落实未成年人禁烟保护案
检例第 89 号	黑龙江省检察机关督促治理二次供水安全公益诉讼案
检例第 90 号	许某某、包某某串通投标立案监督案
检例第 91 号	温某某合同诈骗立案监督案
检例第 92 号	上海甲建筑装饰有限公司、吕某拒不执行判决立案监督案
检例第 93 号	丁某某、林某某等人假冒注册商标立案监督案
检例第 94 号	余某某等人重大劳动安全事故重大责任事故案
检例第 95 号	宋某某等人重大责任事故案
检例第 96 号	黄某某等人重大责任事故、谎报安全事故案

附录三 最高人民检察院指导性案例目录（截至 2021 年 6 月 7 日）

(续表)

案例编号	案例名称
检例第 97 号	夏某某等人重大责任事故案
检例第 98 号	邓秋城、双善食品(厦门)有限公司等销售假冒注册商标的商品案
检例第 99 号	广州卡门实业有限公司涉嫌销售假冒注册商标的商品立案监督案
检例第 100 号	陈力等八人侵犯著作权案
检例第 101 号	姚常龙等五人假冒注册商标案
检例第 102 号	金义盈侵犯商业秘密案
检例第 103 号	胡某某抢劫案
检例第 104 号	庄某等人敲诈勒索案
检例第 105 号	李某诈骗、传授犯罪方法牛某等人诈骗案
检例第 106 号	牛某非法拘禁案
检例第 107 号	唐某等人聚众斗殴案
检例第 108 号	江苏某银行申请执行监督案
检例第 109 号	湖北某房地产公司申请执行监督案
检例第 110 号	黑龙江何某申请执行监督案

附录四 案例与法宝引证码、二维码对照索引表[①]

编号	案例名称	法宝引证码	法宝二维码	页码
案例2.3.1	指导案例23号:孙银山诉南京欧尚超市有限公司江宁店买卖合同纠纷案	CLI. C. 2125099		40
案例3.2.1	何某与王能干、中国平安财产保险股份有限公司广东分公司机动车交通事故责任纠纷一审民事判决书	CLI. C. 120338464		47
案例3.2.2	中国太平洋财产保险股份有限公司阜阳中心支公司、翁秀衡机动车交通事故责任纠纷二审民事判决书	CLI. C. 108601511		47
案例3.2.3	许霆盗窃案	CLI. C. 103818		51
案例3.2.4	沈某某等与刘某某等监管权和处置权纠纷上诉案	CLI. C. 3315009		53

---

① 本表由北京北大英华科技有限公司智能型法律信息一站式检索平台"北大法宝"提供技术支持。手机扫描二维码,或者在北大法宝引证码查询系统 https://www.pkulaw.com/fbm 输入"法宝引证码",均可阅读案例全文。在数据库重大调整之前,均可使用。

（续表）

编号	案例名称	法宝引证码	法宝二维码	页码
案例5.2.2	中华联合财产保险股份有限公司北京分公司诉曹文等机动车交通事故责任纠纷案	CLI.C.10904989		88
案例7.4.1	商龙合同纠纷申诉、申请民事裁定书	CLI.C.66766776		142
案例9.2.1	指导案例15号：徐工集团工程机械股份有限公司诉成都川交工贸有限责任公司等买卖合同纠纷案	CLI.C.1181159		175
案例9.2.2	内蒙古铁达煤炭物流有限公司等诉包头城建集团股份有限公司建设工程施工合同纠纷再审案	CLI.C.11205682		176
案例9.2.3	南昌华夏艺术谷文化产业发展有限公司、南昌华夏艺术谷民俗村艺术有限公司民间借贷纠纷二审民事判决书	CLI.C.95512885		176
案例9.2.4	高金英等与山东省垦利县气象局等机动车交通事故责任纠纷案	CLI.C.16675812		178
案例9.2.5	周新翠与袁某某机动车交通事故责任纠纷案	CLI.C.9493495		178
案例9.2.6	指导案例32号：张某某、金某危险驾驶案	CLI.C.3705402		179

(续表)

编号	案例名称	法宝引证码	法宝二维码	页码
案例9.2.7	指导案例4号：王志才故意杀人案	CLI.C.514016		181
案例9.2.8	指导案例93号：于欢故意伤害案	CLI.C.11292326		181
案例9.2.9	检例第1号：施某某等17人聚众斗殴案	CLI.C.350803		182
案例9.2.10	检例第24号：马乐利用未公开信息交易案	CLI.C.8334778		182
案例9.2.11	指导案例60号：盐城市奥康食品有限公司东台分公司诉盐城市东台工商行政管理局工商行政处罚案	CLI.C.8334777		183
案例9.2.12	指导案例5号：鲁潍（福建）盐业进出口有限公司苏州分公司诉江苏省苏州市盐务管理局盐业行政处罚案	CLI.C.831060		183
案例9.2.13	指导案例69号：王明德诉乐山市人力资源和社会保障局工伤认定案	CLI.C.35108717		184
案例9.3.1	杜福菊与徐汴生等民间借贷纠纷上诉案	CLI.C.11189168		187

(续表)

编号	案例名称	法宝引证码	法宝二维码	页码
案例 9.3.2	指导案例 9 号：上海存亮贸易有限公司诉蒋志东、王卫明等买卖合同纠纷案【不再参照】	CLI. C. 877356		187
案例 10.3.1	百色广缘汽车销售服务有限公司、梁局买卖合同纠纷二审民事判决书	CLI. C. 120051149		198
案例 10.3.2	指导案例 17 号：张莉诉北京合力华通汽车服务有限公司买卖合同纠纷案	CLI. C. 1792567		198
案例 11.2.1	指导案例 24 号：荣宝英诉王阳、永诚财产保险股份有限公司江阴支公司机动车交通事故责任纠纷案	CLI. C. 2125100		223
案例 11.3.1	中华联合财产保险股份有限公司东营中心支公司与毛海艳等机动车交通事故责任纠纷上诉案	CLI. C. 4042325		231

后　记

伴随着人们使用案例意识的觉醒,案例在司法实践中开始发挥日益重要的作用。尤其是2010年最高人民法院正式确立案例指导制度以来,各级人民法院越来越重视对各类典型性案例的参照,并且这种案例使用活动也渐渐迈向了制度化和规范化的轨道。

从字义上来分析,"案例"虽来源于案件,但"案件"并不直接等同于"案例"。只有当案件中凝结了对某类特定问题的解决方案时,才能妥当地将其看作一个"案例"。所谓"判案成规"讲的就是这个道理,这里的"规"其实就是一种作为法律规则具体化的裁判规则。最高人民法院通过特定程序遴选、编纂和发布的指导性案例,具有较强的代表性,其所蕴含的裁判要点代表了最高人民法院在这类问题解决上的基本立场,对下级人民法院处理类似问题能够发挥普遍的指导性效力。伴随着指导性案例数量的增多,法官、当事人、代理律师以及检察院等多方主体已经开启了使用案例的良好局面。

为了更好地推进案例制度的稳健发展,解决实践中"同案不同判"的顽疾,最高人民法院于2020年7月发布了《关于统一法律适用加强类案检索的指导意见(试行)》,要求案件承办法官在特定情形下应检索类案并制作检索报告。该意见发布之后,不少省(自治区、直辖市)高级人民法院陆续出台了相应的实施细则,就类案检索中的一些具体制度进行了细化。

该意见的内容相对丰富,明确了类案的定义及判断标准、类案强制检索的具体情形、类案检索的平台及信息化建设、类案检索的范围及顺序、制作类案检索报告、诉讼参与人提交类案及法官回应、类案的参照和类案裁判冲突的协调等。以上部分内容规定得仍较为笼统,比如类案的判断标准,在司法裁判过程中如何具体操作有待进一步的解释和研究,《类案检索实用指南》就是在这种背景下完成的。

本书兼具理论与实践特色,写作主线紧扣最高人民法院文件的精神和内容。一方面挖掘类案裁判的相关理论,另一方面就类案检索的相关制度及实践操作通过实例加以分析。我们希望本书能够丰富既有的案例学术理论,更期待它能对实践中如何进行类案检索和参照提供一定的指引。

感谢北京大学出版社提供的宝贵平台,感谢陆建华老师的策划和责任编辑费悦女士的付出。本书是合作成果,由刘树德、孙海波、高尚、赵英男、孙跃、雷槟硕共同完成。各位作者克服了疫情带来的重重困难,通力合作,在此一并致谢!

类案检索是一个全新的问题,本书是一种探索性的尝试。作者们能力有限,错误之处在所难免,请学友们批评指正!如果有建议,请不吝赐教:sunhaibo@cupl.edu.cn。

孙海波

2021 年 5 月 27 日

于中国政法大学综合科研楼